Φανή Βαλσαμάκη Ρούλα Καμαριανού Λίνα Κανέλλου

Τα ελληνικά είναι ένα ... παιχνίδι

Βιβλίο Δασκάλου

ΑΡΙΣΤΟΤΕΛΕΙΟ ΠΑΝΕΠΙΣΤΗΜΙΟ ΘΕΣΣΑΛΟΝΙΚΗΣ
ΙΝΣΤΙΤΟΥΤΟ ΝΕΟΕΛΛΗΝΙΚΩΝ ΣΠΟΥΔΩΝ
(ΙΔΡΥΜΑ ΜΑΝΟΛΗ ΤΡΙΑΝΤΑΦΥΛΛΙΔΗ)

Εξώφυλλο, Εικονογράφηση, Σχεδιασμός και Ηλεκτρονική Επεξεργασία: Silke Gohlke
Φιλμογράφηση, Μοντάζ και Εκτύπωση: Αθανάσιος Α. Αλτιντζής

ISBN 960-231-096-0

Αριστοτέλειο Πανεπιστήμιο Θεσσαλονίκης
541 24 Θεσσαλονίκη, τηλ.: 2310.997128, fax: 2310.997122, e-mail: ins@phil.auth.gr

Εισαγωγή

Το βιβλίο αυτό γράφτηκε με σκοπό να αποτελέσει χρήσιμο εργαλείο για την εξάσκηση των διδασκομένων στην ορθή χρήση της ελληνικής, μέσα στην αίθουσα διδασκαλίας.
Οι σπουδαστές καλούνται να πάρουν μέρος σε ασκήσεις, δραστηριότητες και παιχνίδια[1] με σκοπό να εφαρμόσουν, να εμπεδώσουν και να αναπτύξουν τις γνώσεις τους σχετικά με διάφορα γλωσσικά στοιχεία που έχουν ήδη διδαχτεί.
Η σειρά των ασκήσεων ακολουθεί σε γενικές γραμμές την παραδοσιακή, γραμματική σειρά, με την οποία εμφανίζονται τα γλωσσικά στοιχεία στις περισσότερες μεθόδους-εγχειρίδια, που κυκλοφορούν σήμερα για τη διδασκαλία της ελληνικής (πτωτικό σύστημα, ρηματικοί χρόνοι και εγκλίσεις, διάκριση ενεργητικών και μεσοπαθητικών τύπων κτλ.). Όμως, οι ασκήσεις δεν κατατάσσονται σε αυστηρές στεγανές ενότητες. Γλωσσικά στοιχεία, πάνω στα οποία έχουν ήδη ασκηθεί οι διδασκόμενοι, επαναλαμβάνονται αργότερα σε πιο σύνθετες δομές και με διευρυμένο λεξιλόγιο. Επίσης το ή τα κύρια γλωσσικά στοιχεία των ασκήσεων δεν απαγορεύουν τη συνύπαρξη και άλλων παράπλευρων γλωσσικών φαινομένων, όταν αυτό είναι απαραίτητο για την επίτευξη του ειδικού επικοινωνιακού στόχου κάποιας άσκησης.
Κρίναμε σκόπιμο να χωρίσουμε το υλικό μας σε δύο βιβλία. Στο πρώτο, το ***Βιβλίο του Σπουδαστή***[2], υπάρχουν ασκήσεις διαφόρων τύπων (συμπλήρωσης κενών, επιλογής σωστού/λάθους, μετασχηματισμού, συνδυασμού κτλ.). Οι ασκήσεις αυτές μπορούν, κατά την κρίση του διδάσκοντα, να γίνουν την ώρα του μαθήματος ή να αποτελέσουν δουλειά για το σπίτι.
Στο πρώτο βιβλίο υπάρχουν επίσης τμήματα των παιχνιδιών και των δραστηριοτήτων, τα οποία είναι απαραίτητο να έχει μπροστά του ο διδασκόμενος κατά την εκτέλεσή τους.
Το δεύτερο βιβλίο, το ***Βιβλίο του Δασκάλου***, περιλαμβάνει οδηγίες για τα παιχνίδια, καθώς και το υλικό που είναι απαραίτητο για τη διεξαγωγή κάποιας άσκησης ή δραστηριότητας ή ενός παιχνιδιού. Το υλικό αυτό, αν βρισκόταν από πριν στη διάθεση των σπουδαστών, όχι μόνο θα ήταν άχρηστο αλλά και θα παρεμπόδιζε την πραγμάτωση του συγκεκριμένου στόχου κάποιων ασκήσεων. Είναι ευνόητο π.χ. ότι σε δραστηριότητες κατανόησης προφορικού λόγου οι σπουδαστές δε θα πρέπει να έχουν γραμμένα στο βιβλίο τους τα λεκτικά στοιχεία που προορίζονται για προφορική εκφώνηση από το διδάσκοντα.
Σε κάθε άσκηση προτάσσεται ένα **σχόλιο**, στο οποίο αναφέρονται τα κύρια γλωσσικά στοιχεία, οι πράξεις λόγου, τα στοιχεία πολιτισμού και ό,τι άλλο χαρακτηρίζει μια άσκηση. Επίσης, όπου κρίθηκε απαραίτητο, υπάρχουν **λύσεις**.
Στο τέλος του ***Βιβλίου του Δασκάλου*** υπάρχουν ευρετήρια, ως προς το νοηματικό περιεχόμενο και ως προς τα γλωσσικά στοιχεία των ασκήσεων. Υπάρχει, ακόμα, ένα **βοηθητικό υλικό** που περιέχει στοιχεία (φωτογραφίες, σκίτσα, ταμπλό) απαραίτητα για κάποιες ασκήσεις και όπου το χρώμα σηματοδοτεί έννοιες και λειτουργίες.

[1] Στο εξής, χάριν συντομίας, ασκήσεις.

[2] Το αρσενικό γένος φυσικά χρησιμοποιείται και στα δύο βιβλία με την ιδιότητά του ως κοινού γένους των ονομάτων.

Ο δάσκαλος, λοιπόν, θα πρέπει να έχει οπωσδήποτε και τα δύο βιβλία, ενώ για τους σπουδαστές είναι απαραίτητο μόνο το ***Βιβλίο του Σπουδαστή***. Αν ένας σπουδαστής θέλει να χρησιμοποιήσει το βιβλίο μόνος του, θα πρέπει να προμηθευτεί και το ***Βιβλίο του Δασκάλου***.

Όσον αφορά τη σημασιολογική διάκριση των όρων «δραστηριότητα» και «παιχνίδι», δραστηριότητα θα ονομάζουμε στο βιβλίο αυτό κάθε άσκηση που, αφενός απαιτεί ομαδική εργασία και συμμετοχή, και αφετέρου χρήση εξωγλωσσικών στοιχείων, όπως μιμική, κινήσεις, κτλ. Το παιχνίδι, πάλι, χαρακτηρίζεται κυρίως από την επιδίωξη της νίκης μεταξύ των συναγωνιζόμενων ομάδων ή ατόμων.

Σε πολλές δραστηριότητες και παιχνίδια ο διδάσκων θα διαβάζει την οδηγία: Ετοιμάζετε κάρτες ... Η διαδικασία που θα πρέπει να ακολουθήσει είναι η εξής: Βγάζει φωτοτυπία τη σελίδα που περιέχει το υλικό της δραστηριότητας ή του παιχνιδιού. Κόβει προσεκτικά γύρω από κάθε πλαίσιο και έτσι έχει χαρτάκια με συλλαβές, ονόματα ή λεκτικά σύνολα. Στη συνέχεια τα κολλάει πάνω σε χαρτόνι ανάλογου μεγέθους ή μεγαλύτερου, άσπρου ή χρωματιστού, σύμφωνα με τις ανάγκες.

Για την κατασκευή ταμπλό, ακολουθεί την ίδια διαδικασία, ή μπορεί αν θέλει να παίξουν το παιχνίδι πάνω στο βιβλίο του. Αν θέλει το ταμπλό να είναι μεγαλύτερο από τις διαστάσεις της σελίδας του βιβλίου, βγάζει σε μεγέθυνση τη σελίδα του ταμπλό σε έγχρωμη φωτοτυπία και κατόπιν την κολλάει σε σκληρό χαρτόνι.

Ειδικά όσον αφορά τα παιχνίδια, θα θέλαμε να μοιραστούμε με τους συναδέλφους διδάσκοντες μερικές χρήσιμες γενικές παρατηρήσεις.

Το παιχνίδι είναι αφορμή για ουσιαστική και επικοινωνιακή χρήση της γλώσσας. Αποσκοπεί στη δημιουργία κλίματος χαλάρωσης, κεφιού και ζωντάνιας στην τάξη. Ενθαρρύνει την ανταλλαγή εμπειριών και γνώσεων και καλλιεργεί το πνεύμα της ομαδικότητας και της αλληλεγγύης μεταξύ των σπουδαστών της ίδιας ομάδας. Είναι, τέλος, άριστη τεχνική για την ενίσχυση των «αδυνάτων» και την αναγκαστική συμμετοχή των «δειλών» στα δρώμενα της τάξης.

Κατά τη διάρκεια του παιχνιδιού δημιουργείται, βέβαια, ανταγωνισμός, ο οποίος ως ένα σημείο λειτουργεί θετικά, αφού έτσι το ενδιαφέρον διατηρείται αμείωτο, μια και ο στόχος εστιάζεται – φαινομενικά – στην ανάδειξη της νικήτριας ομάδας. Όμως, λαμβανομένων υπόψη και των ατομικών διαφορών, πιθανόν να υπάρχουν άτομα που δείχνουν υπερβάλλοντα ζήλο στην προσπάθειά τους να κερδίσουν. Επομένως θα πρέπει να κρατιέται η λεπτή εκείνη ισορροπία, που, αν διαταραχτεί, κινδυνεύουμε να μετατρέψουμε ένα παιχνίδι, από ευχάριστη γνώση σε χαοτική διαδικασία συγχύσεων και αντεγκλήσεων. Εδώ είναι σημαντικότατος ο ρόλος του διδάσκοντα, όσον αφορά τα παρακάτω:

α) Πρώτα πρώτα θα πρέπει να έχει ετοιμάσει από πριν το απαιτούμενο υλικό και να έχει μελετήσει τις οδηγίες και τους κανόνες του παιχνιδιού. Αυτό θα τον βοηθήσει να συλλάβει την ιδέα της εφαρμογής του συγκεκριμένου παιχνιδιού στο συγκεκριμένο κοινό του. Ίσως δηλαδή να χρειαστεί να προβεί σε κάποιες τροποποιήσεις, προσθήκες ή αφαιρέσεις.

β) Πριν αρχίσει το παιχνίδι, θα πρέπει να εξηγήσει με σαφήνεια τον τρόπο καθώς και τους όρους διεξαγωγής, και να αποσπάσει τη συμφωνία μεταξύ των αντίπαλων ομάδων, όσον αφορά την τήρηση κάποιων κανόνων, η παράβαση των οποίων θα συνεπάγεται απώλεια βαθμών.

γ) Οι σπουδαστές θα πρέπει – κατά το δυνατόν – να απαρτίζουν ομάδες με ίδιο αριθμό ατόμων, αλλά η σύσταση των ομάδων καλό είναι να μην είναι πάντα η ίδια, ώστε να ενθαρρύνεται η ευρύτερη συνεργασία μεταξύ των σπουδαστών.

δ) Ο διδάσκων συμμετέχει στη διαδικασία ως συντονιστής. Αυτό σημαίνει πως πρέπει να είναι και να φαίνεται απόλυτα δίκαιος στην τήρηση των κανόνων του παιχνιδιού. Να μη δίνει δηλαδή την παραμικρή υποψία ότι μεροληπτεί ή κάνει διακρίσεις. Επίσης, να περνάει το μήνυμα ότι καμιά νίκη δεν είναι σημαντικότερη από τη χαρά της συμμετοχής και της δημιουργίας και ότι η ήττα δεν είναι κατ' ανάγκην απόδειξη μειονεκτικότητας. Να μη διστάζει, επίσης, να δέχεται και να υιοθετεί ιδέες και προτάσεις των σπουδαστών που, στην πρακτική εφαρμογή ενός παιχνιδιού, αποδεικνύονται καταλληλότερες για την αποτελεσματικότερη εκτέλεσή του.

Τελειώνοντας, θα θέλαμε να τονίσουμε το γεγονός ότι ούτως ή άλλως οι ασκήσεις που παρουσιάζονται σε μια αίθουσα διδασκαλίας εμπεριέχουν τη δυναμική της ανατροφοδότησης από μέρους του διδάσκοντα, αφού αποτελούν αφετηρία για επαναπροσδιορισμούς, περαιτέρω προσπάθεια και δημιουργική έμπνευση.

Οι συγγραφείς

Θεσσαλονίκη 15 Δεκεμβρίου 2001

Ξέρετε να διαβάζετε; (1) 1

Στόχος: Ασκήσεις φωνητικής για εξάσκηση στη γραφή και ανάγνωση μεμονωμένων λέξεων. Οι λέξεις αυτές είναι, ως επί το πλείστον, τοπωνύμια, δάνεια και αντιδάνεια.

Λύσεις

Β

[i] : Αθήνα, ευχαριστώ, ταξί, ιπποδρόμιο, Ευρώπη, Αφρική, Ασία, Αυστραλία, φιλόσοφος, κιθάρα, μουσική, οικονομία, βιβλιοθήκη, Ζωολογία

[v] : Ευρώπη, βιβλιοθήκη

[δ] : ιπποδρόμιο Ελλάδα

[z] : Έρασμος, γκαράζ, Ζωολογία

[∂] : Αθήνα, κιθάρα, θέατρο, βιβλιοθήκη

[ks] : ταξί

[p] : ντουλάπα, ιπποδρόμιο, Ευρώπη, σούπερ μάρκετ, πέντε

[s] : Έρασμος, ευχαριστώ, Ασία, Αυστραλία, φιλόσοφος, σούπερ μάρκετ, μουσική

[f] : ευχαριστώ, Αφρική, Αυστραλία, φιλόσοφος

[b] ή [mb] : μπάλα, λάμπα

[d] ή [nd] : ντουλάπα, πέντε

Γ Ζωολογία, οικονομία, Ελλάδα, κιθάρα, μουσική, λάμπα, ταξί, ευχαριστώ

Ξέρετε να διαβάζετε; (2) 1

Στόχος: Ασκήσεις φωνητικής για εξάσκηση στη γραφή και ανάγνωση μεμονωμένων λέξεων. Οι λέξεις αυτές είναι, ως επί το πλείστον, τοπωνύμια, δάνεια και αντιδάνεια.

Λύσεις

Β

[o] : Τριγωνομετρία, ατμόσφαιρα, γλώσσα, πόρτα, Ψυχολογία

[e] : Τριγωνομετρία, ατμόσφαιρα, Βαγγέλης, Ελένη, τουαλέτα

[u] : τουαλέτα, μπλούζα

[ts] : τσάντα, τσάι, σάλτσα

[dz] : τζιν, τζατζίκι

[γ] : γάτα, Τριγωνομετρία, γλώσσα, Ψυχολογία

[ps] : ψάρι, Ψυχολογία
[g] ή **[ng]**: Βαγγέλης, γκάζι, αγκαλιά
[h] : Χριστίνα, Ψυχολογία

Γ Σταυρόλεξο

	1	2	3	4	5	6	7	8	9	10	11	12	13	14
1	Κ	Ι	Ν	Α		Ι	Ο	Ρ	Δ	Α	Ν	Ι	Α	Ι
2	Α													Ρ
3	Ν	Ι	Γ	Η	Ρ	Ι	Α							Α
4	Α	Π							Σ	Ο	Υ	Δ	Α	Ν
5	Δ	Α	Ν	Ι	Α		Β	Ε	Λ	Γ	Ι	Ο		
6	Α	Ρ								Α			Σ	
7	Σ	Α	Λ	Β	Α	Δ	Ο	Ρ		Λ			Υ	
8		Γ				Κ				Λ		Ι	Ρ	
9		Ο				Ε				Ι		Τ	Ι	
10	Ο	Υ	Γ	Κ	Α	Ν	Τ	Α		Α		Α	Α	
11		Α				Υ						Λ		
12		Η				Α						Ι		
13									Ε	Λ	Λ	Α	Δ	Α

2 Μπίνγκο

Στόχος: Άσκηση φωνητικής για την εξάσκηση στην αντιστοιχία φθόγγων και γραμμάτων.

Χωρίζετε την τάξη σε ομάδες των 2–4 ατόμων. Ετοιμάζετε κάρτες (βλ. εισαγωγή) με τα παρακάτω συμπλέγματα λέξεων. Δίνετε σε κάθε ομάδα από μία κάρτα. Βγάζετε μία φωτοτυπία τους φθόγγους που ακολουθούν. Κόβετε μικρά χαρτάκια, όπου είναι σημειωμένοι όσοι φθόγγοι υπάρχουν στις λέξεις των καρτών, τα ανακατεύετε και διαβάζετε έναν έναν τους φθόγγους. Αν η ομάδα ακούσει ένα φθόγγο ο οποίος υπάρχει σε λέξη της κάρτας της, διαγράφει το αντίστοιχο γράμμα (ή γράμματα). Μόλις μια ομάδα διαγράψει όλα τα γράμματα που υπάρχουν στην κέρτα της, φωνάζει «Μπίνγκο» και το παιχνίδι σταματά. Τα γράμματα ελέγχονται από σας, αν ορθώς διαγράφτηκαν. Κάθε ομάδα έχει 14 φθόγγους. Στη συνέχεια, η ομάδα που κέρδισε διαβάζει τις λέξεις που υπάρχουν στην κάρτα της.

Διασκέδαση

					Θ				ΤΣ				
					Ε				Ι				
Κ	Ι	Ν	Η	Μ	Α	Τ	Ο	Γ	Ρ	Α	Φ	Ο	Σ
					Τ				Κ				
					Ρ				Ο				
					Ο								

Ελληνικές πόλεις

				Κ				
Α	Θ	Η	Ν	Α		Φ		
	Ε			Β	Ο	Λ	Ο	Σ
	Σ			Α		Ω		
	Σ			Λ		Ρ		
Π	Α	Τ	Ρ	Α		Ι		
	Λ					Ν		
	Ο					Α		
	Ν							
	Ι							
	Κ							
	Η							

Τροφές

						ΤΣ		Κ			
			ΜΠ	Α	Ν	Α	Ν	Α			
Τ	Υ	Ρ	Ι			Ι		Φ			
			Ρ					Ε			
		Ψ	Α	Ρ	Ι			Σ	ΟΥ	Π	Α

Χώρες

Μ					Γ		
Ε	Λ	Λ	Α	Δ	Α		
Ξ		Ι			Λ		
Ι		Β			Λ		
Κ		Α			Ι		
Ο		Ν			Α		
		Ο					
		Σ	ΟΥ	Η	Δ	Ι	Α

Ονόματα

	Θ									
	Α	Λ	Ε	Ξ	Α	Ν	Δ	Ρ	Ο	Σ
	Ν									
Ζ	Α	Φ	ΕΙ	Ρ	ΟΥ	Λ	Α			
	Σ									
	Η	Λ	Ι	Α	Σ					
	Σ									

Επιστήμες

		Ψ										
		Υ									ΟΙ	
Α	Ρ	Χ	Ι	Τ	Ε	Κ	Τ	Ο	Ν	Ι	Κ	Η
		Ο									Ο	
Ο	Ι	Λ	Ο	Σ	Ο	Φ	Ι	Α			Λ	
		Ο									Ο	
		Γ									Γ	
		Ι									Ι	
		Α									Α	

Σπίτι – Αντικείμενα

		ΜΠ				
	Κ	ΟΥ	Ζ	Ι	Ν	Α
		Κ				
Τ	Ρ	Α	Π	Ε	Ζ	Ι
Η		Λ				
Λ		Ι				
Ε						
Φ						
Ω						
Ν						
Ο						

Οι φθόγγοι που πρέπει να κόψετε:

[a]	[e]	[i]
[o]	[u]	[v]
[γ]	[δ]	[z]
[θ]	[k]	[l]
[m]	[n]	[p]
[r]	[s]	[t]
[f]	[h]	[ks]
[ps]	[b]	[d]
[g]	[ts]	[dz]

Στόχος: **Α** Παιχνίδι για κατανόηση γραπτού λόγου. Μέσα από χαιρετισμούς, συστάσεις, γνωριμίες, γίνεται εξάσκηση στο συλλαβισμό και τη σύνταξη.

Β «Καλημέρα τι κάνεις;». Τραγούδι ανάλογου περιεχομένου.

■■■ *

Α Φωτοτυπείτε τους πίνακες με τις συλλαβές και κόβετε τις συλλαβές του κάθε πίνακα, ώστε να έχετε δύο σετ, ένα για τον κάθε διάλογο που πρόκειται να σχηματίσουν οι σπουδαστές. Χωρίζετε τους σπουδαστές σε δύο ομάδες, τους δίνετε από ένα σετ συλλαβών και τους λέτε να τις συνδυάσουν, έτσι ώστε να συνθέσουν ένα διάλογο. Νικήτρια είναι η ομάδα που θα τελειώσει πρώτη.

α)

Γεια	Νι	Γεια	Μα	κά
κό	ρί	σου,	Τι	νεις;
Ε	Πο	λύ	σύ;	λά.
σου,	λά,	Κα	ευ	α.
στώ.	λα.	ρι	χα	κα

β)

Λί	Ε	σέ	νε;	να;
Πώς	σε	λεξ.	Α	πού
δάν.	εί	Ά	πό	Σου
λέ	πο	ρω	σαι;	το
Χαί	λύ.	ζα.	πό	Α

* Σε ασκήσεις με περισσότερα από ένα μέρη, π.χ. **Α**, **Β**, **Γ**, οι στόχοι είναι γραμμένοι **πριν** από αυτό το σύμβολο και οι οδηγίες, αν υπάρχουν, **μετά**.

Λύσεις

α)

Γεια	σου,	Μα	ρί	α.			
Γεια	σου,	Νι	κό	λα.	Τι	κά	νεις;
Κα	λά,	ευ	χα	ρι	στώ.	Ε	σύ;
Πο	λύ	κα	λά.				

β)

Πώς	σε	λέ	νε;			
Λί	ζα.	Ε	σέ	να;		
Ά	λεξ.	Α	πό	πού	εί	σαι;
Α	πό	το	Σου	δάν.		
Χαί	ρω	πο	λύ.			

4 Είναι ο, είναι η, ή είναι το;

Στόχος: Εξάσκηση στην ανάγνωση, τη γραφή και το λεξιλόγιο κύριων ονομάτων και τοπωνυμίων, με οριστικό άρθρο στα τρία γραμματικά γένη του ενικού αριθμού.

Λύσεις

A

ο Αντρέας
ο Κώστας
ο Σταύρος
ο Αλέξης
ο Δήμος
ο Θωμάς
ο Βαγγέλης

η Πηνελόπη
η Φανή
η Αντιγόνη
η Ουρανία
η Βασιλική
η Χριστίνα
η Δάφνη

B

ο Πολύγυρος
ο Καναδάς
ο Έβρος
ο Αμαζόνιος

η Αθήνα
η Αμερική
η Αυστραλία
η Θεσσαλονίκη

το Λουξεμβούργο
το Παρίσι
το Τόκιο
το Ηράκλειο

ο Παναμάς	**η** Κρήτη	**το** Κάπρι
ο Όλυμπος	**η** Ρώμη	**το** Μαϊάμι
ο Νείλος	**η** Αφρική	**το** Βέλγιο

Γ Είμαστε στη Θεσσαλονίκη

ο Άγιος Δημήτριος	**η** Νεάπολη	**το** Αριστοτέλειο Πανεπιστήμιο
ο Ζωολογικός κήπος	**η** Ροτόντα	**το** Σιντριβάνι
ο Λευκός Πύργος	**η** Καμάρα	**το** λιμάνι
ο Πύργος Ο.Τ.Ε.	**η** Εγνατία	**το** Αρχαιολογικό Μουσείο
ο Θερμαϊκός κόλπος	**η** Αγία Σοφία	**το** Βυζαντινό Μουσείο

Το ταίριασμα των λέξεων 5

Στόχος: **Α** Άσκηση αντιστοίχισης νοηματικά σχετικών λέξεων.

Β Άσκηση αντιστοίχισης λέξεων της ίδιας οικογένειας παραγώγων.

Γ Άσκηση παραγωγής λέξεων της ίδιας οικογένειας.

Λύσεις

Α

Λευκός Πύργος	→	Θεσσαλονίκη
Αδάμ	→	Εύα
Άλγεβρα	→	Γεωμετρία
Παρθενώνας	→	Αθήνα
Δίας	→	Ήρα
Ρωμαίος	→	Ιουλιέτα
Μέγας Αλέξανδρος	→	Αριστοτέλης
Δολάριο	→	Αμερική
Ρώμη	→	Ιταλία
Αντώνιος	→	Κλεοπάτρα
Κάιν	→	Άβελ

Β

αεροπλάνο	→	αεροδρόμιο
βιβλίο	→	βιβλιοθήκη
ταχυδρόμος	→	ταχυδρομείο
μαθαίνω	→	μάθημα
φοιτήτρια	→	φοιτητής
οδηγώ	→	οδηγός
δάσκαλος	→	δασκάλα
καφές	→	καφετερία
τηλέφωνο	→	τηλεκάρτα
Γερμανία	→	γερμανικά

Γ (Οι λύσεις είναι ενδεικτικές)

καλημέρα	→	καλησπέρα
γράφω	→	γράμμα
Ελλάδα	→	ελληνικός
σπουδάζω	→	σπουδαστής
ξενοδόχος	→	ξενοδοχείο
καθηγήτρια	→	καθηγητής
ανάβω	→	αναπτήρας
μουσείο	→	μούσα
μαθητής	→	μαθήτρια

6 Οι μήνες

Στόχος: Εξάσκηση στην ανάγνωση και αντιγραφή των ονομάτων των μηνών του έτους.

7 Ξέρετε τονισμό και στίξη;

Στόχος: Άσκηση για κατανόηση γραπτού λόγου. Εξάσκηση στον τονισμό και τη στίξη.

Λύσεις

Η Μάρθα είναι Ισπανίδα από τη Μαδρίτη. Είναι παντρεμένη με Έλληνα. Τώρα μένει στη Θεσσαλονίκη. Το πρωί μαθαίνει ελληνικά στο Σχολείο Νέας Ελληνικής Γλώσσας. Το απόγευμα διδάσκει ισπανικά σε ένα φροντιστήριο.

8 Ο αποκρυπτογράφος

Στόχος: Κατανόηση γραπτών σημειωμάτων σχετικών με την καθημερινή ζωή για ανταλλαγή πληροφοριών, με σκοπό την εκμάθηση του αλφαβήτου.

Λύσεις

Ραντεβού με Τζέιμς Μποντ.
Σάββατο έξι το απόγευμα.
Λευκός Πύργος

Η γυναίκα μου αύριο φεύγει
ταξίδι. Σε περιμένω στο
σπίτι μετά τις δέκα.
Δικός σου
Πράκτορας Χ

Συλλογή γραμματοσήμων — 9

Στόχος: Άσκηση για την εκμάθηση στα ελληνικά ονομάτων χωρών, με σκοπό την εξάσκηση στη γραφή και τη χρήση της εμπρόθετης αιτιατικής της προέλευσης (τοπικής).

Λύσεις

2. την Ελλάδα
3. τον Καναδά
4. το Λίβανο
5. τη Ρουμανία
6. τις Ηνωμένες Πολιτείες
7. το Μεξικό
8. την Κύπρο
9. την Αίγυπτο
10. την Ιορδανία
11. την Ελβετία
12. την Αργεντινή
13. την Πορτογαλία
14. την Αυστραλία

Μήπως σου αρέσει το μέλι; — 10

Στόχος: Παιχνίδι κατανόησης και παραγωγής προφορικών ερωτήσεων. Σύνταξη του ρήματος *αρέσει*.

Ετοιμάζετε 5 κάρτες με τις παρακάτω λέξεις. Ζητάτε από πέντε σπουδαστές να πάρουν από μία κάρτα στην τύχη. Τώρα, υποτίθεται πως στον καθένα αρέσει ό,τι του έτυχε, και πρέπει να ψάξει στην τάξη, ρωτώντας αν υπάρχουν κι άλλοι που τους αρέσει αυτό που είναι γραμμένο στην κάρτα του. Κερδίζει όποιος από τους πέντε έχει βρει το μεγαλύτερο αριθμό σπουδαστών, που να τους αρέσει η λέξη της κάρτας.

Λέξεις

Η επιλογή των λέξεων δεν είναι βέβαια δεσμευτική, απλώς είναι ενδεικτική για την ενθάρρυνση του κεφιού και της ζωντάνιας στην τάξη.

Μπλε

Μέλι

Μελαχρινές, -οί

Ψάρια

Γάτες

11 Το ταίριασμα των ερωτήσεων και των απαντήσεων

Στόχος: Παιχνίδι αντιστοίχισης για κατανόηση γραπτού λόγου. Σύνταξη καταφατικών, ερωτηματικών, αρνητικών προτάσεων και λεξιλόγιο σχετικά με χαιρετισμούς, γνωριμίες και συστάσεις.

Χωρίζετε τους σπουδαστές σε 2 ή περισσότερες ομάδες και βάζετε την καθεμιά ομάδα να καθίσει γύρω από ένα τραπέζι. Βγάζετε τη σελίδα με τις προτάσεις τόσες φωτοτυπίες, όσες είναι οι ομάδες. Κόβετε τις ερωτήσεις και τις απαντήσεις κάθε φωτοτυπίας και τις δίνετε μπερδεμένες στους σπουδαστές κάθε ομάδας. Οι σπουδαστές απλώνουν τα χαρτάκια στα τραπέζια και προσπαθούν να ταιριάξουν τις ερωτήσεις με τις απαντήσεις. Η ομάδα που θα τελειώσει πρώτη είναι η νικήτρια.

Πώς σε λένε;	Με λένε Ρούλα.
Εσένα πώς σε λένε;	Εμένα με λένε Μαρκ.
Από πού είσαι;	Είμαι από την Αμερική.
Είσαι Αμερικανός;	Ναι, είμαι Αμερικανός.
Εσύ είσαι Ελληνίδα;	Ναι, είμαι Ελληνίδα.
Είσαι Αμερικανίδα;	Όχι, δεν είμαι Αμερικανίδα. Είμαι Ιταλίδα.
Χαίρω πολύ.	Και εγώ επίσης.
Μιλάς ελληνικά;	Ναι, λίγο.
Μιλάς αγγλικά;	Ναι, μιλώ αγγλικά.
Μιλάς γερμανικά;	Όχι, δε μιλώ γερμανικά.
Τι κάνεις;	Καλά, ευχαριστώ.
Πώς τον λένε;	Τον λένε Κώστα.
Πώς τη λένε;	Τη λένε Έλενα.
Σε λένε Έλενα;	Όχι, με λένε Άννα.
Είσαι από την Ελλάδα;	Όχι, είμαι από την Ολλανδία.

12 Ξέρετε να γράφετε;

Στόχος: Εξάσκηση στην ορθογραφία και επανάληψη κατακτημένου λεξιλογίου.

Χωρίζετε την τάξη σε δύο ομάδες. Η κάθε ομάδα ορίζει από έναν εκπρόσωπο, ο οποίος πηγαίνει στον πίνακα. Δίνετε στην κάθε ομάδα από μια λίστα με διαφορετικές λέξεις, αλλά ανάλογης δυσκολίας. Μέσα σε καθορισμένο χρόνο, η κάθε ομάδα υπαγορεύει τις δικές της λέξεις στον εκπρόσωπό της που είναι στον πίνακα. Επίσης, του δίνει οδηγίες και τον διορθώνει. Κερδίζει η ομάδα που έχει τα λιγότερα λάθη.

Παράδειγμα:

ομάδα Α	ομάδα Β
είναι	είμαι
έχει	εκεί
φαγητό	πηγαίνω
θέλω	δένω
ένας	νέος
γιατρός	γιαγιά
πατέρας	μητέρα
παιδί	παίζω
μαθητής	μάθημα
μαθαίνει	καταλαβαίνει
αρχίζουμε	τελειώνουμε
γράμμα	δέμα
εγώ	εδώ
καλημέρα	καλησπέρα
Ελλάδα	ελληνικά

13 Υπάρχουν όλα αυτά;

Στόχος: Άσκηση για κατανόηση γραπτού και προφορικού λόγου. Γλωσσικά στοιχεία: σύνταξη του ρήματος *υπάρχει*, ονομαστική ενικού-πληθυντικού ουσιαστικών, λεξιλόγιο αντικειμένων και προσώπων του άμεσου περιβάλλοντος.

Μια μέρα στη ζωή της Αλίκης Βαλσάμη 14

Στόχος: Άσκηση κατανόησης και παραγωγής προφορικού και γραπτού λόγου, που αποσκοπεί στην παροχή πληροφοριών για το χρόνο και την ώρα, καθώς επίσης για τις καθημερινές συνήθειες, με ανάλογο λεξιλόγιο. Γλωσσικά στοιχεία: ενεστώτας ενεργητικής και μεσοπαθητικής φωνής.

Πες μου πότε 15

Στόχος: Άσκηση κατανόησης και παραγωγής προφορικού λόγου, σχετικά με τους τρόπους εκφοράς της ώρας και της ημερομηνίας με ανάλογο λεξιλόγιο. Εξάσκηση στους επιρρηματικούς προσδιορισμούς του χρόνου.

Ζητάτε από τους σπουδαστές σας, με τη βοήθεια ενός ημερολογίου και των ρολογιών τους, να σας πουν:

Α την ώρα:

1. Σε ένα τέταρτο
2. Πριν από δυόμισι ώρες
3. Μετά από μία ώρα
4. Σε πέντε λεπτά
5. Πριν από δέκα λεπτά περίπου
6. Σε δέκα λεπτά
7. Μετά από δύο ώρες

Β την ημερομηνία:

1. Μεθαύριο
2. Αύριο τέτοια ώρα
3. Μετά πέντε μέρες
4. Την Παρασκευή
5. Την Κυριακή
6. Το άλλο Σάββατο
7. Χθες
8. Προχθές
9. Την προηγούμενη Πέμπτη
10. Την ερχόμενη Πέμπτη
11. Την περασμένη Δευτέρα
12. Σε δύο μέρες
13. Το περασμένο Σαββατοκύριακο

Γ πότε:

1. Σε ένα μήνα
2. Πρόπερσι
3. Πέρσι τέτοιον καιρό
4. Σε πέντε χρόνια
5. Μετά από δύο χρόνια
6. Πριν από οκτώ μήνες
7. Στο τέλος του χρόνου

16 Οι δέκα ερωτήσεις

Στόχος: Παιχνίδι κατανόησης και παραγωγής προφορικού λόγου. Ανταλλαγή πληροφοριών σε θέματα καταγωγής, εθνικότητας, επαγγελμάτων, δημόσιου και ιδιωτικού βίου. Περιγραφή ατόμων. Εξάσκηση στον ενεστώτα του ρήματος *είμαι* και ρημάτων στην ενεργητική φωνή, σε προτάσεις καταφατικές, ερωτηματικές και αρνητικές.

Με την πρόοδο των μαθημάτων, το παιχνίδι μαντέματος προσωπικοτήτων μπορεί να παιχτεί με διάφορες παραλλαγές.

Παραλλαγή 1

Δύο σπουδαστές βγαίνουν έξω από την τάξη. Αυτοί οι δύο υποτίθεται ότι είναι κάποιο από τα επόμενα φημισμένα ζευγάρια, που η τάξη θα επιλέξει μετά από πρότασή σας. Όταν οι δύο σπουδαστές γυρίσουν, θα πρέπει με 10 ερωτήσεις, που θα τις κάνουν εναλλάξ, να μαντέψουν ποιοι είναι. Οι απαντήσεις των σπουδαστών θα πρέπει να είναι **Ναι** ή **Όχι**.

Αδάμ & Εύα
Αβραάμ & Σάρα
Ρωμαίος & Ιουλιέτα
Ταρζάν & Τζέιν
Ναπολέων & Ιωσηφίνα
Αντώνιος & Κλεοπάτρα
Τζον Κένεντι & Τζάκι

Πάρης & Ωραία Ελένη
Οδυσσέας & Πηνελόπη
Άρης & Αφροδίτη
Περικλής & Ασπασία
Ιουστινιανός & Θεοδώρα
Αριστοτέλης Ωνάσης & Μαρία Κάλλας
Μπόνι & Κλάιντ

Παραλλαγή 2

Το όνομα της προσωπικότητας με την οποία ταυτίζεται ο κάθε σπουδαστής, είναι γνωστό μόνο σ' αυτόν. Έτσι, τώρα, οι υπόλοιποι σπουδαστές πρέπει να του υποβάλουν ερωτήσεις για να ανακαλύψουν ποιος είναι. Οι απαντήσεις του σπουδαστή θα πρέπει και πάλι να είναι **Ναι** ή **Όχι**.

Οι δέκα εικόνες 17

Στόχος: Παιχνίδι κατανόησης και παραγωγής προφορικών ερωτήσεων, με σκοπό την περιγραφή εικόνων. Εξάσκηση στις ερωτηματικές προτάσεις, στον ενεστώτα των ρημάτων *είμαι* και *υπάρχει* και ρημάτων ενεργητικής φωνής, και στην ονομαστική ουσιαστικών.

Χωρίζετε την τάξη σε δύο ομάδες. Βάζετε στον πίνακα 10 διαφορετικές εικόνες, ώστε να τις βλέπει όλη η τάξη. Ενδεικτικά σας δίνουμε δύο εικόνες, η μία είναι φωτογραφία (1) και η άλλη είναι κομμένη από περιοδικό (2).
Δίνετε στη μία από τις δύο ομάδες φωτοτυπίες των 10 εικόνων. Ο κάθε σπουδαστής αυτής της ομάδας επιλέγει και από μία εικόνα. Οι σπουδαστές της άλλης ομάδας προσπαθούν να εντοπίσουν την εικόνα αυτή, με ερωτήσεις (το πολύ 10). Οι απαντήσεις πρέπει να είναι μόνο **Ναι** ή **Όχι**. Το παιχνίδι συνεχίζεται με άλλες 10 εικόνες για την άλλη ομάδα.

Παράδειγμα ερωτήσεων
(Σε περίπτωση που οι ερωτήσεις αφορούν την εικόνα 2):
1. *Υπάρχουν γυναίκες στην εικόνα; – Ναι.*
2. *Είναι στο Πανεπιστήμιο; – Όχι.*
3. *Περπατάνε; – Όχι.*
4. *Παίζουν; – Όχι.*
5. *Υπάρχουν μικρά παιδιά στην εικόνα; – Ναι.*
6. *Είναι στη θάλασσα; – Ναι.*
7. *Είναι η εικόνα 2; – Ναι.*

Παραλλαγή
Κάνετε την ίδια διαδικασία, μόνο που αντί να δώσετε φωτοτυπίες στους σπουδαστές, λέτε στη μια ομάδα να συνεννοηθεί και να βάλει στο νου της μια από τις εικόνες που είναι στον πίνακα, μετά μια άλλη εικόνα κ.ο.κ.

18 Τα χρωματιστά μολύβια

Στόχος: Δραστηριότητα κατάλληλη για κατανόηση προφορικών εντολών ή οδηγιών και εκτέλεση αυτών. Επίσης, για εμπέδωση λεξιλογίου χρωμάτων, προστακτικής, επιρρηματικών προσδιορισμών του τόπου και συμφωνίας ουσιαστικού – επιθέτου.

Παίρνετε μαζί σας στην τάξη χρωματιστά μολύβια. Ζητάτε από τους σπουδαστές να διαλέξουν το χρώμα που τους αρέσει. (Καθώς το κάνουν αυτό, λέτε το χρώμα του κάθε μολυβιού). Μετά ζητάτε από τους σπουδαστές να τοποθετήσουν με προσοχή τα μολύβια ανάλογα με τις εντολές σας.

π.χ. *Νικόλ, βάλε το κόκκινο μολύβι πάνω στο τραπέζι.*
Άντον, βάλε το πράσινο μολύβι δίπλα στο κόκκινο.
Πίτερ, βάλε το κίτρινο μολύβι αριστερά από το πράσινο.

Όταν τελειώσουν τα μολύβια, πρέπει να έχουν κάνει μια κατασκευή, π.χ. ένα γεωμετρικό σχήμα, ένα σπίτι, έναν πύργο κτλ.
Μετά ζητάτε από τους σπουδαστές να ξαναπάρουν τα μολύβια, λέγοντας και το χρώμα του μολυβιού που παίρνουν και προσπαθώντας να παίρνουν τα μολύβια τους προσεχτικά, «ξεχτίζοντας» την κατασκευή και όχι γκρεμίζοντάς την.

π.χ. *Νικόλ: Παίρνω το κόκκινο μολύβι.*

Θέλω να αγοράσω 19

Στόχος: Άσκηση παραγωγής γραπτού λόγου. Χρήση του αόριστου άρθρου στην αιτιατική. Εξάσκηση στη μορφολογία της αιτιατικής ουσιαστικών στα τρία γένη ενικού και πληθυντικού. Επίσης μέσα από την έκφραση απλής επιθυμίας (με υποτακτική) γίνεται εξάσκηση σε λεξιλόγιο σχετικό με τρόφιμα, έπιπλα και προϊόντα καθημερινής χρήσης.

Λύσεις

ένα πλυντήριο, **–** καρότα, ***ένα*** παντελόνι, **–** κασέτες, ***ένα*** βιολί, ***ένα*** φούρνο, ***έναν*** καθρέφτη, ***ένα*** δίσκο, ***έναν*** καναπέ, **–** μελιτζάνες, ***ένα*** πορτοφόλι, **–** λάμπες, **–** μπίρες, ***ένα*** κινητό τηλέφωνο, ***ένα*** ψυγείο, **–** γυαλιά, **–** γάντια, ***ένα*** σκούφο, ***μία*** τηλεόραση, **–** φακέλους, ***ένα*** χάρτη, ***μία*** ομπρέλα, ***ένα*** χάρακα, **–** αυγά, **–** μαρκαδόρους, ***έναν*** αναπτήρα, **–** σπίρτα, **–** μολύβια, ***ένα*** ρολόι, **–** γραμματόσημα, ***μία*** τηλεκάρτα, **–** πιάτα, ***μία*** εφημερίδα, **–** λουλούδια, **–** παπούτσια, **–** μήλα, ***ένα*** καπέλο, **–** βιβλία, **–** κάλτσες, **–** παντόφλες, ***έναν*** καφέ, **–** φρούτα, ***μία*** τσάντα, **–** ημερολόγια,

αλλά ...

κασέτες, ένα καπέλο, λάμπες, ένα σκούφο, πιάτα, ένα βιολί, καρότα, μήλα, μελιτζάνες, μία ομπρέλα, ένα κινητό τηλέφωνο, έναν αναπτήρα, γάντια, μία τηλεόραση και ένα φούρνο

Ένα, δύο, τρία 20

Στόχος: Γραπτή άσκηση για εξάσκηση στα απόλυτα αριθμητικά επίθετα, τη χρήση και τη μορφολογία ονομαστικής και αιτιατικής πτώσης ενικού και πληθυντικού αριθμού.

Λύσεις

υπάρχουν	***βλέπω***
τρεις μύλοι	τρεις μύλους
τέσσερις μουσικοί	τέσσερις μουσικούς
ένας άντρας	έναν άντρα
τρεις εκκλησίες	τρεις εκκλησίες
τέσσερις πεταλούδες	τέσσερις πεταλούδες
δεκατρείς φάκελοι	δεκατρείς φακέλους
δεκατέσσερα λουλούδια	δεκατέσσερα λουλούδια
τρία κορίτσια	τρία κορίτσια
τρία αγόρια	τρία αγόρια
είκοσι τέσσερα γράμματα	είκοσι τέσσερα γράμματα

21 Αρχαιολογικός χάρτης

Στόχος: Άσκηση παραγωγής γραπτού λόγου, που αποσκοπεί στην εξάσκηση της ονομαστικής πτώσης, της εμπρόθετης αιτιατικής του τόπου σε τοπωνύμια, και του ρήματος *υπάρχει, -ουν*.

Λύσεις
Στους Φιλίππους υπάρχει αρχαίο θέατρο.
Στη Θάσο υπάρχουν κάστρα και αρχαίο θέατρο.
Στο Άγιο Όρος υπάρχουν μοναστήρια.
Στη Θεσσαλονίκη υπάρχουν κάστρα, βυζαντινές εκκλησίες και πύργος.
Στην Καστοριά υπάρχουν βυζαντινές εκκλησίες.
Στον Πλαταμώνα υπάρχει κάστρο.
Στα Μετέωρα υπάρχουν μοναστήρια.
Στους Δελφούς υπάρχει αρχαίος ναός, αρχαίο θέατρο και αρχαίο μαντείο.
Στην Αθήνα υπάρχει αρχαίος ναός και αρχαίο θέατρο.
Στο Σούνιο υπάρχει αρχαίος ναός.
Στην Επίδαυρο υπάρχει αρχαίο θέατρο.
Στην Ολυμπία υπάρχει αρχαίο στάδιο.
Στο Ναύπλιο υπάρχουν κάστρα.
Στη Μονεμβασιά υπάρχουν μοναστήρια.
Στην Κρήτη υπάρχει βασιλικό ανάκτορο.

22 Άγγελέ μου

Στόχος: Χρήση κλητικής σε προσφωνήσεις οικείων προσώπων. Παραγωγή προφορικού λόγου με ανάλογο επιτονισμό και παραγλωσσικά στοιχεία.

Λύσεις

άγγελέ μου	καρδιά μου	μωρό μου	φίλε μου
ψυχή μου	θησαυρέ μου	κούκλα μου	κούκλε μου
λουλούδι μου	μάτια μου	αγάπη μου	πουλάκι μου
μικρούλη μου	μικρούλα μου	περιστέρι μου	παιδί μου

Γιατί δε με ρωτάς; 23

Στόχος: Δραστηριότητα για κατανόηση προφορικού λόγου. Ανταλλαγή πληροφοριών σχετικά με την προσωπική, ιδιωτική και κοινωνική ζωή. Εξάσκηση στις ευθείες και πλάγιες ερωτηματικές προτάσεις, ερωτηματικές αντωνυμίες και ερωτηματικά επιρρήματα.

Ζητάτε από τους σπουδαστές σας να σας κάνουν τις παρακάτω ερωτήσεις, σύμφωνα με το παράδειγμα:

Δασκάλα: *Γιατί δε με ρωτάς πώς με λένε;*
Σπουδαστής: *Πως σας λένε;*
Δασκάλα: *Ζωή Πετρουλάκη.*

Αφού απαντήσετε σε όλες τις ερωτήσεις τους, συνεχίζετε την άσκηση λέγοντας:

– *Και τώρα ας δούμε τι θυμάστε. Λοιπόν ...*
1. *Πού μένω;* (Επαναλαμβάνετε όλες τις ερωτήσεις)

Οι ερωτήσεις

Γιατί δε με ρωτάς ...

1. ... *πού μένω;*
2. ... *ποια είναι η διεύθυνσή μου;*
3. ... *αν είμαι παντρεμένη;*
4. ... *πόσα παιδιά έχω;*
5. ... *αν μου αρέσει το κολύμπι;*
6. ... *τι άλλο μου αρέσει;*
7. ... *τι θέλω να κάνω στη ζωή μου;*
8. ... *πότε θυμώνω;*
9. ... *πώς περνώ τον ελεύθερο χρόνο μου;*
10. ... *αν σε αγαπώ;*
11. ... *αν ξέρω τη Χριστίνα;*
12. ... *αν με ευχαριστεί το μάθημα μαζί σας;*
13. ... *ποιο χρώμα μου αρέσει;*
14. ... *ποιον ηθοποιό προτιμώ;*
15. ... *ποιος είναι ο πιο παλιός μου φίλος;*
16. ... *πόσα χρόνια δουλεύω;*
17. ... *αν ξέρω να μαγειρεύω;*
18. ... *πότε έχω διακοπές;*
19. ... *αν ξοδεύω πολλά λεφτά;*
20. ... *πού έχω ραντεβού το βράδυ;*

24 Το παιχνίδι των 12 ερωτήσεων

Στόχος: Παιχνίδι γνώσεων για κατανόηση ερωτήσεων και παραγωγή απαντήσεων πάνω σε ποικίλα, γενικά ή ειδικότερα θέματα, κατάλληλο για επανάληψη ή εμπέδωση λεξιλογίου και διδαγμένων μορφοσυντακτικών φαινομένων.

Για να παίξετε αυτό το παιχνίδι, ετοιμάζετε 12 ερωτήσεις γενικών γνώσεων, ανάλογα με το γλωσσικό επίπεδο της τάξης σας (ενδεχομένως και ανάλογα με συγκεκριμένο, για εμπέδωση, γλωσσικό φαινόμενο). Χωρίζετε την τάξη σε δύο ομάδες και ζητάτε από την κάθε ομάδα να διαλέξει στην τύχη 6 αριθμούς από το 1 ως το 12. Χωρίζετε με μια γραμμή τον πίνακα της τάξης σε δύο μέρη, ένα για την κάθε ομάδα, και γράφετε τους αριθμούς που επέλεξε η κάθε ομάδα στο δικό της μέρος του πίνακα. Διαβάζετε εναλλάξ στην κάθε ομάδα τις ερωτήσεις που έχει επιλέξει, και οι σπουδαστές συνεργάζονται και απαντούν. Κάθε σωστή απάντηση κερδίζει ένα βαθμό. Κερδίζει η ομάδα που θα απαντήσει σωστά και θα συγκεντρώσει τους περισσότερους βαθμούς. Παρακάτω υπάρχουν ομάδες δώδεκα ερωτήσεων προοδευτικής δυσκολίας, αλλά, φυσικά, ο κάθε δάσκαλος μπορεί να ετοιμάσει άλλες δικές του, που πιθανόν να έχουν περισσότερο ενδιαφέρον για το συγκεκριμένο κοινό του.

A

1. Τι φοράμε, όταν δε βλέπουμε κοντά ή μακριά, ή για τον ήλιο;
2. Πόσες μέρες έχει ένας μήνας;
3. Τι ώρα κάνουμε διάλειμμα;
4. Ποια είναι η ήπειρος απ' όπου είναι ο διπλανός σου;
5. Τι θα πει «Πανεπιστήμιο»;
6. Πώς λέμε το μαγαζί που πουλάει ψωμί;
7. Τι σπουδάζει ένας φοιτητής στη Φιλοσοφική Σχολή;
8. Πώς λέμε το νερό από τον ουρανό;
9. Τι χρώμα είναι τα μαλλιά της δασκάλας σας;
10. Ποιος είναι ο τελευταίος μήνας του καλοκαιριού;
11. Με τι ταξιδεύουμε στη θάλασσα;
12. Ποιο είναι το αντίθετο του «μακριά»;

B

1. Πόσες μέρες έχει ο Μάιος;
2. Πες τρεις ελληνικές εφημερίδες.
3. Υπάρχουν παπαγάλοι στα ελληνικά δάση;
4. Τα κοράλλια ζουν σε βαθιά ή ρηχά νερά;
5. Τι κάνουμε, όταν δεν αισθανόμαστε καλά;
6. Πες κάτι που μπορούμε να κάνουμε για να φαίνεται ένα δωμάτιο πιο «φιλικό» και πιο «ζεστό».
7. Πες τρεις εκφράσεις που σημαίνουν πως κάτι δεν μπορεί να γίνει.

8. Πες ένα φρούτο που το τρώμε μόνο το καλοκαίρι.
9. Πες δύο συνηθισμένες δικαιολογίες που λέμε όταν αργούμε.
10. Πώς λέγονταν ο πατέρας και η μικρότερη αδελφή του Μεγαλέξανδρου;
11. Ποια μέρα της εβδομάδας συνήθως οι νοικοκυρές κάνουν καθαριότητα;
12. Πες τρεις συνηθισμένες σαλάτες.

Γ

1. Τι ζώο είναι ο Κινγκ Κονγκ, ο ήρωας της ομώνυμης κινηματογραφικής ταινίας;
2. Σε ποια πόλη της Ελλάδας γίνεται κάθε χρόνο η μεγαλύτερη παρέλαση καρναβαλιού;
3. Ποιο φρούτο έχει έρωτα με το λάδι;
4. Ποια είναι τα τέσσερα κύρια σημεία του ορίζοντα;
5. Πες τρία ζώα που χρησιμοποιούμε το δέρμα τους για να κάνουμε τσάντες, παπούτσια, σακάκια, ζώνες κτλ.
6. Πες τρία διαφορετικά μέρη, όπου οι άνθρωποι, καθώς περιμένουν, σχηματίζουν ουρά.
7. Ποιο χρώμα προσθέτουμε στο μπλε για να γίνει πράσινο;
8. Τι υλικά χρειαζόμαστε για να κάνουμε τζατζίκι;
9. Πες τρία διαφορετικά είδη πίτας.
10. Πώς ονομάζονταν τα δύο μεγαλύτερα παιδιά του Αδάμ και της Εύας;
11. Ποιο φρούτο δε μας αφήνει να καθίσουμε;
12. Πες τρεις πόλεις που βρίσκονται στη Βόρεια Ελλάδα.

Δ

1. Ποιος πήρε τις 10 εντολές από το όρος Σινά;
2. Κάθε πόσα χρόνια αλλάζουν τα δακτυλικά αποτυπώματα του ανθρώπου;
3. Η Μακεδονία είναι ένα γεωγραφικό διαμέρισμα της Ελλάδας, πες άλλα δύο.
4. Τι επιτρέπεται να φάμε, όταν νηστεύουμε;
5. Πες τέσσερα πράγματα που μπορούν να κάνουν οι άντρες για να γίνουν πιο ωραίοι.
6. Πες τα ονόματα τριών ελληνικών θαλασσών.
7. Ποιο ζώο έχει το μεγαλύτερο πέλμα;
8. Το μειονέκτημα είναι καλό ή κακό χαρακτηριστικό;
9. Πες τρία ενοχλητικά πράγματα που κάνουν μερικοί άνθρωποι το καλοκαίρι στη θάλασσα.
10. Σε ποιο μέρος και σε ποιον δίνουμε συνήθως την απάντηση: «Όχι, ευχαριστώ, θέλω μόνο να ρίξω μια ματιά».
11. Πες τρεις αλλαγές που παρατηρούμε στη φύση, όταν έρχεται η άνοιξη.
12. Ποιο ζώο θεωρείται ιερό στην Ινδία;

Ε

1. Ποια είναι η ελληνική ονομασία του κομπιούτερ;
2. Πώς ονομάζονται ο Αδάμ και η Εύα;

3. Πώς λέγεται η αίσθηση με την οποία αντιλαμβανόμαστε το γλυκό, το πικρό, το ξινό;
4. Το αρσενικό ή το θηλυκό παγόνι έχει πιο εντυπωσιακά χρώματα;
5. Μια πρόληψη είναι να πιστεύεις ότι η Παρασκευή ή η Τρίτη και 13 του μήνα είναι κακή μέρα. Πες μας δύο ακόμη προλήψεις.
6. Για τι θέμα συζητάει ένα ζευγάρι στο πρώτο του ραντεβού;
7. Πες τρία ελληνικά τοπωνύμια που η πρώτη λέξη του ονόματός τους είναι «άγιος», «αγία».
8. Πόσες σκέψεις – κατά μέσο όρο – κάνει τη μέρα ένας άνθρωπος, 1000, 1.000.000 ή 50.000;
9. Πώς γράφεται η λέξη «φιλειρηνικός»;
10. Ποια είναι η δουλειά του μετεωρολόγου;
11. Ποιο είναι ένα γυναικείο ελάττωμα, που μισούν οι άντρες;
12. Τι ξέρεις για τις Αμαζόνες;

ΣΤ

1. Πώς λέγονται οι φωτεινοί πύργοι που καθοδηγούν τα πλοία τη νύχτα;
2. Από τι ήταν φτιαγμένο το στεφάνι των Ολυμπιονικών στην αρχαία Ελλάδα;
3. Αν βάλουμε κοντά σε μια πηγή θερμότητας ίσα κομμάτια ξύλου και σίδερου, ποιο από τα δύο θα ζεσταθεί πιο γρήγορα;
4. Από ποιο νησί καταγόταν ο Ιπποκράτης;
5. Πες τρία έθιμα που συνηθίζονται σε έναν παραδοσιακό γάμο.
6. Με τι υλικό ήταν κολλημένα τα φτερά του Δαίδαλου και του Ίκαρου;
7. Σύμφωνα με τη Βίβλο, γιατί μπερδεύτηκαν οι γλώσσες των ανθρώπων (έπαψαν να μιλούν την ίδια γλώσσα);
8. Πώς λέμε τα φαρμακεία που μένουν ανοιχτά τη νύχτα για να αντιμετωπίζονται οι έκτακτες ανάγκες των ανθρώπων σε φάρμακα;
9. Ποια είναι η δουλειά του διερμηνέα;
10. Για ποιον άνθρωπο λέμε την παροιμία «δε δίνει του αγγέλου του νερό»;
11. Πες τα ονόματα τριών πουλιών.
12. Δώσε τρεις συμβουλές σε ένα φίλο σου που αρχίζει τώρα να μαθαίνει ελληνικά (για να τα μάθει καλά και γρήγορα).

Λύσεις

Α

1. Γυαλιά, 2. 30 ή 31 μέρες, 3. ..., 4. ..., 5. Ανώτατο Εκπαιδευτικό Ίδρυμα όπου διδάσκονται όλες οι επιστήμες, 6. Αρτοποιείο, φούρνο, πρατήριο άρτου, 7. Φιλολογία, 8. Βροχή, 9. ..., 10. Ο Αύγουστος, 11. Με πλοίο, 12. «κοντά»

Β

1. 31, 2. Το Βήμα, Καθημερινή, Τα Νέα, 3. Όχι, 4. Σε ρηχά νερά, 5. Πάμε στο γιατρό, 6. Το διακοσμούμε κατάλληλα, ανάβουμε κεριά, 7. Αποκλείεται, δε γίνεται, αδύνατον, 8. Καρ-

πούζι, 9. Χάλασε το αυτοκίνητο, είχαν απεργία τα λεωφορεία και τα ταξί, 10. Φίλιππος, Θεσσαλονίκη, 11. Το Σάββατο, 12. Χωριάτικη, μελιτζανοσαλάτα, τζατζίκι

Γ

1. Γορίλας, 2. Στην Πάτρα, 3. Αχλάδι, 4. Ανατολή, Δύση, Βορράς και Νότος, 5. Κροκόδειλος, πρόβατο, γουρούνι, 6. Στην Τράπεζα, στη στάση λεωφορείου, στην Εφορία, 7. Το κίτρινο, 8. Γιαούρτι, αγγουράκι, σκόρδο, άνηθο, λάδι, ξίδι, αλάτι, 9. Τυρόπιτα, σπανακόπιτα, κρεατόπιτα, 10. Άβελ και Κάιν, 11. Το σύκο, 12. Καβάλα, Κιλκίς, Δράμα

Δ

1. Ο Μωυσής, 2. Ποτέ, 3. Θράκη, Πελοπόννησος, 4. Όσπρια, χόρτα, φρούτα, λαχανικά, 5. Να αδυνατίσουν, να κάνουν γυμναστική για να αποκτήσουν αθλητικό σώμα, να ντυθούν μοντέρνα, 6. Ιόνιο, Αιγαίο, Κρητικό, 7. Ο ελέφαντας, 8. Κακό, 9. Πετούν σκουπίδια, παίζουν μπάλα, ακούν δυνατά μουσική, 10. Στα μαγαζιά, στους πωλητές, 11. Τα δέντρα βγάζουν φύλλα και λουλούδια, η γη γίνεται πράσινη, ο ουρανός είναι γαλανός, 12. Η αγελάδα

Ε

1. Ηλεκτρονικός υπολογιστής, 2. Πρωτόπλαστοι, 3. Γεύση, 4. Το αρσενικό, 5. Να δεις μαύρη γάτα, να περάσεις κάτω από σκάλα, 5. Για τον καιρό, για κοινούς φίλους, για τα χόμπι τους, 6. Άγιος Νικόλαος, Αγία Τριάδα, Αγία Παρασκευή, 8. 50.000, 9. Φιλειρηνικός, 10. Η πρόγνωση του καιρού, 11. Το ψέμα, 12 . Ήταν πολεμική φυλή γυναικών στη Θράκη

Στ

1. Φάροι, 2. Από κλαδί ελιάς, 3. Το σίδερο, 4. Από την Κω, 5. Οι μπομπονιέρες με τα κουφέτα, το ρύζι, η ανθοδέσμη της νύφης, 6. Με κερί, 7. Γιατί θέλησαν να χτίσουν ένα πύργο μέχρι τον ουρανό (Πύργος της Βαβέλ), 8. Διανυκτερεύοντα, 9. Να μεταφράζει προφορικά από μια γλώσσα σε άλλη, 10. Για τον τσιγκούνη, 11. Αετός, καναρίνι, περιστέρι, 12. «Να μιλάς με Έλληνες, να γράφεις όλες τις ασκήσεις, να μην κάνεις απουσίες»

Περιγραφή 25

Στόχος: Δραστηριότητα για κατανόηση προφορικού λόγου και παραγωγή γραπτού και προφορικού. Περιγραφή ατόμων. Λεξιλόγιο σχετικό με την ένδυση, τα χρώματα, τα χαρακτηριστικά και τις συνήθειες ανθρώπων. Εμπέδωση στη χρήση αιτιατικής πτώσης.

Όλοι οι σπουδαστές στέκονται όρθιοι (σε έναν κύκλο). Ετοιμάζετε πέντε προτάσεις, προκειμένου να περιγράψετε ένα σπουδαστή από την τάξη.

Παράδειγμα:

1. *Είναι σπουδάστρια* (Όλοι οι σπουδαστές κάθονται κάτω).
2. *Φοράει τζιν* (Όλες οι σπουδάστριες που δε φοράνε τζιν κάθονται κάτω).
3. *Έχει καστανά μαλλιά* (Όλες οι σπουδάστριες που δεν έχουν καστανά μαλλιά κάθονται κάτω).
4. *Φοράει ζακέτα* (Όλες οι σπουδάστριες που δε φοράνε ζακέτα κάθονται κάτω).
5. *Έχει μακριά μαλλιά και φοράει γυαλιά* (Όλες οι σπουδάστριες που δεν έχουν μακριά μαλλιά και δε φοράνε γυαλιά κάθονται κάτω).

Τώρα οι σπουδαστές μπορούν να διαλέξουν ένα συμφοιτητή τους και να τον περιγράψουν, όπως ακριβώς κάνατε εσείς. Ο καθένας γράφει, δηλαδή, πέντε προτάσεις και εσείς ελέγχετε να μην υπάρχουν λάθη.
Ένας σπουδαστής έρχεται μπροστά και λέει απ' έξω τις προτάσεις που ετοίμασε. Αν, όταν τελειώσει τις προτάσεις του, μείνει μόνο ένας σπουδαστής, τότε κερδίζει και συνεχίζει κάποιος άλλος.
Μπορείτε, επίσης, να χρησιμοποιήσετε μόνο αρνητικές προτάσεις, ή καταφατικές και αρνητικές.
Αν οι σπουδαστές γνωρίζονται αρκετά, μπορούν να προχωρήσουν σε πιο προσωπικές περιγραφές π.χ. *Στο διάλειμμα κάνει παρέα με τον Πίτερ.*

26 Στο Ξενοδοχείο

Στόχος: Παιχνίδι ρόλων για κατανόηση και παραγωγή προφορικού λόγου και παραγωγή γραπτού. Ανταλλαγή πληροφοριών σχετικά με τη διαμονή σε ξενοδοχείο και εξάσκηση στα απόλυτα αριθμητικά επίθετα.

Ένας από τους σπουδαστές θα παίξει το ρόλο του υπαλλήλου του ξενοδοχείου. Τα 3/4 περίπου της τάξης, θα είναι οι πελάτες, οι οποίοι θα του ζητάνε δωμάτιο.
Ο υπάλληλος θα τους ζητάει τα στοιχεία τους (το ονοματεπώνυμο, τον αριθμό του διαβατηρίου τους και τη χώρα τους). Στη συνέχεια θα συμπληρώνει στο πελατολόγιο τα στοιχεία τους και θα τους δίνει τον αριθμό του δωματίου τους (όπως είναι στο παράδειγμα του βιβλίου του σπουδαστή).
Το υπόλοιπο 1/4 της τάξης θα ζητάει από τον υπάλληλο τον αριθμό του δωματίου κάποιου

από αυτούς που διαμένουν στο ξενοδοχείο. Γι' αυτό το σκοπό, θα πηγαίνουν αυτοπροσώπως ή θα τηλεφωνούν.

Ο διπλανός μου ποτέ δε λέει την αλήθεια 27

Στόχος: Δραστηριότητα για εξάσκηση στην κατανόηση προφορικών ερωτήσεων και απαντήσεων, με σκοπό τη λήψη πληροφοριών και την ταξινόμησή τους σχετικά με τις καθημερινές συνήθειες. Ακόμη, γίνεται εξάσκηση στα χρονικά επιρρήματα και τον ενεστώτα της ενεργητικής φωνής των ρημάτων.

Πάντα ή ποτέ 28

Στόχος: Δραστηριότητα για εξάσκηση στην κατανόηση γραπτών ή προφορικών ερωτήσεων και απαντήσεων, με σκοπό την ανταλλαγή πληροφοριών σχετικά με συνήθειες από την προσωπική και καθημερινή ζωή. Επίσης, γίνεται ταξινόμηση των πληροφοριών με βάση τα χρονικά επιρρήματα.

Όταν οι σπουδαστές συμπληρώσουν τα ερωτηματολόγιά τους, υποδεικνύουν οι ίδιοι ένα συμφοιτητή τους, ο οποίος κάνει τη δημοσκόπηση πάνω σε φωτοτυπημένο αντίγραφο του ερωτηματολογίου, που ακολουθεί μετά το παράδειγμα, με τα μεγαλύτερα κουτάκια. Περνάει απ' όλα τα θρανία και σημειώνει ως εξής:

Παράδειγμα:

Ερωτεύεσαι την άνοιξη;

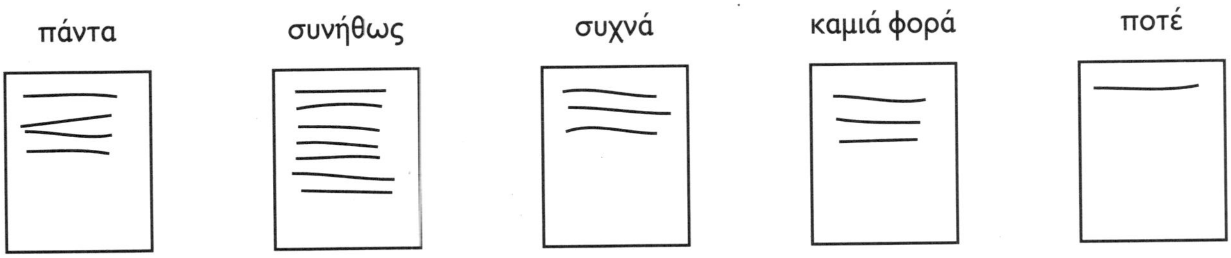

Στους 20 σπουδαστές της τάξης οι 7 ερωτεύονται συνήθως την άνοιξη. Το αποτέλεσμα που ανακοινώνεται είναι: Οι σπουδαστές της τάξης μας συνήθως ερωτεύονται την άνοιξη. Με αυτό τον τρόπο ολοκληρώνονται και ανακοινώνονται τα αποτελέσματα.

Ερωτεύεσαι την άνοιξη;

πάντα	συνήθως	συχνά	καμιά φορά	ποτέ
☐	☐	☐	☐	☐

Μένεις ποτέ απένταρος;

πάντα	συνήθως	συχνά	καμιά φορά	ποτέ
☐	☐	☐	☐	☐

Αργείς στα ραντεβού σου;

πάντα	συνήθως	συχνά	καμιά φορά	ποτέ
☐	☐	☐	☐	☐

Λες ποτέ ψέματα;

πάντα	συνήθως	συχνά	καμιά φορά	ποτέ
☐	☐	☐	☐	☐

Κλαις εύκολα;

πάντα	συνήθως	συχνά	καμιά φορά	ποτέ
☐	☐	☐	☐	☐

Σε ποιο μέρος του σώματος; 29

Στόχος: **Α** Άσκηση αντιστοίχισης για κατανόηση και παραγωγή γραπτού λόγου, με σκοπό την εξάσκηση λεξιλογίου σχετικού με τα μέλη του σώματος και την ένδυση. Επίσης, εξάσκηση στην εμπρόθετη αιτιατική πτώση.

Β Άσκηση ορθογραφίας.

Λύσεις

Α

β) στα αυτιά συνήθως
γ) στο κεφάλι
δ) στο χέρι, στον καρπό
ε) στο λαιμό συνήθως
στ) στα πόδια
ζ) στα χέρια
η) στη μέση
θ) στα πόδια
ι) στα μάτια
ια) στο λαιμό, στο κεφάλι
ιβ) στους ώμους

Β λ**αι**μός, ζ**ώ**νη, αυτί, **ώ**μος, φρ**ύ**δι, αλ**υ**σίδα, αγκ**ώ**νας, π**ι**γούν**ι**, δαχτ**υ**λίδι, μέτ**ω**πο, μύτ**η**, γ**υ**αλιά, παλάμ**η**, **β**λεφαρίδες

Το σπίτι μου 30

Στόχος: Άσκηση κυρίως για κατανόηση γραπτού λόγου με λεξιλόγιο σχετικό με την ονομασία των δωματίων και την επίπλωση. Γλωσσικά στοιχεία: συμφωνία ουσιαστικού-επιθέτου, επιρρηματικοί προσδιορισμοί του τόπου.

31 Τα ποντίκια

Στόχος: Δραστηριότητα κατανόησης και παραγωγής προφορικού λόγου με προβολή διαφάνειας, που αποσκοπεί στην εκμάθηση, εξάσκηση ή εμπέδωση τοπικών επιρρημάτων και των απόλυτων αριθμητικών επιθέτων, με χρήση λεξιλογίου σχετικού με τους χώρους και την επίπλωση ενός σπιτιού.

Για να παίξετε αυτό το παιχνίδι χρειάζεστε έναν overhead projector.
Βγάζετε σε διαφάνειες τις σελίδες που είναι πίσω στο βοηθητικό υλικό σ.195–196 και κόβετε την ταινία εκεί που δείχνει το ψαλίδι (✂---).

Στη συνέχεια βάζετε στον overhead projector την πρώτη διαφάνεια (σπίτι με πολλά ποντίκια) και αρχίζετε να λέτε στους σπουδαστές σας την ακόλουθη ιστορία:

«Η Ρούλα γυρίζει μια μέρα στο σπίτι της και τι να δει! Ήταν γεμάτο ποντίκια» ...

Στο σημείο αυτό λέτε στους σπουδαστές σας (σε ομάδες ή σε όλους μαζί) να κοιτάξουν στη διαφάνεια και
α) να μετρήσουν πόσα ποντίκια βλέπουν σε κάθε χώρο και
β) να πουν πού βρίσκεται το κάθε ποντίκι.

Και συνεχίζετε την ιστορία:

«Η Ρούλα από το φόβο της έβαλε τις φωνές. Τα ποντίκια τρόμαξαν και έφυγαν. Όμως, ένα θαρραλέο ποντίκι έμεινε και άρχισε να τριγυρνάει εδώ κι εκεί» ...

Σ΄ αυτό το σημείο δείχνετε στους σπουδαστές σας τη δεύτερη διαφάνεια (σπίτι χωρίς ποντίκια) και αρχίζετε να μετακινείτε την ταινία (με το ένα ποντίκι) πάνω στη διαφάνεια, σε διάφορα σημεία του σπιτιού, ρωτώντας κάθε φορά τους σπουδαστές σας
α) πού βρίσκεται το ποντίκι ή
β) πού πηγαίνει
και παροτρύνοντάς τους να απαντούν δυνατά και γρήγορα.

Τέλος, απομακρύνετε την ταινία, λέγοντάς τους το τέλος της ιστορίας.
«Στο τέλος έφυγε κι αυτό το ποντίκι και ησύχασε η Ρούλα. Έτσι, τέλος καλό, όλα καλά!»

Επίσης, στη δεύτερη διαφάνεια μπορούν οι σπουδαστές σας να παίξουν το παιχνίδι ανά δύο, ο ένας να μετακινεί την ταινία και ο άλλος να λέει πού είναι το ποντίκι. Ή ο ένας να καθοδηγεί τον άλλο, πού να βάλει το ποντίκι.

Τι τρώνε οι Έλληνες 32

Στόχος: Άσκηση για κατανόηση και παραγωγή γραπτού λόγου, με σκοπό την ανταλλαγή πληροφοριών και απόψεων με θέμα τις συνήθειες στη διατροφή των Ελλήνων και άλλων λαών. Εξάσκηση στον ενεστώτα των ρημάτων *τρώω, πίνω, βάζω*.

Γιατί και επειδή, γι' αυτό 33

Στόχος: Άσκηση μετασχηματισμού γραπτών ενεστωτικών προτάσεων, με στόχο την εκφορά και τη σύνταξη αιτιολογικών προτάσεων.

Λύσεις

1. Δεν αγοράζω τίποτε, γιατί (επειδή) δεν έχω λεφτά.
   Επειδή δεν έχω λεφτά, δεν αγοράζω τίποτε.
   Δεν έχω λεφτά, γι' αυτό δεν αγοράζω τίποτε.
2. Ο Παναγιώτης δεν παίρνει αυτοκίνητο, γιατί (επειδή) δεν ξέρει να οδηγεί.
   Επειδή ο Παναγιώτης δεν ξέρει να οδηγεί, δεν παίρνει αυτοκίνητο.
   Ο Παναγιώτης δεν ξέρει να οδηγεί, γι' αυτό δεν παίρνει αυτοκίνητο.
3. Η Κατερίνα τρώει, γιατί (επειδή) πεινάει.
   Επειδή η Κατερίνα πεινάει, τρώει.
   Η Κατερίνα πεινάει, γι' αυτό τρώει.
4. Παίρνω ασπιρίνη, γιατί (επειδή) πονάει το κεφάλι μου.
   Επειδή πονάει το κεφάλι μου, παίρνω ασπιρίνη.
   Πονάει το κεφάλι μου, γι' αυτό παίρνω ασπιρίνη.
5. Τα παιδιά πάνε για ύπνο, γιατί (επειδή) νυστάζουν.
   Επειδή τα παιδιά νυστάζουν, πάνε για ύπνο.
   Τα παιδιά νυστάζουν, γι' αυτό πάνε για ύπνο.
6. Ο κύριος Πετρόπουλος είναι χοντρός, γιατί (επειδή) τρώει πολύ.
   Επειδή ο κύριος Πετρόπουλος τρώει πολύ, είναι χοντρός.
   Ο κύριος Πετρόπουλος τρώει πολύ, γι' αυτό είναι χοντρός.
7. Δεν βγαίνουμε έξω, γιατί (επειδή) βρέχει.
   Επειδή βρέχει δε βγαίνουμε έξω.
   Βρέχει, γι' αυτό δε βγαίνουμε έξω.
8. Ανεβαίνω από τη σκάλα, γιατί (επειδή) το ασανσέρ δε λειτουργεί.
   Επειδή το ασανσέρ δε λειτουργεί, ανεβαίνω από τη σκάλα.
   Το ασανσέρ δε λειτουργεί, γι' αυτό ανεβαίνω από τη σκάλα.
9. Καθαρίζω το σπίτι μου, γιατί (επειδή) είναι βρόμικο.

Επειδή το σπίτι μου είναι βρόμικο, το καθαρίζω.
Το σπίτι μου είναι βρόμικο, γι' αυτό το καθαρίζω.

10. Δεν έχουμε μάθημα, γιατί (επειδή) η δασκάλα μας είναι άρρωστη.
Επειδή η δασκάλα μας είναι άρρωστη, δεν έχουμε μάθημα.
Η δασκάλα μας είναι άρρωστη, γι' αυτό δεν έχουμε μάθημα.
11. Παίρνω ταξί, γιατί (επειδή) τα λεωφορεία έχουν απεργία.
Επειδή τα λεωφορεία έχουν απεργία, παίρνω ταξί.
Τα λεωφορεία έχουν απεργία, γι' αυτό παίρνω ταξί.
12. Η Νίκη φοράει γυαλιά, γιατί (επειδή) δε βλέπει καλά.
Επειδή η Νίκη δε βλέπει καλά, φοράει γυαλιά.
Η Νίκη δε βλέπει καλά, γι' αυτό φοράει γυαλιά.
13. Δεν μπορώ να πάω σινεμά, γιατί (επειδή) έχω διάβασμα.
Επειδή έχω διάβασμα, δεν μπορώ να πάω σινεμά.
Έχω διάβασμα, γι' αυτό δεν μπορώ να πάω σινεμά.
14. Τρώω έξω, γιατί (επειδή) δεν ξέρω να μαγειρεύω.
Επειδή δεν ξέρω να μαγειρεύω, τρώω έξω.
Δεν ξέρω να μαγειρεύω, γι' αυτό τρώω έξω.
15. Ο Τζον μιλάει πολύ καλά ελληνικά, γιατί (επειδή) μένει πολλά χρόνια στη Ελλάδα.
Επειδή ο Τζον μένει πολλά χρόνια στην Ελλάδα, μιλάει πολύ καλά ελληνικά.
Ο Τζον μένει πολλά χρόνια στην Ελλάδα, γι' αυτό μιλάει πολύ καλά ελληνικά.

34 Η κοπέλα με το κίτρινο μπουφάν

Στόχος: Άσκηση μετασχηματισμού γραπτών ενεστωτικών προτάσεων, με στόχο την εκφορά και τη σύνταξη αναφορικών προτάσεων.

Λύσεις

1. ...που πάει στο αεροδρόμιο;
2. ...που φοράει κίτρινο μπουφάν ...
3. ...που έχει γλυκιά φωνή.
4. ...που έχει μεγάλα μπαλκόνια.
5. ...που κρατάει (έχει) την κιθάρα ...
6. ...που έχει ξένη πινακίδα.
7. ...που φοράει μαύρα γυαλιά.
8. ...που έχουν (κρατούν) τσάντες γεμάτες ψώνια.
9. ...που έχει μια βαλίτσα ...
10. ...που κάθεται στην κουνιστή πολυθρόνα ...

Ερωτήσεις, πολλές ερωτήσεις! 35

Στόχος: Παιχνίδι παραγωγής προφορικών ερωτήσεων και απαντήσεων, με σκοπό τη δημιουργία μιας φανταστικής ιστορίας.

Γράφετε μία πρόταση στον πίνακα. Οι σπουδαστές, που είναι χωρισμένοι σε δύο ομάδες, **A** και **B**, πρέπει να βρουν όσο το δυνατόν περισσότερες ερωτήσεις σχετικές μ' αυτή την πρόταση. Τις ερωτήσεις τις κάνουν εναλλάξ, οι ομάδες **A** και **B**. Νικήτρια είναι η ομάδα που κατάφερε να κάνει τις πιο πολλές ερωτήσεις.

Παράδειγμα:

Ο Αχιλλέας είναι τρελά ερωτευμένος με τη Μαρίνα.

Για να βοηθήσετε το παιχνίδι, απαντάτε εσείς με φαντασία στις ερωτήσεις, οπότε πλάθεται και μία ιστορία. Την ιστορία αυτήν διηγείται η νικήτρια ομάδα, όταν τελειώσει το παιχνίδι. Το παιχνίδι μπορεί να επαναληφθεί πολλές φορές κατά τη διάρκεια των μαθημάτων.

Πού είναι το λάχανο; 36

Στόχος: Άσκηση για κατανόηση γραπτού λόγου. Εξάσκηση σε λεξιλόγιο σχετικό με τη διατροφή (φρούτα και λαχανικά) και σε τοπικά επιρρήματα.

Λύσεις

αχλάδια	μελιτζάνες	μήλα	πιπεριές
κολοκυθάκια	πορτοκάλια	**λάχανο**	μπανάνες
μανταρίνια	αγγουράκια	σταφύλια	ντομάτες

37 Τι δουλειά κάνει ο πατέρας μου / η μητέρα μου;

Στόχος: Παιχνίδι για κατανόηση προφορικού λόγου. Ερωτήσεις και απαντήσεις, με σκοπό την ανταλλαγή πληροφοριών που αφορούν την επαγγελματική απασχόληση, την προσωπική ζωή και τις ασχολίες στον ελεύθερο χρόνο. Γλωσσικά στοιχεία: ενεστώτας ενεργητικής φωνής ρημάτων, επιρρηματικοί προσδιορισμοί του χρόνου, καταφατικές και αρνητικές προτάσεις και ανάλογο λεξιλόγιο.

38 Ποια χώρα σκέφτομαι;

Στόχος: Παιχνίδι με ερωτήσεις και απαντήσεις για κατανόηση προφορικού λόγου, με σκοπό την ανταλλαγή πληροφοριών πάνω σε θέματα σχετικά με χώρες: τοποθεσία, μορφολογία εδάφους, γλώσσα, πολιτισμό, πολίτευμα και κατοίκους. Εξάσκηση στον ενεστώτα της ενεργητικής φωνής και τη χρήση ονομαστικής και αιτιατικής πτώσης.

39 Τι θέλει / τι πρέπει να κάνει ο Παύλος;

Στόχος: Ασκήσεις συμπλήρωσης κενών με τη βοήθεια εικονιδίων (σκίτσων). Χρήση απλής υποτακτικής σε καθημερινές και κοινωνικές καταστάσεις.

Λύσεις

Α α.

1. να αγοράσει λουλούδια
2. να τηλεφωνήσει
3. να διαβάσει
4. να ακούσει μουσική
5. να παίξει τένις
6. να φάει σούπα
7. να πάει στην ντίσκο να χορέψει
8. να πιει καφέ
9. να καπνίσει
10. να δει τηλεόραση
11. να τρέξει στην παραλία

Α β.

1. να αγοράσουν λουλούδια
2. να τηλεφωνήσουν
7. να πάνε στην ντίσκο να χορέψουν
8. να πιουν καφέ

3. να διαβάσουν
4. να ακούσουν μουσική
5. να παίξουν τένις
6. να φάνε σούπα
9. να καπνίσουν
10. να δουν τηλεόραση
11. να τρέξουν στην παραλία

B α.

1. να ξυπνήσει στις έξι
2. να μαγειρέψει
3. να ταχυδρομήσει ένα γράμμα
4. να δουλέψει στον υπολογιστή
5. να κόψει τα μαλλιά του
6. να πάει στο γιατρό
7. να διορθώσει (να φτιάξει, να επισκευάσει) το αυτοκίνητό του
8. να αλλάξει τη λάμπα
9. να σιδερώσει
10. να ετοιμάσει τις βαλίτσες του

B β.

1. να ξυπνήσουν στις έξι
2. να μαγειρέψουν
3. να στείλουν ένα γράμμα
4. να δουλέψουν στον υπολογιστή
5. να κόψουν τα μαλλιά τους
6. να πάνε στο γιατρό
7. να διορθώσουν (να φτιάξουν, να επισκευάσουν) το αυτοκίνητό τους
8. να αλλάξουν τη λάμπα
9. να σιδερώσουν
10. να ετοιμάσουν τις βαλίτσες τους

Διακοπή ηλεκτρικού 40

Στόχος: Άσκηση συμπλήρωσης κενών. Χρήση απλής υποτακτικής στην ενεργητική φωνή των ρημάτων, για καθημερινές ανάγκες.

Λύσεις

A 1. να δούμε, 2. να μαγειρέψουμε, 3. να πλύνουμε, 4. να γράψουμε, 5. να ανάψουμε, 6. να ακούσουμε, 7. να σκουπίσουμε, 8. να χρησιμοποιήσουμε, 9. να ανεβούμε, να κατεβούμε, 10. να σιδερώσουμε

να μείνουμε, να ακούσουμε, να ανάψουμε, να μιλήσουμε

B να πλύνω, να βάλω, να αλλάξω, να ανεβώ, να φωνάξω, να βγάλω, να σταματήσω

41 Ένα σταυρόλεξο

Στόχος: Σταυρόλεξο για εξάσκηση στην απλή υποτακτική της ενεργητικής φωνής μερικών ρημάτων που παρουσιάζουν δυσκολίες στο σχηματισμό τους.

42 Τι κάνουμε με ένα παπούτσι

Στόχος: Παιχνίδι παραγωγής γραπτών ή προφορικών προτάσεων. Εξάσκηση στην απλή υποτακτική της ενεργητικής φωνής ρημάτων με άμεσο αντικείμενο (αδύνατοι τύποι της προσωπικής αντωνυμίας).

43 Αποκλείεται! Βέβαια!

Στόχος: Άσκηση κατανόησης προφορικών μονολεκτικών μηνυμάτων (ή σύντομων φράσεων) με ανάλογο επιτονισμό (εστίαση, έμφαση, δισταγμό, απαγόρευση, παροχή άδειας) και αντίστοιχα παραγλωσσικά στοιχεία.

Λύσεις

	Ναι	Δεν είμαι σίγουρος/η	Όχι
Αποκλείεται!			✓
Βέβαια!	✓		
Φυσικά!	✓		
Μπορεί.		✓	
Και ναι και όχι!		✓	
Γιατί όχι;	✓		
Καθόλου!			✓
Σίγουρα!	✓		
Δε γίνεται!			✓
Αδύνατον!			✓
Επιτρέπεται!	✓		
Οπωσδήποτε!	✓		
Απαγορεύεται!			✓
Ίσως!		✓	
Μάλλον!		✓	
Έτσι κι έτσι!		✓	
Έγινε!	✓		
Ξέρω 'γώ;		✓	
Μάλιστα!	✓		

Ζητάω πολλά; 44

Στόχος: Άσκηση συμπλήρωσης κενών σε προτάσεις επικοινωνιακού χαρακτήρα, με σκοπό την απόκτηση ευχέρειας σε πράξεις λόγου, όπως διατύπωση επιθυμιών και έκκληση βοήθειας, με χρήση της υποτακτικής και των προσωπικών αντωνυμιών (αδύνατου τύπου) στη γενική (έμμεσο αντικείμενο).

Λύσεις

1. μιλάτε
2. έρθεις
3. μου δώσετε
4. μου δώσετε
5. με πάτε
6. μου δανείσεις
7. χαμηλώσεις
8. την πείτε
9. με πάρεις (μου ξανατηλεφωνήσεις)
10. πλύνεις, σκουπίσεις
11. με συμβουλέψετε
12. μου κάνεις

Για να το χρησιμοποιήσω στη δουλειά μου 45

Στόχος: Παιχνίδι για κατανόηση και παραγωγή προφορικού λόγου, που έχει ως σκοπό την εξάσκηση στις τελικές προτάσεις και την υποτακτική. Λεξιλόγιο σχετικό με επαγγέλματα, εργαλεία και αντικείμενα καθημερινής και επαγγελματικής χρήσης.

Ετοιμάζετε δύο σετ από κάρτες, ένα με επαγγέλματα (τόσες κάρτες, όσοι είναι οι σπουδαστές σας) και ένα με αντικείμενα. Οι κάρτες με τα αντικείμενα πρέπει να είναι αριθμητικά τριπλάσιες από τα επαγγέλματα. Δηλαδή, 10 σπουδαστές, 10 κάρτες με επαγγέλματα και 30 κάρτες με αντικείμενα. (Οι κάρτες ακολουθούν).
Όλοι οι σπουδαστές παίρνουν από μία κάρτα από το σετ με τα επαγγέλματα και υποτίθεται ότι αυτό είναι το επάγγελμά τους. Στη συνέχεια, πάλι όλοι με τη σειρά τραβούν μία κάρτα από το άλλο σετ με τα αντικείμενα. Τώρα ο καθένας λέει πώς μπορεί να χρησιμοποιήσει στο επάγγελμά του το αντικείμενο αυτό. Ερωτήσεις και αντιρρήσεις μπορούν να τεθούν από τους άλλους σπουδαστές. Ο σπουδαστής κρατάει την κάρτα, μόνο αν οι άλλοι είναι ικανοποιημένοι και έχουν πειστεί από αυτά που είπε σχετικά με το αν το αντικείμενο αυτό του είναι χρήσιμο στη δουλειά του, αλλιώς επιστρέφει την κάρτα. Η διαδικασία επαναλαμβάνεται με το τράβηγμα δεύτερης και τρίτης κάρτας από το σετ με τα αντικείμενα, ώσπου να τελειώσουν οι κάρτες. Νικητές είναι όσοι καταφέρουν να κρατήσουν τις περισσότερες κάρτες με τα αντικείμενα.

Επαγγέλματα

ταχυδρόμος
κτηνίατρος
ψαράς
ποδοσφαιριστής
τηλεφωνήτρια
κομμώτρια
νοικοκυρά
αστυνομικός
γραμματέας
μουσικός

Αντικείμενα → → →

σκύλος	τσάντα
σκούπα	ξυριστική μηχανή
ποδήλατο	φάρμακα
χτένα	καφετιέρα
χαρτί	γράμμα
καπέλο	τηγάνι
βάρκα	μπάλα
μπότες	πιστόλι
δίχτυ	σαμπουάν
μπλοκάκι	βούρτσα
γραφομηχανή	υπολογιστής
σορτάκι	σφυρίχτρα
κασετόφωνο	τηλέφωνο
ακουστικά	πιάνο
μικρόφωνο	μολύβι

46 Απαγορεύεται το Ναι, Όχι, Δεν ξέρω!

Στόχος: Παιχνίδι παραγωγής προφορικών ερωτήσεων και απαντήσεων με λεκτικούς περιορισμούς, με σκοπό την απόκτηση γλωσσικής ευχέρειας.

Χωρίζετε την τάξη σε δύο ομάδες. Ένας σπουδαστής από την ομάδα **Α** έρχεται στον πίνακα και απαντάει σε ερωτήσεις που του κάνει η ομάδα **Β**, προσέχοντας, όμως, να μη χρησιμοποιήσει τις λέξεις **Ναι**, **Όχι**, **Δεν ξέρω**. Αν τις χρησιμοποιήσει χάνει, και το παιχνίδι συνεχίζεται με ένα σπουδαστή από την ομάδα **Β**. Κερδίζει η ομάδα που απάντησε σύμφωνα με τον κανόνα του παιχνιδιού στις πιο πολλές ερωτήσεις.

Παράδειγμα:

Δασκάλα: *Ελιάνα, πώς είναι η πόλη σου; Μεγάλη, μικρή, παλιά, καινούρια ...*
Ελιάνα: *Είναι πολύ μεγάλη και πολύ παλιά.*
Δασκάλα: *Μοιάζει με τη Θεσσαλονίκη;*
Ελιάνα: *Αρκετά.*
Δασκάλα: *Έχει κάστρα και παλιές εκκλησίες;*
Ελιάνα: *Έχει.*
Δασκάλα: *Πράσινο έχει;*
Ελιάνα: *Λίγο.*
Δασκάλα: *Είναι καθαρή;*
Ελιάνα: *Καθόλου!*
Δασκάλα: *Έχει ωραία μαγαζιά;*
Ελιάνα: *Βέβαια!*
Δασκάλα: *Έχεις πολλούς φίλους εκεί;*
Ελιάνα: *Φυσικά!*
Δασκάλα: *Θα ήθελες να είσαι εκεί τώρα;*
Ελιάνα: *Ναι!*
Δασκάλα: *Έχασες, Ελιάνα!*

47 Εκδρομή ή ταξίδι

Στόχος: Άσκηση για κατανόηση και παραγωγή γραπτού λόγου σχετικά με ταξίδια, εκδρομές και ένδυση, με ανάλογο λεξιλόγιο και εξάσκηση στον απλό μέλλοντα της ενεργητικής φωνής, στα επίθετα και στη συμφωνία ουσιαστικού και επιθέτου.

Λύσεις

Σάκος Ελένης

1. ένα ζευγάρι αθλητικά παπούτσια
2. χοντρές κάλτσες
3. ένα χοντρό πουλόβερ
4. ένα μάλλινο παντελόνι
5. κόκκινα μάλλινα γάντια
6. ένα γούνινο καπέλο

Βαλίτσα Γιώργου

1. ένα μαύρο κοστούμι
2. ένα ζευγάρι μαύρα δερμάτινα παπούτσια
3. ένα άσπρο μακρυμάνικο πουκάμισο
4. μια γαλάζια μεταξωτή γραβάτα
5. λεπτές βαμβακερές κάλτσες
6. μια ξυριστική μηχανή

Ένας ψεύτης 48

Στόχος: **A** Κατανόηση γραπτού λόγου σε μορφή επιστολής. Γλωσσικές λειτουργίες: κοινωνικές επαφές, περιγραφές. Μορφολογία και χρήση του ενεστώτα της ενεργητικής και μεσοπαθητικής φωνής.

B Παραγωγή γραπτού λόγου σε μορφή επιστολής.

Λύσεις

A

1. Το Λονδίνο γενικά δε φημίζεται για την... ηλιοφάνειά του!
2. Στις 12 Νοεμβρίου 20.. δεν είναι καλοκαιρινές οι διακοπές.
3. Το άγαλμα ης Ελευθερίας είναι στη Ν. Υόρκη.
4. Θάλασσα δεν έχει το Λονδίνο.
5. Παραδοσιακό εγγλέζικο τσάι και όχι καφές.
6. Στο Λονδίνο υπάρχουν μεγάλα πάρκα και πράσινο.

Ποιος είναι στη φωτογραφία; 49

Στόχος: Παιχνίδι για κατανόηση και παραγωγή προφορικού λόγου, με σκοπό την περιγραφή των χαρακτηριστικών των ατόμων με ανάλογο λεξιλόγιο.

Χωρίζετε την τάξη σε δύο ομάδες, **A** και **B**. Δίνετε στην ομάδα **A** τη φωτογραφία ενός γνωστού καλλιτέχνη και στην ομάδα **B** τη φωτογραφία ενός άλλου. Οι σπουδαστές της κάθε ομάδας δε θα δουν τη φωτογραφία της άλλης ομάδας.

Η ομάδα **Α** θα πρέπει να περιγράψει τον καλλιτέχνη της με όσο το δυνατόν περισσότερες λεπτομέρειες, ώστε οι σπουδαστές της ομάδας **Β** να βρουν ποιος είναι. Έχουν δικαίωμα να κάνουν τρεις προσπάθειες για να βρουν το σωστό όνομα. Το ίδιο θα γίνει και με την άλλη ομάδα.
Νικήτρια θα είναι η ομάδα που θα βρει το όνομα του καλλιτέχνη με τρεις το πολύ προσπάθειες.

50 Μοντέλο ή παιδίατρος

Στόχος: **Α** **Β** Ασκήσεις για κατανόηση γραπτού λόγου με ερωτήσεις πάνω στο κείμενο. Λεξιλόγιο σχετικό με επαγγέλματα.

Γ Σταυρόλεξο με λέξεις που δηλώνουν επαγγέλματα στα δύο φυσικά γένη.

Λύσεις

Β μοντέλο, παιδίατρος, διερμηνέας, υπάλληλος σε πρακτορείο τουρισμού, νυχτοφύλακας, αεροσυνοδός, πωλήτρια, διακοσμητής

Γ

1							Τ	Η	Λ	Ε	Φ	Ω	Ν	Η	Τ	Ρ	Ι	Α		
2										Π	Υ	Ρ	Ο	Σ	Β	Ε	Σ	Τ	Η	Σ
3				Μ	Ε	Τ	Α	Φ	Ρ	Α	Σ	Τ	Ρ	Ι	Α					
4	Α	Ρ	Χ	Ι	Τ	Ε	Κ	Τ	Ο	Ν	Ι	Σ	Σ	Α						
5										Κ	Ο	Μ	Μ	Ω	Τ	Ρ	Ι	Α		
6								Α	Ι	Σ	Θ	Η	Τ	Ι	Κ	Ο	Σ			
7				Σ	Υ	Γ	Γ	Ρ	Α	Φ	Ε	Α	Σ							
8									Υ	Δ	Ρ	Α	Υ	Λ	Ι	Κ	Ο	Σ		
9							Γ	Υ	Μ	Ν	Α	Σ	Τ	Η	Σ					
10									Ν	Η	Π	Ι	Α	Γ	Ω	Γ	Ο	Σ		
11										Σ	Ε	Ρ	Β	Ι	Τ	Ο	Ρ	Ο	Σ	
12								Α	Σ	Τ	Υ	Ν	Ο	Μ	Ι	Κ	Ι	Ν	Α	
13								Ν	Α	Υ	Τ	Ι	Κ	Ο	Σ					
14			Ο	Δ	Ο	Ν	Τ	Ι	Α	Τ	Ρ	Ο	Σ							
15								Τ	Α	Ξ	Ι	Τ	Ζ	Η	Σ					
16								Μ	Α	Ν	Α	Β	Η	Σ						

Αχ, αυτοί οι αριθμοί! 51

Στόχος: Δραστηριότητα για παραγωγή προφορικού λόγου. Γλωσσικά στοιχεία: απόλυτα αριθμητικά επίθετα και ερωτηματικές προτάσεις.

Προξενιά 52

Στόχος: Παιχνίδι για εξάσκηση στην κατανόηση και παραγωγή γραπτού και προφορικού λόγου. Ο επικοινωνιακός του στόχος είναι οι κοινωνικές επαφές και, ιδιαίτερα, οι περιγραφές των χαρακτηριστικών των ατόμων, τα επαγγέλματα, τα ενδιαφέροντα και οι προτιμήσεις, με χρήση ανάλογου λεξιλογίου. Εμπέδωση των διδαγμένων μορφοσυντακτικών φαινομένων.

Χωρίζετε την τάξη σε ομάδες και ετοιμάζετε κάρτες με «φωτογραφίες». Βλ. βοηθητικό υλικό, σ. 197–198. Δίνετε σε κάθε ομάδα από 4 κάρτες και ζητάτε να συμπληρώσουν τα στοιχεία των ανθρώπων που εικονίζονται, σύμφωνα με την κρίση τους και τη φαντασία τους. Μόλις τελειώσουν, συγκεντρώνετε τις συμπληρωμένες κάρτες.
Τώρα χωρίζετε την τάξη σε 2/3 και 1/3. Αν, π.χ., οι σπουδαστές σας είναι όλοι 24, τους χωρίζετε σε 16 και 8. Οι 16 σπουδαστές θα πρέπει να χωριστούν σε δυάδες και να καθίσουν σε διαφορετικά μέρη της τάξης. Είναι τα **«γραφεία συνοικεσίων»**.
Οι υπόλοιποι 8 θα είναι οι **«υποψήφιοι για γάμο»**. Λέτε σ' αυτούς τους 8 να πάρει ο καθένας μία συμπληρωμένη κάρτα (το σωστό φύλο) και να φανταστούν ότι είναι το πρόσωπο της κάρτας που έχουν πάρει. Μοιράζετε τις υπόλοιπες κάρτες στα **«γραφεία συνοικεσίων»**. Αυτοί τώρα έχουν στα χέρια τους **«υποψήφιους συντρόφους»**, που το κάθε γραφείο έχει στα βιβλία του.
Στόχος του παιχνιδιού είναι να βρει ο κάθε **«υποψήφιος»** τον/την «κατάλληλο/-η σύντροφο».
Λέτε στους **«υποψήφιους»** να επισκεφτούν τα **«γραφεία»**, να περιγράψουν τον εαυτό τους και να πουν τι ψάχνουν να βρουν.
Όταν βρουν το **«σύντροφό»** τους, ζητάτε να γράψουν ένα γράμμα σε κάποιο φίλο ή φίλη, όπου θα περιγράφουν τον καινούριο άντρα ή γυναίκα στη ζωή τους.

Τίνος είναι; 53

Στόχος: Δραστηριότητα για παραγωγή προφορικού λόγου, με σκοπό την ανταλλαγή πληροφοριών, και χρήση γενικής (κτητικής) και κλητικής πτώσης ουσιαστικών, της κτητικής αντωνυμίας *δικός μου*, και της ερωτηματικής αντωνυμίας *ποιος* (στη γενική) και *τίνος*.

Και εσείς και οι σπουδαστές αφήνετε σ' ένα τραπέζι διάφορα πράγματα που τυχαίνει να έχετε μαζί σας. Τα αντικείμενα αυτά μπορούν να χρησιμοποιηθούν σε μικρούς διαλόγους όπως π.χ.:
– *Ποιανού (τίνος) είναι αυτά τα κλειδιά;*
– *Δικ**ά** μου.*

Μετά από πολλές επαναλήψεις, ζητάτε από τους σπουδαστές να χωριστούν σε δύο ομάδες και να ορίσουν από έναν εκπρόσωπο. Αυτός πρέπει να θυμηθεί σε ποιον ανήκει το κάθε αντικείμενο. Τον βοηθάει βέβαια η ομάδα του. Κερδίζει η ομάδα που έκανε τα λιγότερα λάθη. Μπορείτε να έχετε μια παραλλαγή του παιχνιδιού, αν δώσετε στους σπουδαστές σας ελληνικά ονόματα που τα γράφουν σ' ένα χαρτί και τα καρφιτσώνουν στο στήθος τους:

Λεωνίδας	**Ελευθερία**
Απόστολος	**Ελπίδα**
Σωκράτης	**Αγάπη**
Αλέξανδρος	**Ευδοξία**
Φίλιππος	**Ανδρομάχη**
Δημήτρης	**Πηνελόπη**
Κώστας	**Ιφιγένεια**
Μανόλης	**Κατερίνα**
Λευτέρης	**Αντιγόνη**
Περικλής	**Ασπασία**
Γιώργος	**Ευγενία**
Αχιλλέας	**Άλκηστη**
Χρίστος	**Θεοδώρα**
Νικόλας	**Δανάη**
Νικήτας	**Αλίκη**

54 Του παιδιού μου το παιδί είναι το εγγόνι μου

Στόχος: Λεξιλογική άσκηση κατανόησης γραπτού λόγου, όπου γίνεται αντιστοίχιση ορισμών και ερμηνευτικών φράσεων με τις κατάλληλες σημασιολογικά λέξεις.

Λύσεις
2 = ζ, 3 = η, 4 = θ, 5 = ε, 6 = ι, 7 = δ, 8 = α, 9 = στ, 10 = γ

Ποια λέξη δεν ταιριάζει; 55

Στόχος: Άσκηση για εμπέδωση λεξιλογίου.

Λύσεις

1. ο κόκορας
2. τα γόνατα
3. το νοσοκομείο
4. δασολόγος
5. το κουμπί
6. το καλοριφέρ
7. ο φάκελος
8. ο Μάιος
9. η μαμά
10. το πορτοφόλι
11. το γραμματόσημο
12. η κουζίνα
13. ταβάνι
14. το σαλόνι
15. η πολυκατοικία
16. η Ιταλία
17. τα γυαλιά

Για ποιον ή για τι μιλάμε; 56

Στόχος: Λεξιλογική άσκηση αντιστοίχισης. Γλωσσικά στοιχεία: η κτητική αντωνυμία *δικός μου*, περιφραστικά παραθετικά επιθέτων συγκριτικού βαθμού.

Λύσεις

A	1	2	3	4	5	6	7	8	9	10
B	β	θ	η	ε	ζ	δ	γ	στ	α	ι

Ποιανού; Ποιανής; Τίνος; 57

Στόχος: Δραστηριότητα για παραγωγή και κατανόηση γραπτού και προφορικού λόγου. Επικοινωνιακός στόχος: ανταλλαγή πληροφοριών σχετικά με την κοινωνική και προσωπική ζωή. Εξάσκηση στη χρήση γενικής κτητικής και της ερωτηματικής αντωνυμίας *ποιος* (στη γενική).

Χωρίζετε τους σπουδαστές σε δύο ομάδες, **Α** και **Β**. Δίνετε στην κάθε ομάδα από μια φωτοτυπία του παρακάτω ερωτηματολογίου, που πρέπει να περιέχει τόσα κουτάκια, όσοι είναι οι σπουδαστές της κάθε ομάδας. Τους ζητάτε να γράψουν τα ονόματά τους.

Ονόματα	Ποιο είναι το όνομα της κοπέλας σου/ του αγοριού σου;	Ποια είναι η οδός και ο αριθμός του σπιτιού σου;	Ποιο είναι το μεγάλο όνειρο της ζωής σου;

Ένας σπουδαστής από κάθε ομάδα γυρίζει από θρανίο σε θρανίο και συμπληρώνει τα ερωτηματολόγια της ομάδας του. Μόλις είναι έτοιμα, τα δίνει στην άλλη ομάδα, και αυτοί προσπαθούν να μάθουν τις απαντήσεις απ' έξω. Μετά, τα χαρτιά επιστρέφονται στην αρχική ομάδα.

Τώρα οι σπουδαστές της ομάδας **Α** κάνουν στους σπουδαστές της ομάδας **Β** ερωτήσεις του τύπου: *Ποιανής το αγόρι το λένε Μπομπ; Ποιανού το σπίτι είναι στις 40 Εκκλησιές; Ποιανής το όνειρο είναι να ταξιδέψει στο διάστημα;*

Το ίδιο κάνουν αντίστοιχα οι σπουδαστές της ομάδας **Β** στους σπουδαστές της ομάδας **Α**.

Κερδίζει η ομάδα, που απαντά σωστά στις περισσότερες ερωτήσεις.

58 Και οι τοίχοι έχουν αυτιά!

Στόχος: Άσκηση κατανόησης γραπτών εκφράσεων με μεταφορική σημασία. Λεξιλόγιο σχετικό με τα όργανα και τα μέλη του ανθρώπινου σώματος. Εξάσκηση στη γενική πτώση.

Διεθνής εμπορική έκθεση 59

Στόχος: Άσκηση παραγωγής γραπτού λόγου σχετικά με γεωργικά, βιομηχανικά προϊόντα και τοπωνύμια. Χρήση γενικής της προέλευσης.

Λύσεις

τουλίπες Ολλανδίας, πούρα Αβάνας, παπούτσια Ιταλίας, μπανάνες Κολομβίας, χαλιά Περσίας, κρασιά Γαλλίας, τζιν Αμερικής, χαβιάρι Ρωσίας, μεταξωτά Κίνας, καφές Βραζιλίας, βότκα Φινλανδίας

Ελληνικά προϊόντα 60

Στόχος: Άσκηση παραγωγής προφορικού λόγου με λεξιλόγιο σχετικό με προϊόντα διατροφής και τοπωνύμια, και χρήση γενικής της προέλευσης.

Λύσεις

καπνά Ξάνθης, λουκούμια Σερρών, τρίγωνα Πανοράματος, κουλούρια Θεσσαλονίκης, ψάρια Χαλκιδικής, τυρί Μετσόβου, κοτόπουλα Ιωαννίνων, πορτοκάλια Άρτας, χαλβάς Φαρσάλων, μήλα Πηλίου, κάστανα Βόλου, μέλι Αττικής, σταφίδες Κορίνθου, ελιές Καλαμάτας, δαμάσκηνα Σκοπέλου, λάδι Μυτιλήνης, κρασί Σάμου, χαλούμι και λεμόνια Κύπρου, αγγουράκια και πορτοκάλια Κρήτης

Το λέμε κι έτσι 61

Στόχος: Άσκηση μετασχηματισμού γραπτών προτάσεων για εξάσκηση στη γενική της κτήσης, του χρόνου, του σκοπού, του τόπου και του δημιουργού.

Λύσεις

1. Είναι ο αριθμός διαβατηρίου.
2. Είναι τα γραμματόσημα εξωτερικού.
3. Είναι συγγραφέας παιδικών βιβλίων.
4. Είναι τα μουσεία της Θεσσαλονίκης.
5. Είναι η ώρα του μαθήματος.
6. Είναι το μάθημα ελληνικών.

7. Είναι το πλυντήριο πιάτων.
8. Είναι τα ποτήρια του κρασιού.
9. Είναι η είσοδος του διαμερίσματος.
10. Είναι οι σπουδαστές των τάξεων Α4 και Β1.

62 Πότε παντρεύεστε;

Στόχος: Κατανόηση γραπτού κειμένου (μοντέλου) και παραγωγή κατευθυνόμενου γραπτού κειμένου. Επικοινωνιακός στόχος: κοινωνικές επαφές, πρόσκληση σε γάμο και βάφτιση. Χρήση γενικής της συγγένειας, του τόπου και του χρόνου.

Λύσεις

Σας προσκαλούμε στο γάμο μας
που θα γίνει την Κυριακή
5 Νοεμβρίου, ώρα 8 το βράδυ,
στην εκκλησία του Αγίου Μηνά

Σωκράτης – Έφη

Οικογένειες:
Μαρίας Κανέλλη
Αντρέα και Μίνας Καρανίκα

63 Η οικογένεια Στεφάνου

Στόχος: Άσκηση κατανόησης γραπτού λόγου. Πληροφορίες σχετικά με την οικογένεια, τα συγγενικά πρόσωπα και τα επαγγέλματα με χρήση γενικής της συγγένειας.

Λύσεις

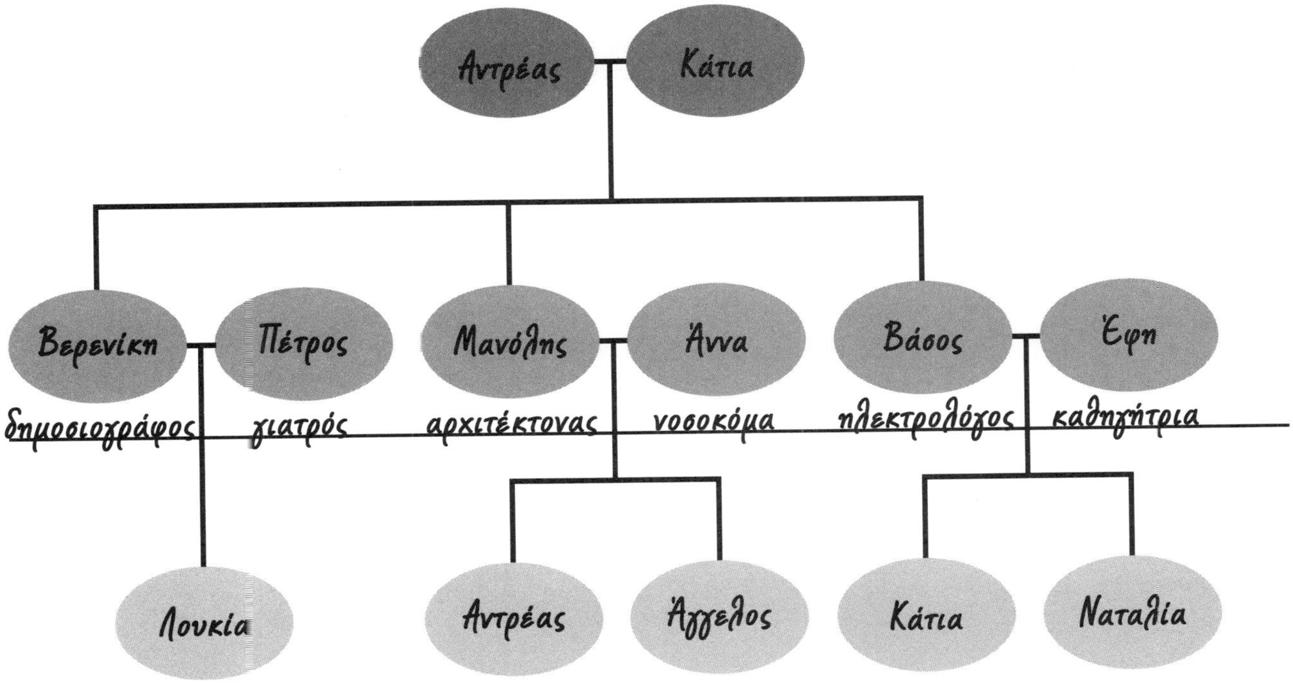

Ορθογραφία σε συνέχειες 64

Στόχος: Κείμενο για ορθογραφία.

Ετοιμάζετε ένα κείμενο για υπαγόρευση, το οποίο, όμως, υπαγορεύετε τμηματικά σε συνεχόμενα μαθήματα. Το θέμα πρέπει να είναι κατάλληλα επιλεγμένο, ώστε να προκαλεί το ενδιαφέρον των σπουδαστών για τη συνέχεια. Με την πρόοδο των μαθημάτων, που συνεπάγεται και τη χρήση περισσότερων γλωσσικών στοιχείων, θα είναι ευκολότερη η συγγραφή ενός τέτοιου κειμένου.

Παράδειγμα 1:

Πώς κάνουμε χωριάτικη σαλάτα

Πλένουμε καλά δυο ντομάτες και τις σκουπίζουμε. Καθαρίζουμε ένα αγγούρι και ένα μικρό ή μεγάλο κρεμμύδι. Παίρνουμε ένα βαθύ πιάτο και βάζουμε μέσα τις ντομάτες, το αγγούρι και το κρεμμύδι.

Με ένα μαχαίρι κόβουμε τις ντομάτες, το αγγούρι και το κρεμμύδι σε φέτες. Αν θέλουμε, βάζουμε και μια πράσινη πιπεριά που την κόβουμε σε λεπτές φέτες. Ρίχνουμε αλάτι, λάδι και ξίδι.
Κόβουμε τυρί φέτα σε κύβους και το βάζουμε στο πιάτο με τη σαλάτα μας. Βάζουμε, επίσης, λίγες ελιές και, αν θέλουμε, ρίγανη. Ανακατεύουμε με δύο μεγάλα κουτάλια. Η σαλάτα μας είναι έτοιμη.

Παράδειγμα 2:

Πώς πήρε το όνομά του το Αιγαίο

Πριν από πάρα πολλά χρόνια οι Αθηναίοι έκαναν πόλεμο με τους Κρήτες και τον έχασαν. Ο βασιλιάς των Κρητών, ο Μίνωας, ανάγκασε τους Αθηναίους να στέλνουν στην Κρήτη κάθε χρόνο εφτά νέους και εφτά νέες, για να τους τρώει ο Μινώταυρος, το τέρας που είχε σώμα ανθρώπου και κεφάλι ταύρου. Ο Μινώταυρος ήταν κλεισμένος στο υπόγειο του παλατιού του Μίνωα, το Λαβύρινθο, που είχε τόσο πολλά δωμάτια και διαδρόμους ατέλειωτους, ώστε ήταν αδύνατον για κάποιον να βγει.
Ο Θησέας, ο ωραίος, έξυπνος και γενναίος γιος του βασιλιά της Αθήνας Αιγέα, δεν ήθελε πια να βλέπει τους φίλους και συμπατριώτες του να γίνονται τροφή του Μινώταυρου, και γι' αυτό ζήτησε από τους Αθηναίους και από τον πατέρα του να πάει κι αυτός μαζί με τους άλλους δεκατρείς νέους, για να σκοτώσει το τέρας.
Όλοι τον θαύμασαν και πιο πολύ ο πατέρας του, και του έδωσαν την άδεια. Πριν μπει όμως στο καράβι με τα μαύρα πανιά, που ήταν έτοιμο να φύγει για την Κρήτη, ο γέρο-Αιγέας του ζήτησε μια χάρη. Να βάλει άσπρα πανιά στο πλοίο, αν σκοτώσει το Μινώταυρο και γυρίσει ζωντανός πίσω.
Όταν έφτασαν στην Κρήτη, ο Θησέας μίλησε με το βασιλιά Μίνωα και του ζήτησε να τον αφήσει να πάει μόνος του μέσα στο Λαβύρινθο, για να σκοτώσει το Μινώταυρο, και, αν νικήσει, να φύγουν όλοι πίσω στην πατρίδα τους ζωντανοί. Ο Μίνωας συμφώνησε και διέταξε να τον οδηγήσουν στο Λαβύρινθο.
Η Αριάδνη, όμως, η κόρη του Μίνωα, όταν είδε το Θησέα και άκουσε τα γενναία λόγια του, τον αγάπησε και θέλησε να τον βοηθήσει. Του έδωσε, λοιπόν, ένα κουβάρι και του είπε να το ξετυλίγει καθώς προχωρά, για να μπορέσει να βρει το δρόμο της εξόδου, αν σκοτώσει το Μινώταυρο.
Ο Θησέας έκανε ό,τι του είπε η Αριάδνη και μπήκε στο Λαβύρινθο. Βρήκε το Μινώταυρο, πάλεψε μαζί του και τον σκότωσε. Μετά, με τη βοήθεια του κουβαριού, βγήκε έξω ζωντανός και στη συνέχεια, αυτός και οι σύντροφοί του, ανέβηκαν στο πλοίο για το γυρισμό. Μαζί τους, πήγε κρυφά από τον πατέρα της, και η ερωτευμένη με το Θησέα Αριάδνη.
Από τη χαρά τους, όμως, ξέχασαν να αλλάξουν τα πανιά, όπως τους είχε ζητήσει ο Αιγέας. Έτσι, όταν ο βασιλιάς, που με αγωνία περίμενε το γυρισμό του γιου του, είδε από μακριά το πλοίο να έρχεται με μαύρα πανιά, έπεσε από τη λύπη του μέσα στη θάλασσα και πνίγηκε. Από τότε το πέλαγος ονομάστηκε ΑΙΓΑΙΟ.

Μαθήματα αγοράς 65

Στόχος: Δραστηριότητα για κατανόηση και παραγωγή γραπτού και προφορικού λόγου σχετικά με αγορά, καταστήματα, τρόφιμα, προϊόντα καθημερινής χρήσης και πρώτης ανάγκης, με ανάλογο λεξιλόγιο. Εξάσκηση στα απόλυτα αριθμητικά επίθετα.

Αν ξέρετε, κερδίζετε! 66

Στόχος: Παιχνίδι κατανόησης γραπτού λόγου και παραγωγής προφορικού, με σκοπό την ανταλλαγή πληροφοριών πάνω σε ποικίλη θεματολογία. Εξάσκηση στη γενική πτώση.

Για το παιχνίδι αυτό χρειάζονται ένα ταμπλό (Βλ. βοηθητικό υλικό σ. 199), ένα ζάρι και δύο πιόνια διαφορετικού χρώματος.
Ετοιμάζετε δύο στοίβες με τις κάρτες που ακολουθούν, από τριάντα ερωτήσεις η καθεμία, φωτοτυπώντας δύο φορές τους αριθμούς και κολλώντας από πίσω τις ερωτήσεις **Α** και **Β**.
Χωρίζετε την τάξη σε δύο ομάδες, **Α** και **Β**. Και οι δύο ομάδες βάζουν τα πιόνια τους εκεί που γράφει **Αρχή**. Ξεκινάει ένας σπουδαστής από την ομάδα **Α**, ρίχνοντας το ζάρι, και προχωράει τόσα κουτάκια όσα είναι ο αριθμός που δείχνει το ζάρι. Μετράει και τα κενά κουτάκια. Π.χ. αν ρίξει 5 πάει στον αριθμό 4. Εσείς, τότε, παίρνετε από τη στοίβα με τις κάρτες **Α**, τον αριθμό 4 και διαβάζετε την ερώτηση που υπάρχει από πίσω. Αν ο σπουδαστής απαντήσει σωστά στην ερώτηση, συνεχίζει ένας άλλος σπουδαστής από την ίδια ομάδα. Αν, όμως, απαντήσει λάθος ή δεν καταλάβει την ερώτηση, τότε η ομάδα **Α** χάνει τη σειρά της και συνεχίζει η ομάδα Β, ρίχνοντας το ζάρι.
Αν, ρίχνοντας το ζάρι, η ομάδα **Α** ή **Β** πέσει σ' ένα κενό κουτάκι, κερδίζει, και προχωράει στο αμέσως επόμενο αριθμημένο κουτάκι.

1	2	3
4	5	6
7	8	9
10	11	12
13	14	15
16	17	18
19	20	21
22	23	24
25	26	27
28	29	30

Ομάδα Α

Πες ένα φρούτο της άνοιξης.	Ποια είναι η ημερομηνία των γενεθλίων σου;	Ποια είναι η τελευταία μέρα της εβδομάδας;
Ποια είναι η πρωτεύουσα της Γαλλίας;	Τι βλέπεις από το παράθυρο του δωματίου σου;	Ποιο είναι το όνομα της μητέρας σου;
Ποια είναι η δασκάλα της τάξης σου;	Πες μας ένα ζώο της ζούγκλας.	Ποιος είναι ο πρωθυπουργός της Ελλάδας;
Πες ένα μεγάλο κωμικό του κινηματογράφου.	Τα μανταρίνια είναι φρούτα του χειμώνα;	Ποιο είναι το πρώτο γράμμα του ονόματός σου;
Πώς λένε τη μητέρα του Ιησού Χριστού;	Ποιο είναι το νόμισμα της Ευρωπαϊκής Ένωσης;	Ποιος ήταν ο πρόεδρος των Ηνωμένων Πολιτειών της Αμερικής το 1962;
Το ποτήρι της μπίρας είναι χαμηλό ή ψηλό;	Πώς λέγεται ο πατέρας των 12 θεών του Ολύμπου;	Η Αφροδίτη είναι η θεά της ομορφιάς;
Ποιο είναι το χρώμα του ουρανού της Ελλάδας;	Ποια είναι η πατρίδα της σπουδάστριας που κάθεται μπροστά σου;	Ποιος μήνας του χρόνου σου αρέσει πιο πολύ;
Ποια είναι η διαφορά της ώρας της Αθήνας και της πατρίδας σου;	Ποια είναι η τιμή ενός κιλού ψωμιού;	Ποιος είναι ο αριθμός του κινητού σου;
Ποια είναι η γενική της λέξης «πορτοκάλι»;	Υπάρχει κοντά στο σπίτι σου Εθνική Τράπεζα της Ελλάδας;	Ποιο είναι το τρίτο γράμμα της αλφαβήτας;
Έχεις μαζί σου μια φωτογραφία των γονιών σου ή των αδελφών σου;	Ποια είναι η μάρκα του αυτοκινήτου του πατέρα σου;	Θέλεις να πάμε στο πάρτι των φίλων μου;

Ομάδα Β

Ποια είναι τα χρώματα της σημαίας της πατρίδας σου;	Ποιο είναι το χρώμα των μαλλιών της μητέρας σου;	Ποιος είναι ο αριθμός των σπουδαστών της τάξης σου;
Πόσα είναι τα γράμματα της ελληνικής αλφαβήτας;	Πού βρίσκεται το άγαλμα της Ελευθερίας;	Ποιο είναι το όνομα του δασκάλου του Μεγάλου Αλεξάνδρου;
Ποιος είναι ο πρώτος μήνας του καλοκαιριού;	Η Ακρόπολη είναι μνημείο της Αθήνας ή της Θεσσαλονίκης;	Πες μας τα ονόματα τριών από τα 7 θαύματα του κόσμου.
Πες μας το όνομα ενός αγαπημένου σου ηθοποιού.	Πού είναι το γραφείο της δασκάλας σου;	Ποιο είναι το μισό του τρία;
Ποια είναι η αγαπημένη σου μέρα της εβδομάδας;	Ποιος είναι ο αριθμός του τηλεφώνου σου στην πατρίδα σου;	Σε ποια νησιά του Αιγαίου θέλεις να πας;
Πού θέλεις να πας τις διακοπές των Χριστουγέννων;	Τι κάνεις την ώρα του διαλείμματος;	Πες τα ονόματα τριών ελληνικών πόλεων.
Η αδελφή της μητέρας σου είναι ξαδέρφη σου;	Ποια είναι τα χρώματα της μόδας φέτος;	Ποιο είναι το εθνικό φαγητό της χώρας σου;
Πες το πρώτο γράμμα του ονόματος και του επωνύμου της δασκάλας σου.	Ποιο είναι το χόμπι της φίλης σου;	Πόσοι είναι οι όροφοι της πολυκατοικίας που μένεις;
Το χρώμα του Λευκού Πύργου είναι άσπρο;	Πόσες του μηνός είναι τα γενέθλιά σου;	Ποια είναι η σημασία της έκφρασης «περαστικά»;
Πόσω χρονών είναι η μητέρα του πατέρα σου;	Πού είναι η Πυραμίδα του Χέοπα;	Ποιος είναι ο αρχηγός της Καθολικής Εκκλησίας;

Στόχος: Παιχνίδι κατανόησης προφορικού λόγου σχετικού με την παροχή πληροφοριών για την προσωπικότητα, τις ασχολίες και τα χαρακτηριστικά προσωπικοτήτων. Εξάσκηση στη χρήση της γενικής πτώσης.

Από εφημερίδες και περιοδικά βρίσκετε φωτογραφίες διάσημων προσώπων (πολιτικών, ηθοποιών, συνθετών κτλ.) και τις παίρνετε στην τάξη. Χωρίζετε τους σπουδαστές σε μικρές ομάδες. Μοιράζετε σε κάθε ομάδα ίσο αριθμό φωτογραφιών. Επίσης ετοιμάζετε από μία κάρτα για κάθε φωτογραφία, όπου είναι γραμμένη μία φράση σχετική με το πρόσωπο της φωτογραφίας και τη διαβάζετε στους σπουδαστές. Μόλις η κάθε ομάδα ακούει μια φράση και καταλαβαίνει ότι αναφέρεται σε μια από τις φωτογραφίες που κρατά, δίνει αυτή τη φωτογραφία σ' εσάς, που τη δείχνετε σε όλη την τάξη και τη βάζετε κατά μέρος. Νικήτρια είναι η ομάδα που θα τελειώσει πρώτη, είτε γιατί κατάλαβε τις φράσεις που αναφέρονταν στις δικές της φωτογραφίες, είτε γιατί τυχαία διαβάστηκαν νωρίτερα από άλλες.

Παράδειγμα:

Διάσημη τραγουδίστρια της όπερας, ελληνικής καταγωγής, πέθανε το 1978
Γιος του Φιλίππου, βασιλιάς της Μακεδονίας
Βασίλισσα της Αιγύπτου, αγαπημένη του Καίσαρα και του Αντώνιου

68 Η θάλασσα γράφεται με δύο σ!

Στόχος: Ορθογραφία λέξεων με δύο όμοια σύμφωνα.

Υπαγορεύετε στους σπουδαστές τις παρακάτω λέξεις και, καθώς τις διαβάζετε, αυτοί θα τις γράφουν στην κατάλληλη στήλη, μόνο εφόσον γράφονται με δύο όμοια σύμφωνα.

κρεβάτι, Σάββατο, μαλλί, αγγούρι, μαλώνω, παπάς, εννέα, γενέθλια, παππούς, ψέμα, φύλλο, φεγγάρι, αλλάζω, άρρωστος, ενενήντα, συμμαθήτρια, γραμματόσημο, πυρετός, θάλασσα, Άννα, καρότο, κλασική, Ρωσία, εκκλησία, σύννεφο, γένια, τρέλα, Χριστούγεννα, τουαλέτα, Γαλλία, φασαρία, καπέλο, κοπέλα, κόκκινο, γλώσσα, όλος, άλλος, εγγόνι, τέσσερα, διάλειμμα, Αττική, φαντασία, εκατομμύριο

Λύσεις

ββ	γγ	κκ	λλ	μμ
Σάββατο	αγγούρι	εκκλησία	μαλλί	συμμαθήτρια
	φεγγάρι	κόκκινο	φύλλο	γραμματόσημο
	εγγόνι		αλλάζω	διάλειμμα
			Γαλλία	εκατομμύριο
			άλλος	

νν	ρρ	ππ	σσ	ττ
εννέα	άρρωστος	παππούς	θάλασσα	Αττική
Άννα			γλώσσα	
σύννεφο			τέσσερα	
Χριστούγεννα				

69 Συνεντεύξεις

Στόχος: Δραστηριότητα κατανόησης προφορικού και παραγωγής γραπτού λόγου, με σκοπό την ανταλλαγή πληροφοριών και απόψεων σχετικά με την προσωπικότητα, το χαρακτήρα και τις προτιμήσεις των ατόμων.

Πόσο καλοί ψυχολόγοι είστε; 70

Στόχος: Δραστηριότητα κατανόησης γραπτού και προφορικού λόγου, με σκοπό την ανταλλαγή πληροφοριών σχετικά με απόψεις, κρίσεις και συναισθήματα μέσα από τις προσωπικές συνήθειες, τις προτιμήσεις και το χαρακτήρα των ατόμων. Γλωσσικά στοιχεία: ενεστώτας ενεργητικής και μεσοπαθητικής φωνής ρημάτων.

Ο κύριος Τέλειος 71

Στόχος: Δραστηριότητα κατανόησης γραπτού λόγου σχετικού με την περιγραφή των χαρακτηριστικών των ατόμων. Γλωσσικά στοιχεία: επίθετα και συμφωνία ουσιαστικού και επιθέτου.

Ποιο δεν ταιριάζει; 72

Στόχος: Άσκηση για επιλογή κατάλληλων επιθέτων. Γλωσσικά στοιχεία: επίθετα και συμφωνία ουσιαστικού και επιθέτου.

Λύσεις

1. ήσυχο
2. χοντρό
3. οικονομικός
4. στενός
5. αργές
6. ξανθιά
7. ακριβή
8. κουρασμένο
9. αραιά
10. βέβαιο
11. νευρικά
12. ευγενική

Τυρόπιτες ζεστές και νόστιμες! 73

Στόχος: Γραπτή άσκηση συνδυασμού συγκεκριμένων ουσιαστικών με κατάλληλα επίθετα. Γλωσσικά στοιχεία: επίθετα και συμφωνία ουσιαστικού και επιθέτου.

Ακόμα και με κλειστά μάτια!

Στόχος: **Α** Παιχνίδι προφορικής κατανόησης της περιγραφής των σωματικών χαρακτηριστικών, μέσω της δημιουργίας σκίτσου. Εξάσκηση στη μορφολογία επιθέτων, στη συμφωνία ουσιαστικού και επιθέτου, στην προστακτική έγκλιση ενεργητικής φωνής, στους επιρρηματικούς προσδιορισμούς του τόπου και σε σχετικό λεξιλόγιο.

Β Παιχνίδι για περιγραφή ζώων.

Γ «Το κοκοράκι». Τραγούδι ανάλογου περιεχομένου.

Δ Λεξιλογική άσκηση.

Α Για να παίξετε αυτό το παιχνίδι, χρειάζεστε δύο μαντίλια αρκετά μεγάλα, ώστε να μπορούν να δεθούν γύρω από το κεφάλι. Χωρίζετε τους σπουδαστές σε δύο ομάδες. Τώρα τους δίνετε, προφορικά, οδηγίες για να ζωγραφίσει ο καθένας στο χαρτί του ένα συμπαθητικό εξωγήινο. Τους λέτε να βάλουν τα δυνατά τους, γιατί, αφού τελειώσουν, τα μέλη της κάθε ομάδας θα πρέπει να επιλέξουν το καλύτερο σκίτσο και να ονομάσουν το δημιουργό του «τον καλύτερο ζωγράφο της ομάδας».
Τώρα οι δύο δημιουργοί των καλύτερων σκίτσων πηγαίνουν στον πίνακα και θα πρέπει να ζωγραφίσουν και πάλι τον εξωγήινο, με **δεμένα** όμως τα **μάτια** τους και σύμφωνα με τις οδηγίες που θα δέχονται από τους σπουδαστές της ομάδας τους. Κερδίζει η ομάδα που ο εκπρόσωπός της ζωγράφισε καλύτερα. Το ρόλο του κριτή τον παίζετε ... εσείς ή, ίσως ... κάποια τάξη που κάνει μάθημα δίπλα στη δική σας!

Οι προφορικές οδηγίες

«Μοιάζει με άνθρωπο, αλλά δεν είναι. Είναι κοντός, και το κεφάλι του είναι πολύ μεγάλο σε σχέση με το υπόλοιπο σώμα του. Επίσης, το κεφάλι του είναι τριγωνικό, δηλαδή έχει στενό πιγούνι και πολύ φαρδύ μέτωπο. Μαλλιά δεν έχει καθόλου. Κατά τα άλλα, έχει δυο μάτια, δυο αυτιά, μια μύτη και ένα πλατύ στόμα, που τον κάνει αστείο, γιατί μοιάζει σαν να χαμογελάει συνέχεια. Ο λαιμός του είναι μακρύς και λεπτός. Ρούχα δε φοράει, μόνο σκούρες μπότες. Μπροστά στο στήθος του έχει τρεις συσκευές σαν μικρά ραδιόφωνα με κουμπιά, που διαρκώς αναβοσβήνουν. Έχει τέσσερα χέρια και δύο πόδια. Σε κάθε χέρι έχει πέντε μακριά, λεπτά δάχτυλα.
Αν και ασχημούλης, είναι συμπαθητικός!»

B Παιχνίδι με ζωγραφιές ζώων

Χωρίζετε την τάξη σε δύο ομάδες. Δίνετε 4 εικόνες ζώων στην ομάδα **Α** και 4 εικόνες άλλων ζώων στην ομάδα **Β**. Κάποια ενδεικτικά σκίτσα ζώων μπορείτε να δείτε στο βοηθητικό υλικό, σ. 200. Αφού η κάθε ομάδα στείλει έναν εκπρόσωπό της στον πίνακα, του δίνει οδηγίες (χωρίς να του πει τα ονόματα των ζώων), ώστε αυτός να ζωγραφίσει τα ζώα της ομάδας του. Κερδίζει η ομάδα που δίνει τις σωστότερες οδηγίες και, επομένως, πετυχαίνει την πιστότερη αναπαράσταση.

Ντομάτα + χυμός = ντοματοχυμός 75

Στόχος: Λεξιλογική άσκηση για ανάλυση σύνθετων λέξεων.

Λύσεις

το χιόνι + το νερό
το πόδι + η σφαίρα
ο πόνος + το κεφάλι
το δόντι + η βούρτσα
το μαξιλάρι + ο πόλεμος
το σπανάκι + το τυρί + η πίτα
το κλειδί + η θήκη
ο πεζός + ο δρόμος
η κασέτα + η φωνή
μονός, -ή, -ό + το χρώμα

ο αέρας + ο δρόμος
ο ύπνος + το δωμάτιο
υπό + η γη
πρώτος, -η, -ο + η χρονιά
γράφω + η μηχανή
δεκαπέντε + η ημέρα
το χαρτί + το μαντίλι
μονός, -ή, -ό + ο δρόμος
ίσος, -η, -ο + η γη
ο Έλληνας + ο Αμερικανός

Ζωγραφιές 76

Στόχος: Παιχνίδι κατανόησης γραπτών και προφορικών λέξεων κατάλληλο για επανάληψη και εμπέδωση λεξιλογίου, ρημάτων, ουσιαστικών και επιθέτων.

Για να παίξετε το παιχνίδι **ΖΩΓΡΑΦΙΕΣ**, χρειάζεστε ένα έγχρωμο ταμπλό (Βλ. βοηθητικό υλικό, σ. 205), ένα ζάρι, δύο χρωματιστά πιόνια, μία κλεψύδρα και έναν αριθμό καρτών, οι οποίες περιέχουν λέξεις ανάλογες με το επίπεδο της τάξης σας.
Ετοιμάζετε τις κάρτες που βρίσκονται στο βοηθητικό υλικό, σ. 201–205. Τις κόβετε κάθετα ανά πέντε λέξεις και τις κολλάτε σε αντίστοιχου μεγέθους χαρτόνια.

Κάθε κάρτα έχει κίτρινο, μπλε και κόκκινο χρώμα για τα ουσιαστικά, βυσσινί για τα ρήματα και πράσινο για τα επίθετα.
Οι σπουδαστές χωρίζονται σε δύο ομάδες και ξεκινούν από την **ΑΡΧΗ** με διαφορετικό χρώμα πιόνι η κάθε ομάδα.

Παράδειγμα:
Ξεκινάει η ομάδα **Α** με ένα σπουδαστή στον πίνακα της τάξης. Ο σπουδαστής ρίχνει το ζάρι και, ανάλογα με τον αριθμό που θα τύχει, π.χ. **6**, προχωράει στο ταμπλό 6 κουτάκια και βρίσκεται σ' ένα πράσινο κουτάκι.
Παίρνετε στην τύχη μία από τις κάρτες και δείχνετε στο σπουδαστή την τέταρτη λέξη που έχει πράσινο χρώμα και είναι πάντα επίθετο. Συγχρόνως, ενημερώνετε την τάξη ότι η λέξη αυτή είναι επίθετο. Ο σπουδαστής ζωγραφίζει στον πίνακα της τάξης αυτό που του υποδεικνύει η λέξη. Η ομάδα **Α** προσπαθεί να βρει, στο χρόνο που χρειάζεται η κλεψύδρα για να αδειάσει, ποιο είναι το επίθετο που ζωγραφίζει ο σπουδαστής της ομάδας τους. Αν το πετύχουν, συνεχίζει η ίδια ομάδα με άλλον σπουδαστή. Αν όμως δεν το βρουν στο συγκεκριμένο χρόνο της κλεψύδρας, έρχεται στον πίνακα ένας σπουδαστής από την ομάδα **Β**.
Αν το ζάρι οδηγήσει το σπουδαστή σε ένα κόκκινο τετραγωνάκι του έγχρωμου ταμπλό, τότε έρχεται στον πίνακα και ένας σπουδαστής από την άλλη ομάδα. «Ζωγραφίζουν» και οι δύο «τη λέξη» και όποια ομάδα τη βρει, αυτή συνεχίζει το παιχνίδι.
Στόχος του παιχνιδιού είναι ποια ομάδα θα φτάσει πρώτη στο τέλος και θα μαντέψει σωστά το σκίτσο «της λέξης».
Το παιχνίδι μπορεί να εμπλουτιστεί και με άλλες κάρτες που θα ετοιμάζετε εσείς με την πρόοδο των μαθημάτων γράφοντας με τα ανάλογα χρώματα τις λέξεις που θέλετε.

77 Ξέρετε τι έκανα χθες;

Στόχος: Παιχνίδι για παραγωγή προφορικού λόγου με χρήση αορίστου και αιτιατικής. Εξάσκηση στο λεξιλόγιο και στην απομνημόνευση λέξεων.

78 Μισές δουλειές

Στόχος: Άσκηση κατανόησης γραπτού λόγου και συμπλήρωσης κενών με θέμα τις ασχολίες της καθημερινής ζωής. Χρήση απλής υποτακτικής ομαλών ρημάτων και ρημάτων με δυσκολίες στην ενεργητική φωνή, εξάσκηση στον αόριστο της ενεργητικής φωνής και στις προτάσεις που εισάγονται με τον αντιθετικό σύνδεσμο *αλλά*.

Λύσεις

Γραμματεία	✓	– να πάω
Ταχυδρομείο	—	– να βγάλω
ΟΛΥΜΠΙΑΚΗ	✓	– να πληρώσω
Λαϊκή	—	– να περάσω, να στείλω (να ταχυδρομήσω)
ΔΕΗ	✓	– να ψωνίσω
ΟΤΕ	—	
Φωτογραφείο	✓	
Θέατρο	—	
Καθαριστήριο	—	
Σούπερ Μάρκετ	✓	

Αλληλογραφία φίλων 79

Στόχος: Κατανόηση γραπτού κειμένου (υποδείγματος) σε μορφή επιστολής, σε συνδυασμό με συμπλήρωση κενών με ρηματικούς τύπους αορίστου. Παραγωγή γραπτού κατευθυνόμενου δοκιμίου σε μορφή επιστολής. Ανταλλαγή πληροφοριών δι' αλληλογραφίας.

Λύσεις

Γεννήθηκα, είχα, Μεγάλωσα, είχαν, πέθανε, ήρθαμε, Τελείωσα, πέρασα, έζησα, πήγα, άρεσε

Είναι, επειδή 80

Στόχος: Άσκηση για κατανόηση και παραγωγή προφορικού λόγου και παραγωγή γραπτού, μέσα από καταστάσεις της καθημερινής και κοινωνικής ζωής (προβλήματα, διαπιστώσεις, δικαιολογίες, εξηγήσεις). Εξάσκηση στις αιτιολογικές προτάσεις.

Λέτε στους σπουδαστές σας κάποιες φράσεις. Αυτοί θα πρέπει να δικαιολογήσουν γιατί συμβαίνει αυτό που ακούν σε κάθε φράση.

Οι φράσεις που ακολουθούν είναι ενδεικτικές. Καλό θα ήταν να τις διατυπώσετε έτσι, ώστε να είναι κατάλληλες για τους δικούς σας σπουδαστές.

1. Πάχυνες!
2. Ο Ηλίας είναι εκνευρισμένος σήμερα.
3. Κάνει παγωνιά εδώ μέσα.
4. Το τηλέφωνο δε λειτουργεί.
5. Ο Φουάντ κουτσαίνει.
6. Τα χέρια σου είναι βρόμικα.
7. Το φαγητό της Λέσχης είναι άνοστο.
8. Πάλι άργησες!
9. Δεν έχουμε ηλεκτρικό σήμερα.
10. Πάλι κλαίει η Κάτια!
11. Δε μου έδωσες ακόμη τα λεφτά που μου χρωστάς.
12. Τι λαμπερά που είναι τα μαλλιά σου απόψε!

Να ζητήσετε από τους σπουδαστές σας να γράψουν όσους από τους σύντομους διαλόγους θυμούνται.

81 Η Ελένη γύρισε

Στόχος: Γραπτή άσκηση μετατροπής ευθύ λόγου σε πλάγιο, με θεματικό πλαίσιο την οικογενειακή και κοινωνική ζωή.

Για περαιτέρω εξάσκηση των σπουδαστών στη μετατροπή ευθύ λόγου σε πλάγιο, μπορείτε να κάνετε την παρακάτω δραστηριότητα:
Ζητάτε από τους σπουδαστές να κάνουν ερωτήσεις σε κάποιον ή κάποιους από τους συμφοιτητές τους που εκείνοι επιλέγουν. Τις ερωτήσεις θα τις γράψουν σε χαρτάκια σε μορφή γράμματος. Εσείς θα εκτελείτε χρέη ταχυδρόμου. Οι ερωτήσεις μπορεί να είναι γενικές ή να αφορούν συγκεκριμένα ατομικά χαρακτηριστικά του ερωτώμενου, γνωστά στην τάξη.

Παράδειγμα:

> Μαργαρίτα,
> Σήμερα ο μανάβης σου σε άφησε να διαλέξεις τις ντομάτες; Και κάτι άλλο.
> Πόσο έχουν το κιλό τα μανταρίνια;
> Λίνα

Κάθε αποδέκτης σημειώματος λέει στην τάξη τι τον ρώτησαν και απαντάει.

Π.χ.

Μαργαρίτα: *Η Λίνα με ρωτάει στο γράμμα της αν σήμερα ο μανάβης μου με άφησε να διαλέξω ντομάτες. Λοιπόν, ναι, σήμερα διάλεξα μόνη μου ντομάτες, γιατί δεν ήταν ο μανάβης στο μαγαζί του, ήταν η γυναίκα του. Επίσης, η Λίνα θέλει να ξέρει πόσο έχουν το κιλό τα μανταρίνια: 0,85 ευρώ στο μανάβικο και 0,78 ευρώ στη λαϊκή.*

Πού είναι τα παλιά περιοδικά; 82

Στόχος: Παιχνίδι κατανόησης προφορικού και γραπτού λόγου, με σκοπό την ανταλλαγή πληροφοριών σχετικά με την καθημερινή και κοινωνική ζωή. Γλωσσικά στοιχεία: Προσωπικές αντωνυμίες (αδύνατος τύπος) στην αιτιατική (άμεσο αντικείμενο), αόριστος ενεργητικής φωνής, το ερωτηματικό επίρρημα *πού* και ερωτηματικές προτάσεις.

Ετοιμάζετε κάρτες με τις παρακάτω απαντήσεις. Τις ανακατεύετε και τις μοιράζετε στους σπουδαστές. Στη συνέχεια χωρίζετε τους σπουδαστές σε δύο ομάδες, **Α** και **Β**.

Τον πήγα στον κτηνίατρο.	**Με άφησε.**
Το σκότωσα.	**Το έκρυψα κάτω από το στρώμα.**
Τις έβγαλα έξω στον κήπο.	**Το έχασα.**
Τις πέταξα.	**Μου την έκλεψαν.**
Τον έστειλα πίσω στη μαμά του.	**Την ξέχασα μέσα στο ταξί.**
Το πούλησα.	**Τον ξέχασα στην τάξη.**
Τον κρέμασα στον τοίχο.	**Μου το έβγαλε ο γιατρός.**

Τα έφαγε η γάτα.	**Το έβαλα για ύπνο.**
Το έσπασα.	**Τα πήγα στο καθαριστήριο.**
Τα έβαλα στην τράπεζα.	**Τα έβαλα στο ψυγείο.**
Τον έβαλα στο ντουλάπι.	**Τους ήπιαμε.**
Τον πήρε το γκαρσόνι.	**Τα φοράς.**

Τώρα υποβάλλετε τις παρακάτω ερωτήσεις, και στις δύο ομάδες. Αν κάποιος από οποιαδήποτε ομάδα έχει απάντηση, που να ταιριάζει λογικά με την ερώτηση και προλάβει να την πει, η ομάδα του κερδίζει ένα βαθμό.

1. Πού είναι ο σκύλος;
2. Πού είναι το κουνούπι;
3. Πού είναι οι γάτες;
4. Πού είναι οι παλιές εφημερίδες;
5. Πού είναι ο άντρας σου;
6. Πού είναι το αυτοκίνητό σου;
7. Πού είναι ο χάρτης;
8. Πού είναι τα ψάρια;
9. Πού είναι το βάζο;
10. Πού είναι τα λεφτά;
11. Πού είναι ο καφές;
12. Πού είναι ο κατάλογος;
13. Πού είναι η κοπέλα σου;
14. Πού είναι το πιστόλι;
15. Πού είναι το ρολόι σου;
16. Πού είναι η μοτοσικλέτα σου;
17. Πού είναι η ομπρέλα σου;
18. Πού είναι ο σκούφος σου;
19. Πού είναι το δόντι σου;
20. Πού είναι το μωρό;
21. Πού είναι τα ρούχα;
22. Πού είναι τα φρούτα;
23. Πού είναι οι καφέδες;
24. Πού είναι τα γυαλιά μου;

83 Περιέργεια

Στόχος: Άσκηση μετατροπής προτάσεων από ευθύ λόγο σε πλάγιο.

Σωστό ή λάθος 84

Στόχος: Άσκηση κατανόησης γραπτού λόγου. Εξάσκηση στη μορφολογία και χρήση του επιθέτου *όλος, -η, -ο*.

Λύσεις

1. όλη τη – σωστό
2. όλες τις – λάθος
3. όλο τον – λάθος
4. όλη την – σωστό
5: Όλοι οι – λάθος
6. όλη την – λάθος
7. όλους τους – λάθος
8. όλη τη – σωστό
9. όλο το – σωστό
10. όλο το – σωστό

Ρωτώ – Απαντώ 85

Στόχος: Παιχνίδι κατανόησης γραπτού και προφορικού λόγου και παραγωγής προφορικού, με σκοπό την ανταλλαγή πληροφοριών, απόψεων, κρίσεων και συναισθημάτων, που αφορούν την κοινωνική και προσωπική ζωή. Επίσης, γίνεται εξάσκηση στις ευθείες και πλάγιες ερωτηματικές προτάσεις και επανάληψη των διδαγμένων μορφοσυντακτικών φαινομένων και λεξιλογίου.

Για να παίξετε το παιχνίδι Ρωτώ – Απαντώ, χρειάζεστε ένα ταμπλό (Βλ. βοηθητικό υλικό σ. 206), ένα ζάρι, χρωματιστά πιόνια και τα δύο πακέτα καρτών που ακολουθούν, ένα με την ένδειξη **ΡΩΤΩ** και ένα με την ένδειξη **ΑΠΑΝΤΩ**. Ετοιμάζετε τις «κάρτες με το ΡΩΤΩ» και τις «κάρτες με το ΑΠΑΝΤΩ» και τις κολλάτε σε χαρτόνι.
Χωρίζετε τους σπουδαστές σε μικρές ομάδες. Ένας σπουδαστής από την πρώτη ομάδα ρίχνει το ζάρι και, ανάλογα με τον αριθμό που θα φέρει, παίρνει μια κάρτα από το πακέτο ΡΩΤΩ ή από το πακέτο ΑΠΑΝΤΩ.
Όταν η κάρτα είναι ΡΩΤΩ, ο σπουδαστής θα πρέπει **να κάνει την ερώτηση** σε κάποιον από την ομάδα του. Όταν η κάρτα είναι ΑΠΑΝΤΩ, θα πρέπει **να απαντήσει** ο ίδιος. Και στις δύο περιπτώσεις, αν δε δοθεί σωστή απάντηση, θα συνεχίσει η άλλη ομάδα. Νικήτρια είναι η ομάδα που τελειώνει πρώτη.

ΡΩΤΩ	**Ρώτησε:** Τι φοβάται.	**Ρώτησε:** Ποιο πρόσωπο από την ιστορία αντιπαθεί.	**Ρώτησε:** Τι είναι αυτό που θέλει πολύ να αγοράσει.	**Ρώτησε:** Ποια πράγματα του δίνουν χαρά.
Ρώτησε: Ποιο κόμμα είναι στην κυβέρνηση στην Ελλάδα.	**Ρώτησε:** Τι κάνει συχνά τα βράδια.	**Ρώτησε:** Τι θέλει να αλλάξει στη ζωή του.	**Ρώτησε:** Ποιο είναι ένα ωραίο όνειρο που θυμάται.	**Ρώτησε:** Ποιο μικρό ζώο έχει (ή θέλει να έχει).
Ρώτησε: Ποιο είναι το πιο αγαπητό πρόσωπο στη ζωή του.	**Ρώτησε:** Σε ποια χώρα του αρέσει να κάνει διακοπές.	**Ρώτησε:** Αν είναι σπάταλος ή τσιγκούνης.	**Ρώτησε:** Ποιο χρώμα του πάει.	**Ρώτησε:** Αν θέλει να βάλει σκουλαρίκι στη μύτη του.
Ρώτησε: Γιατί μαθαίνει Ελληνικά.	**Ρώτησε:** Ποιος/-α είναι ο τέλειος/-α σύζυγος γι' αυτήν/-όν.	**Ρώτησε:** Πού γεννήθηκε και τι θυμάται με αγάπη από τα παιδικά χρόνια.	**Ρώτησε:** Πώς είναι το υπνοδωμάτιό του.	**Ρώτησε:** Σε πόσο καιρό πιστεύει ότι μπορεί να μιλά πολύ καλά ελληνικά.
Ρώτησε: Ποιο είναι το πιο δύσκολο σπορ, και αν θέλει να το κάνει.	**Ρώτησε:** Ποια δύο πράγματα μπορεί να κάνει πολύ καλά.	**Ρώτησε:** Τι θέλει να αλλάξει στην εμφάνισή του.	**Ρώτησε:** Ποιον ή ποια πολιτικό θέλει να συναντήσει.	**Ρώτησε:** Ποια είναι η πρώτη του αγάπη.
Ρώτησε: Τα σχέδιά του για το καλοκαίρι.	**Ρώτησε:** Αν του αρέσει να δοκιμάζει καινούρια φαγητά.	**Ρώτησε:** Ποιον μεγάλο επιστήμονα θαυμάζει.	**Ρώτησε:** Ποια είναι η πιο κατάλληλη ηλικία για γάμο.	**Ρώτησε:** Ποια δουλειά του σπιτιού του αρέσει να κάνει.
Ρώτησε: Αν κρυώνει πολύ το χειμώνα και τι ρούχα φοράει.	**Ρώτησε:** Τι έργα του αρέσει να βλέπει.	**Ρώτησε:** Αν του αρέσει να ντύνεται της μόδας.	**Ρώτησε:** Τι όνειρο θέλει να δει σήμερα τη νύχτα.	**Ρώτησε:** Ποιο είναι ένα μεγάλο πρόβλημα που έχουν οι νέοι.

ΑΠΑΝΤΩ	**Πες:** Κάτι για την πόλη ή το χωριό που γεννήθηκες.	**Πες:** Ό,τι θυμάσαι για την πρώτη αγάπη σου.	**Πες:** Κάποια πράγματα που σε θυμώνουν πολύ.	**Πες:** Τι ωραίο έχει η πατρίδα σου, για να δει ένας τουρίστας.
Πες: Ποιο από τα ρούχα που έχεις σου αρέσει πιο πολύ να φοράς.	**Πες:** Ένα γνωστό τραγούδι της πατρίδας σου.	**Πες:** Κάθε πότε καθαρίζεις το σπίτι σου.	**Πες:** Ποιο επιτραπέζιο παιχνίδι σου αρέσει να παίζεις.	**Πες:** Αν είσαι αποφασιστικός τύπος και πώς το καταλαβαίνεις αυτό.
Πες: Αν πιστεύεις ότι αυτός που αγαπάει ζηλεύει.	**Πες:** Κάποιο ταλέντο που πιστεύεις ότι έχεις.	**Πες:** Ποιο είδος μουσικής σου αρέσει πολύ.	**Πες:** Ποιο είδος δε σου αρέσει καθόλου.	**Πες:** Για ένα ωραίο δώρο που θέλεις να σου κάνουν.
Πες: Ποιος είναι ο τέλειος δάσκαλος για σένα.	**Πες:** Ένα καλό χαρακτηριστικό σου.	**Πες:** Για κάποιον που αγαπάς πολύ.	**Πες:** Ένα κακό χαρακτηριστικό σου.	**Πες:** Ένα βιβλίο που συστήνεις να διαβάσουμε
Πες: Ένα πολιτικό πρόσωπο, που θέλεις να φας μαζί του.	**Πες:** Ένα φαγητό της πατρίδας σου, που θέλεις να μαγειρέψεις.	**Πες:** Για κάποιον που σε αγαπάει πολύ.	**Πες:** Ποιες είναι οι δυσκολίες σου στα ελληνικά.	**Πες:** Ποια πράγματα σου λείπουν από την πατρίδα σου.
Πες: Τι θέλεις να κάνεις, αλλά δεν έχεις θάρρος να το κάνεις.	**Πες:** Τι θέλεις να κάνεις μετά το μάθημα, αλλά ξέρεις ότι δεν μπορείς να το κάνεις.	**Πες:** Ποια επαγγέλματα στην πατρίδα σου είναι σπουδαία.	**Πες:** Ένα καλό σύστημα που έχεις για να μαθαίνεις καινούριες λέξεις.	**Πες:** Αν θέλεις να δώσεις σε κανέναν ένα δυνατό μπάτσο και ποιος είναι.
Πες: Πού θέλεις να πας αυτό το Σαββατοκύριακο.	**Πες:** Αν θέλεις να γίνεις ηθοποιός, και γιατί.	**Πες:** Αν πιστεύεις ότι οι γονείς σου είναι ευτυχισμένοι, και πώς το νιώθεις.	**Πες:** Τι μπορείς να κάνεις, όταν έχεις αυτοκίνητο.	**Πες:** Πώς μπορείς να ξοδέψεις ένα εκατομμύριο σε 2 ώρες.

86 Απαντήστε με ερωτήσεις

Στόχος: Δραστηριότητα παραγωγής προφορικών ερωτήσεων ποικίλου περιεχομένου για παραγωγή απαντήσεων, διατυπωμένων, όμως, μόνο με ερωτηματικές προτάσεις, με σκοπό την απόκτηση γλωσσικής ευχέρειας.

87 Τα μαγειρικά σκεύη

Στόχος: Λεξιλογική άσκηση για εκμάθηση και εμπέδωση λεξιλογίου σχετικού με τα μαγειρικά σκεύη.

Πριν ζητήσετε από τους σπουδαστές σας να κάνουν την άσκηση, σε προηγούμενο μάθημα τους έχετε δώσει μια φωτοτυπία με τα ονόματα των μαγειρικών σκευών.

Λύσεις

1. Δε θέλω να βλέπω **πια τα** ίδια και τα ίδια πρόσωπα.
2. Τι θε**ς, χαρά** μου;
3. Ά**κου τα λί**γα που θέλω να σου πω.
4. Πήγαινε να **τηγανί**σεις τα ψάρια.
5. Γκαρσόν, φέρε σαλάτα, σκου**μπρί κι** ένα ουζάκι.
6. Μου αρέσει το **κατσαρό, λα**μπερό μαλλί σου.
7. Η μαμά φωνάζει στο κατώ**φλι: τζα, Νι**κάκη.
8. Η Θεσσαλονίκη πρέπει να έχει ένα τα**χύ τρα**μ.
9. Λένα, μάζεψε **τα ψί**χουλα από το πάτωμα.
10. Το φυτό χάλασε α**πό τη ρί**ζα.
11. Τι τα έ**κανα τα** χαρτιά; Μήπως σου τα έδωσα;

88 Τι θα τα κάνεις;

Στόχος: Παιχνίδι για κατανόηση και παραγωγή προφορικού λόγου, με σκοπό την εξάσκηση του απλού μέλλοντα και των προσωπικών αντωνυμιών (αδύνατοι τύποι στην αιτιατική, άμεσο αντικείμενο).

Ετοιμάζετε κάρτες με τα παρακάτω ουσιαστικά. Χωρίζετε τους σπουδαστές σε δύο ομάδες. Οι σπουδαστές κάθε ομάδας, εναλλάξ και με τη σειρά, παίρνουν μια κάρτα, διαβάζουν δυνατά το ουσιαστικό που τους έτυχε, π.χ. **μπάλα**, και μετά σχηματίζουν μια πρόταση του τύπου: *Θα την πετάξω* ή *θα την τρυπήσω* ή *θα την κλοτσήσω* κτλ. Κάθε ρήμα μπορεί να ειπωθεί μόνο μια φορά κατά τη διάρκεια του παιχνιδιού. Αν κάποιος χρησιμοποιήσει ένα ρήμα, που έχει ήδη ειπωθεί από σπουδαστή της δικής του ή της αντίπαλης ομάδας ή σε λάθος τύπο, θεωρείται ότι δεν απάντησε. Για κάθε σωστή απάντηση κάθε ομάδα κερδίζει ένα βαθμό. Ένας σπουδαστής από κάθε ομάδα θα γράφει στον πίνακα τις φράσεις που είπε η ομάδα του και συγχρόνως θα είναι υπεύθυνος να ελέγχει τους αντιπάλους, μήπως χρησιμοποιήσουν ρήματα που έχουν ήδη ειπωθεί. Οι δύο αυτοί σπουδαστές θα παίξουν τελευταίοι.

Νικήτρια θα είναι η ομάδα που θα συγκεντρώσει τους περισσότερους βαθμούς. Παρακάτω σας δίνουμε 22 ουσιαστικά. Αν έχετε μεγαλύτερη τάξη, θα πρέπει να ετοιμάσετε και άλλες κάρτες, ώστε όλοι οι σπουδαστές να πάρουν μέρος στο παιχνίδι.

Τα ουσιαστικά

φωτογραφίες	βαλίτσα
παντελόνι	λουλούδια
εφημερίδα	ταινία
μπίρα	τζάμια
μήλα	τραγούδια
ψυγείο	μπότες
αυτοκίνητο	πόρτα
σκουπίδια	μάθημα
ανέκδοτα	γυαλιά
τοίχοι	μαλλιά
δαχτυλίδι	ειδήσεις

89 Μην αφήνεις για αύριο αυτά που έχεις να κάνεις σήμερα

Στόχος: Άσκηση κατανόησης και παραγωγής γραπτών προτάσεων για την εξάσκηση στον αόριστο, στον απλό μέλλοντα, στην απλή υποτακτική και στην απλή προστακτική της ενεργητικής φωνής.

90 Προβλέψεις για το νέο έτος

Στόχος: Μελλοντικές πράξεις, ανακοινώσεις, προβλέψεις, επιθυμίες, απορρίψεις σχετικά με την καθημερινή και κοινωνική ζωή για κατανόηση γραπτού λόγου με χρήση απλού μέλλοντα.

91 Κάθε πρόβλημα έχει τη λύση του

Στόχος: Άσκηση κατανόησης γραπτού λόγου και παραγωγής γραπτού και προφορικού, με σκοπό την ανταλλαγή πληροφοριών για την επίλυση προβλημάτων της καθημερινής, προσωπικής και κοινωνικής ζωής. Εξάσκηση στον απλό μέλλοντα.

92 Μόλις ... θα

Στόχος: Άσκηση σύνδεσης φράσεων με το χρονικό σύνδεσμο *μόλις* και με ρηματικούς τύπους απλού μέλλοντα.

Λύσεις

1. Μόλις φτάσω στην Αθήνα, θα σε πάρω στο τηλέφωνο.
2. Μόλις φάω, θα κάνω ένα μπάνιο και θα ξαπλώσω.
3. Μόλις μάθω κανένα νέο, θα σου το πω.
4. Μόλις τελειώσουμε τις ασκήσεις, θα βγούμε για διάλειμμα.
5. Μόλις βράσει το κρέας, θα ρίξω στην κατσαρόλα και το ρύζι.
6. Μόλις φάμε, θα μαζέψουμε το τραπέζι.

7. Μόλις βρούμε άδειες θέσεις, θα καθίσουμε.
8. Μόλις έρθει το λεωφορείο, θα σβήσω το τσιγάρο μου.
9. Μόλις διαβάσω την εφημερίδα, θα σου τη δώσω.
10. Μόλις πάρω την υποτροφία μου, θα πληρώσω το νοίκι μου.

Κατασκηνώσεις 93

Στόχος: Άσκηση κατανόησης γραπτών διαφημίσεων για κατασκηνώσεις. Εξάσκηση σε λεξιλόγιο σχετικό με τις περιγραφές τοπίων, την ψυχαγωγία, τη διαμονή, τη διατροφή και την υγεία.

Λύσεις

α) Ο Αλέξανδρος θα πάει στην κατασκήνωση «Η νεότητα».

β) Ο Πάνος θα πάει στην κατασκήνωση «Η ΟΑΣΗ».

Σχέδια για ταξίδια 94

Στόχος: Δραστηριότητα για κατανόηση γραπτού και προφορικού λόγου και παραγωγή προφορικού, με σκοπό την ανταλλαγή πληροφοριών σχετικά με σχέδια για ταξίδια. Γλωσσικά στοιχεία: μέλλοντας απλός, ερωτηματικές προτάσεις και ανάλογο λεξιλόγιο.

Ευχές για τον καινούριο χρόνο 95

Στόχος: Άσκηση κατανόησης γραπτού λόγου και παραγωγής προφορικού και γραπτού. Διατύπωση πραγματοποιήσιμων ευχών και επιθυμιών με ευχετική χρήση ρηματικών τύπων με *να*.

96 Φάε κάστανα

Στόχος: Κατανόηση σημειώματος και παραγωγή γραπτού καθοδηγούμενου σημειώματος-μηνύματος σχετικά με την κοινωνική ζωή και τις οικογενειακές υποχρεώσεις. Εντολές, απαιτήσεις, προτροπές με χρήση προστακτικής έγκλισης στην ενεργητική φωνή.

> Χρίστο μου,
> Κατέβασε τα σκουπίδια. Βγάλε τον Μπόμπο βόλτα και αγόρασέ του τροφή από το σούπερ μάρκετ. Βάλε βενζίνη στο αυτοκίνητο. Πήγαινε τα ρούχα στο καθαριστήριο. Πάρε τη Νατάσα από τα αγγλικά και ετοίμασέ της ένα σάντουιτς.
>
> Φιλιά, Νίκη

97 Ησυχία ...

Στόχος: Κατανόηση πινακίδων με πληροφορίες, ανακοινώσεις, απαγορεύσεις από το καθημερινό και κοινωνικό περιβάλλον, καθώς και παραγωγή γραπτού λόγου με ανάλογο περιεχόμενο. Γλωσσικά στοιχεία: προστακτική (κατάφαση και άρνηση).

Λύσεις

1. σ' ένα ταξί και αλλού
2. σ' ένα κατάστημα και αλλού
3. σε λεωφορείο ή αίθουσα κινηματογράφου
4. σε μουσείο
5. σ' ένα πρατήριο βενζίνης
6. σ' ένα καινούριο κατάστημα
7. στην είσοδο ενός γκαράζ
8. σ' ένα κατάστημα, κέντρο διασκέδασης και αλλού
9. στο δάσος
10. σε τουαλέτες
11. στο ζωολογικό κήπο
12. σε κλειστούς και δημόσιους χώρους, σε μέσα συγκοινωνίας και αλλού
13. στην είσοδο μιας αυλής ή ενός κήπου
14. σε δημόσιους χώρους, σε πρατήριο βενζίνης
15. σε ταξί και αλλού

Στόχος: Δραστηριότητα για κατανόηση και παραγωγή προφορικών εντολών, κρίσεων και απόψεων σε καταστάσεις από την καθημερινή ζωή με χρήση προστακτικής έγκλισης και τοπικών επιρρημάτων.

Χωρίζετε την τάξη σε δύο ομάδες. Δύο από την κάθε ομάδα είναι οι «φωτογράφοι», που διαλέγουν εφτά άτομα της ομάδας τους για να τους βγάλουν μια φωτογραφία. Λέτε στα άτομα που περισσεύουν από κάθε ομάδα να καθίσουν κοντά και να παίξουν αργότερα το ρόλο της κριτικής επιτροπής. Δίνετε στους φωτογράφους από μία φωτοτυπία του παρακάτω σκίτσου. Οι «φωτογράφοι» πρέπει να δώσουν τις σωστές εντολές σύμφωνα με το σκίτσο, ώστε οι σπουδαστές να έχουν ακριβώς τη διάταξη και τη στάση του σκίτσου. Καλό θα είναι να έχετε μια μηχανή Polaroid για να γίνει αμέσως η σύγκριση, και να βγει νικήτρια η ομάδα που έβγαλε την πιστότερη φωτογραφία.

99 Πιάσε τον ποντικό

Στόχος: Παιχνίδι με εντολές και προτροπές για κατανόηση χρήσης και ερμηνείας αντικειμένων από το άμεσο περιβάλλον. Εξάσκηση στην προστακτική έγκλιση και τη χρήση του άμεσου και έμμεσου αντικειμένου (αδύνατοι τύποι της προσωπικής αντωνυμίας) με ανάλογο λεξιλόγιο.

Χωρίζετε την τάξη σε δύο ομάδες, **Α** και **Β**. Λέτε στους σπουδαστές της **Α** ομάδας ότι αυτοί έχουν τις εικόνες με **τους αριθμούς**, ενώ οι σπουδαστές της **Β** έχουν τις εικόνες με **τα γράμματα**. Ετοιμάζετε τις παρακάτω κάρτες με τις προτάσεις που αναφέρονται στα αντικείμενα.

Βάλε τυρί και πιάσε τον ποντικό.	**Ανέβα πάνω και κάνε μια βόλτα.**
Βγάλε το καπέλο και άλλαξε τη λάμπα.	**Βάλε το μωρό μέσα και πήγαινέ το βόλτα.**
Μάζεψε τα ξερά φύλλα από τον κήπο.	**Παίξε μου ένα τραγούδι.**
Πάρ' τα και κοίταξε τα πουλιά που πετούν.	**Πάρ' τον και διάβασε τα μικρά γράμματα της εφημερίδας.**
Κόψε το δέντρο.	**Βάλ' τα στα ρούχα για να μην τα πάρει ο αέρας.**
Τηγάνισε ένα αυγό και φάε.	**Βγάλε το καρφί από την καρέκλα.**
Άνοιξε την πόρτα και βγάλε το πουλί από μέσα.	**Σφίξε τη βρύση του μπάνιου που τρέχει.**
Ετοίμασε το γάλα και δώσε στο μωρό να πιει.	**Βάλ' τα στα παπούτσια σου και δέσ' τα.**
Βάλε το φυτό μέσα και πότισέ το.	**Χτένισε τα μαλλιά σου.**
Κοίτα πού είναι η ανατολή.	**Κάτσε καλά πάνω, γιατί θα πέσεις.**

Βάλε το αλεύρι, τη ζάχαρη και το βούτυρο και ζύγισέ τα.	**Πάρ' το και κάρφωσε ένα καρφί, για να κρεμάσω ένα κάδρο.**
Βάλε τη βίδα στο ξύλο.	**Πάρ' την και βάψε τον τοίχο.**

Παίρνετε στην τύχη μια κάρτα και διαβάζετε την πρόταση που είναι γραμμένη, π.χ., *Βάλε τυρί και πιάσε τον ποντικό*, που αντιστοιχεί με τον αριθμό 12. Αν οι σπουδαστές της ομάδας **Α** (που έχουν τους αριθμούς) καταφέρουν να συσχετίσουν το νόημα της πρότασης με τη σωστή εικόνα, λένε τον αντίστοιχο **αριθμό** και κερδίζουν ένα βαθμό. Αν αποτύχει η ομάδα **Α** και βρει τη σωστή απάντηση η **Β**, τότε αυτή θα κερδίσει το βαθμό. Και στις δύο περιπτώσεις γράφετε στον πίνακα το όνομα του αντικειμένου.

Συνεχίζετε την ίδια διαδικασία με την ομάδα **Β**. Αν βρουν το αντικείμενο που περιγράφετε, θα πρέπει να πούνε το αντίστοιχο **γράμμα**.

Κερδίζει η ομάδα που συγκεντρώνει τους περισσότερους βαθμούς.

Λύσεις

1. πένσα – Βγάλε το καρφί από την καρέκλα
2. κατσαβίδι – Βάλε τη βίδα στο ξύλο
3. τηγάνι – Τηγάνισε ένα αυγό και φάε
4. τσουγκράνα – Μάζεψε τα ξερά φύλλα από τον κήπο
5. κορδόνια παπουτσιών – Βάλ' τα στα παπούτσια σου και δέσ' τα
6. πριόνι – Κόψε το δέντρο
7. μεγεθυντικός φακός – Πάρ' τον και διάβασε τα μικρά γράμματα της εφημερίδας
8. φυσαρμόνικα – Παίξε μου ένα τραγούδι
9. ποδήλατο – Ανέβα πάνω και κάνε μια βόλτα
10. κάβουρας – Σφίξε τη βρύση του μπάνιου που τρέχει
11. κιάλια – Πάρ' τα και κοίταξε τα πουλιά που πετούν
12. ποντικοπαγίδα – Βάλε τυρί και πιάσε τον ποντικό

α) πυξίδα – Κοίτα πού είναι η ανατολή
β) ζυγαριά – Βάλε το αλεύρι, τη ζάχαρη και το βούτυρο και ζύγισέ τα
γ) καπέλο (λάμπας) – Βγάλε το καπέλο και άλλαξε τη λάμπα
δ) γλάστρα – Βάλε το φυτό μέσα και πότισέ το
ε) μανταλάκια – Βάλ' τα στα ρούχα για να μην τα πάρει ο αέρας
στ) καροτσάκι – Βάλε το μωρό μέσα και πήγαινέ το μια βόλτα
ζ) χτένα – Χτένισε τα μαλλιά σου
η) κλουβί – Άνοιξε την πόρτα και βγάλε το πουλί από μέσα

θ)	σέλα	– Κάτσε καλά πάνω, γιατί θα πέσεις
ι)	σφυρί	– Πάρ' το και κάρφωσε ένα καρφί, για να κρεμάσω το κάδρο
ια)	μπιμπερό	– Ετοίμασε το γάλα και δώσε στο μωρό να πιει
ιβ)	βούρτσα	– Πάρ' την και βάψε τον τοίχο

100 Κάν' το έτσι

Στόχος: Παιχνίδι μίμησης για κατανόηση γραπτού λόγου και παραγωγή προφορικού. Γλωσσικά στοιχεία: Προστακτική και τροπικά επιρρήματα παράγωγα επιθέτων και μετοχών σε *-μένος*.

Ετοιμάζετε δύο σετ καρτών, ένα με τις παρακάτω εντολές και ένα με τα παρακάτω επιρρήματα. Κατόπιν χωρίζετε τους σπουδαστές σε δύο ομάδες, **Α** και **Β**. Οι ομάδες παίζουν εναλλάξ. Αρχίζει ένας σπουδαστής της ομάδας **Α**. Παίρνει μια κάρτα από τα επιρρήματα και μια κάρτα από τις εντολές, π.χ. *σιδέρωσε βαριεστημένα*. Ο σπουδαστής πρέπει να πει στην τάξη αυτό που πρόκειται να κάνει: σιδερώνω βαριεστημένα και στη συνέχεια να το μιμηθεί. Ο δάσκαλος βαθμολογεί την αντίληψή του και την ικανότητά του στη μίμηση με άριστα το δέκα (10). Τώρα είναι η σειρά της **Β** ομάδας να παίξει.
Η ομάδα που θα συγκεντρώσει τους περισσότερους βαθμούς θα είναι η νικήτρια.
Αν έχετε παραπάνω από είκοσι τρεις σπουδαστές στην τάξη, αναθέτετε στους επιπλέον σπουδαστές το ρόλο της κριτικής επιτροπής που, μαζί σας, βαθμολογεί τους διαγωνιζόμενους.
Παρακάτω υπάρχουν 22 εντολές και 22 επιρρήματα.

Εντολές	**Επιρρήματα**
Χαιρέτησε τον μπροστινό σου σφίγγοντας το χέρι του.	**Χαριτωμένα**
Σήκωσε το αριστερό σου πόδι και χτύπησε το πάτωμα.	**Αδιάφορα**
Βγάλε το παπούτσι σου και πέταξέ το.	**Ήρεμα**
Βούρτσισε τα δόντια σου.	**Άτονα**
Πες ένα τραγούδι.	**Θυμωμένα**

Μίλησε στη γλώσσα σου.	**Δυναμικά**
Παίξε βιολί.	**Αργά**
Κλότσησε την μπάλα.	**Βαριεστημένα**
Χτύπησε ένα αυγό.	**Νευρικά**
Κάρφωσε ένα καρφί.	**Κουρασμένα**
Δώσε ένα χαστούκι στο διπλανό σου.	**Βιαστικά**
Φάε μακαρόνια με σάλτσα.	**Σιγά**
Σιδέρωσε.	**Γρήγορα**
Περπάτα πάνω σε σκοινί.	**Προσεκτικά**
Οδήγησε αυτοκίνητο.	**Αφηρημένα**
Πιες πορτοκαλάδα με το καλαμάκι.	**Απρόθυμα**
Χτένισε τα μαλλιά σου.	**Διστακτικά**
Μοίρασε χαρτιά.	**Γελαστά**
Χόρεψε συρτάκι.	**Σοβαρά**
Βάλε ιώδιο στο πληγωμένο γόνατό σου.	**Μηχανικά**
Κατέβασε την κατσαρόλα από ψηλά.	**Απρόσεκτα**
Κοίταξε φωτογραφίες.	**Αδέξια**

101 Εντολές

Στόχος: Δραστηριότητα για κατανόηση και εκτέλεση προφορικών εντολών με χρήση προστακτικής.

Δίνετε προφορικά στους σπουδαστές σας τις παρακάτω εντολές, τις οποίες πρέπει να εκτελέσουν. Μετά, τους ζητάτε να ετοιμάσουν, ανά δύο, παρόμοιες δικές τους εντολές και να ζητήσουν από τους υπόλοιπους να τις εκτελέσουν.

1. Κάνε ότι βαριέσαι στην τάξη.
2. Δείξε ότι θύμωσες με τη δασκάλα σου.
3. Κοίτα το ρολόι σου πολλές φορές με αγωνία.
4. Κοίτα το ταβάνι και πάρε μια αναπνοή.
5. Ρίξε μια ματιά γύρω γύρω με ευτυχισμένο ύφος.
6. Κούνησε το κεφάλι σου και κλείσε τα μάτια σου.
7. Βγάλε την εφημερίδα σου κάτω από την τσάντα σου και άρχισε να διαβάζεις.
8. Γέλασε. Τώρα γέλασε πιο δυνατά.
9. Δείξε εκνευρισμένος.
10. Μπες βαθιά στην καρέκλα σου.
11. Βγες έξω και χτύπα την πόρτα.
12. Δώσε μια τσιμπιά στο διπλανό σου.
13. Βάλε το χέρι σου στην πλάτη της διπλανής σου.
14. Βγάλε τη γλώσσα σου σ' αυτόν που κάθεται από πίσω σου.
15. Άρπαξε το στιλό από το χέρι του διπλανού σου.
16. Σφύριξε ένα γνωστό σκοπό.
17. Πες ένα ποίημα στη γλώσσα σου.
18. Κάνε πως τρως.
19. Κάνε πως πίνεις.

17\. Χαιρέτησε στρατιωτικά.

102 Κάνε πρώτα αυτό

Στόχος: Άσκηση συνένωσης προτάσεων με χρήση των χρονικών συνδέσμων *πριν* και *αφού* για παραγωγή γραπτών εντολών. Εξάσκηση στη μορφολογία και χρήση της προστακτικής στην ενεργητική φωνή.

Λύσεις

1. Πριν περάσεις απέναντι, κοίταξε δεξιά και αριστερά, αν έρχονται αυτοκίνητα.
   Πέρασε απέναντι, αφού κοιτάξεις δεξιά και αριστερά, αν έρχονται αυτοκίνητα.
2. Πριν φύγεις, σβήσε τα φώτα.
   Φύγε, αφού σβήσεις τα φώτα.
3. Πριν βγεις έξω, τέλειωσε τη δουλειά σου.
   Βγες έξω, αφού τελειώσεις τη δουλειά σου.
4. Πριν ρίξεις τα μακαρόνια, βράσε το νερό.
   Ρίξε τα μακαρόνια, αφού βράσεις το νερό.
5. Πριν πάρεις το φάρμακό σου, φάε κάτι.
   Πάρε το φάρμακό σου, αφού φας κάτι.
6. Πριν έρθεις, τηλεφώνησέ μου.
   Έλα, αφού μου τηλεφωνήσεις.
7. Πριν πάρεις τον αριθμό, βάλε την τηλεκάρτα σου.
   Πάρε τον αριθμό, αφού βάλεις την τηλεκάρτα σου.
8. Πριν βγάλεις φωτογραφίες, βάλε φιλμ στη μηχανή.
   Βγάλε φωτογραφίες, αφού βάλεις φιλμ στη μηχανή.
9. Πριν πας για ψώνια, δες στο ψυγείο αν έχουμε φρούτα.
   Πήγαινε για ψώνια, αφού δεις στο ψυγείο αν έχουμε φρούτα.
10. Πριν κόψεις ψωμί, πλύνε τα χέρια σου.
    Κόψε ψωμί, αφού πλύνεις τα χέρια σου.
11. Πριν βάλεις τα πιάτα στο πλυντήριο, ξέπλυνέ τα.
    Βάλε τα πιάτα στο πλυντήριο, αφού τα ξεπλύνεις.
12. Πριν πας για ύπνο, πλύνε τα δόντια σου.
    Πήγαινε για ύπνο, αφού πλύνεις τα δόντια σου.

Ακολουθείτε σωστά τις οδηγίες; 103

Στόχος: Δραστηριότητα για εκτέλεση γραπτών οδηγιών, εντολών, προτροπών με χρήση προστακτικής.

104 Ποια λέξη ταιριάζει

Στόχος: Ασκήσεις συμπλήρωσης κενών για εμπέδωση λεξιλογίου μέσα από διδαγμένα γλωσσικά στοιχεία (ρήματα και ουσιαστικά).

Λύσεις

A

1. τα ρούχα
2. τα νύχια
3. τα ψάρια
4. το λάθος
5. τα χρήματα
6. η πολυθρόνα

B

1. λύνω
2. σπάζω
3. προσφέρω (δίνω)
4. ρίχνω
5. κρεμώ
6. συμπληρώνω

105 αβγ...

Στόχος: Λεξιλογική άσκηση για επανάληψη και εμπέδωση λεξιλογίου.

106 Καλό, αλλά ...

Στόχος: Άσκηση κατανόησης γραπτού λόγου και, ειδικά, γνωμών, εντυπώσεων, απόψεων και κρίσεων για πρόσωπα και πράγματα από την καθημερινή ζωή. Γλωσσικά στοιχεία: επίθετα.

Λύσεις

A	B
1. αυτά τα παπούτσια	✓
2. ένα φαγητό	
3. οι μαθητές μου	
4. ένα σπορ	
5. το ανιψάκι μου	✓

6. ένα μάθημα	✓
7. μια κοπέλα	
8. ένας νέος	✓
9. αυτό το ταγέρ	
10. ο διευθυντής μας	✓
11. τα μαλλιά μου	

Γ

12. κουραστικό	
13. ακριβό	
14. κρύα	
15. γοητευτικός	✓

Οι προτιμήσεις μου 107

Στόχος: Άσκηση συμπλήρωσης κενών σε φράσεις, με υποχρεωτική αντωνυμική επανάληψη (πρόταξη αντικειμένου). Χρήση επιθέτων για δήλωση επιθυμιών, απόψεων και καθημερινών συνηθειών. Εξάσκηση στη συμφωνία ουσιαστικού και επιθέτου.

Λύσεις

1. τις θέλω καλουημένες
2. τα θέλω φρέσκα
3. τη θέλω ζεστή
4. τους θέλω ειλικρινείς
5. τον θέλω παιχνιδιάρη
6. τη θέλω κρύα
7. το θέλω παχύ
8. το θέλω γεμάτο
9. τη θέλω άνετη
10. το θέλω ασφαλές
11. τη θέλω ενημερωμένη
12. τον θέλω ανθισμένο
13. τη θέλω πρώτη
14. τον θέλω μυρωδάτο

Ο εαυτός μου 108

Στόχος: Δραστηριότητα επιλογής επιθέτων για τη σύνταξη σύντομης γραπτής περιγραφής των ατομικών σωματικών χαρακτηριστικών, του χαρακτήρα και της προσωπικότητας.

Συγκεντρώνετε τα χαρτιά από τους σπουδαστές και τους διαβάζετε τις περιγραφές, χωρίς να ανακοινώσετε το όνομα του περιγραφόμενου προσώπου. Κερδίζουν όσοι έκαναν την περιγραφή σωστά, και έτσι οι άλλοι σπουδαστές μπόρεσαν να μαντέψουν σε ποιον αντιστοιχεί.

109 Είναι όμοια και όμως διαφέρουν

Στόχος: Άσκηση για παραγωγή προφορικού λόγου. Εξάσκηση στον περιφραστικό συγκριτικό βαθμό των επιθέτων.

Λύσεις

Στο δεύτερο σκίτσο:

1. Το σίδερο που κρατά ο εργάτης είναι πιο μακρύ
2. Ο εργάτης με το σίδερο είναι πιο παχύς
3. Το καπέλο του εργάτη είναι πιο πλατύ
4. Το λουρί της τσάντας είναι πιο μακρύ
5. Οι δύο γλάστρες είναι πιο μικρές
6. Το μπουκάλι είναι πιο μεγάλο
7. Τα αυτιά του σκύλου είναι πιο μικρά
8. Η κυρία είναι πιο ψηλή
9. Η φούστα της κυρίας είναι πιο φαρδιά
10. Το φυτό στη γλάστρα είναι πιο ψηλό
11. Οι μαύρες ρίγες στην τέντα είναι πιο στενές
12. Οι άσπρες ρίγες της τέντας είναι πιο φαρδιές
13. Τα κουμπιά στη ζακέτα της κυρίας είναι πιο πολλά
14. Η ζακέτα της κυρίας είναι πιο μακριά

110 Η γνώμη μου

Στόχος: Γνώμες και απόψεις για κατανόηση και παραγωγή γραπτού λόγου. Εξάσκηση στον περιφραστικό υπερθετικό βαθμό των επιθέτων.

Στόχος: **Α** Δραστηριότητα για κατανόηση γραπτού λόγου, με θεματικό περιεχόμενο πληροφορίες και γενικές γνώσεις, που αποσκοπεί στην εξάσκηση του περιφραστικού υπερθετικού βαθμού των επιθέτων.

Β Παιχνίδι γνώσεων.

Γ «Μικρή πατρίδα». Τραγούδι ανάλογου περιεχομένου.

Β Το παιχνίδι γνώσεων παίζεται ως εξής: Χωρίζετε την τάξη σε δύο ομάδες **Α** και **Β**. Χωρίζετε τον πίνακα σε δύο μέρη για την ομάδα **Α** και **Β**. Κάνετε τις ερωτήσεις και βρίσκεστε σε ετοιμότητα για να ακούσετε ποια ομάδα θα απαντήσει πρώτη. Σημειώνετε ένα βαθμό στην ομάδα που κέρδισε. Ολοκληρώνετε τις ερωτήσεις και νικήτρια είναι η ομάδα που συγκεντρώνει τους περισσότερους βαθμούς. Οι σπουδαστές στο βιβλίο τους έχουν μόνο τις απαντήσεις. Οι σωστές απαντήσεις δίνονται με αστερίσκο (*) ή σε παρένθεση (Α, Γ, Β, Δ).

1. Βάλτε στη σειρά τα παρακάτω χρονικά διαστήματα καταλήγοντας στο πιο μεγάλο:
Α. Μισός μήνας **Β.** 56 ημέρες **Γ.** 6 εβδομάδες **Δ.** Ένας μήνας (Α, Δ, Γ, Β)

2. Βάλτε τα στη σειρά καταλήγοντας σ' αυτό που έχει τις πιο πολλές θερμίδες:
Α. Νερό **Β.** Λάχανο **Γ.** Σοκολάτα **Δ.** Τυρί (Α, Β, Δ, Γ)

3. Βάλτε στη σειρά τα παρακάτω νησιά καταλήγοντας στο πιο μακρινό από την Αθήνα:
Α. Κρήτη **Β.** Αίγινα **Γ.** Μύκονος **Δ.** Σαντορίνη (Β, Γ, Δ, Α)

4. Βάλτε στη σειρά τα παρακάτω αθλήματα καταλήγοντας σ' αυτό με τους πιο πολλούς παίκτες:
Α. Μπάσκετ **Β.** Υδατοσφαίριση **Γ.** Τένις **Δ.** Ποδόσφαιρο (Γ, Α, Β, Δ)

5. Βάλτε στη σειρά τις παρακάτω χώρες καταλήγοντας στην πιο μεγάλη σε έκταση:
Α. Γερμανία **Β.** Ρωσία **Γ.** Ιταλία **Δ.** Γαλλία (Γ, Δ, Α, Β)

6. Βάλτε στη σειρά τους παρακάτω σχεδιαστές μόδας ξεκινώντας από τον πιο παλιό:
Α. Κριστιάν Ντιόρ **Β.** Κάλβιν Κλάιν **Γ.** Κοκό Σανέλ **Δ.** Ζαν Πολ Γκοτιέ (Γ, Α, Β, Δ)

7. Βάλτε στη σειρά τις παρακάτω πόλεις καταλήγοντας σ' αυτήν που έχει την πιο μεγάλη διαφορά ώρας από την Αθήνα:
Α. Μόναχο **Β.** Λονδίνο **Γ.** Λος Άντζελες **Δ.** Νέα Υόρκη (Α, Β, Δ, Γ)

8. Βάλτε στη σειρά τις παρακάτω λέξεις καταλήγοντας σ' αυτήν με τους πιο πολλούς τροχούς:
Α. Τρίκυκλο **Β.** Νταλίκα **Γ.** Ποδήλατο **Δ.** Αυτοκίνητο (Γ, Α, Δ, Β)

9. Βάλτε στη σειρά τις παρακάτω χώρες ξεκινώντας από αυτήν με τους πιο πολλούς Έλληνες:
Α. Αυστραλία **Β.** Γερμανία **Γ.** Η.Π.Α. **Δ.** Γαλλία (Γ, Α, Δ, Β)

10. Ποια είναι η πιο μεγάλη οροσειρά του κόσμου:
Α. Ιμαλάια* **Β.** Καύκασος **Γ.** Βραχώδη Όρη **Δ.** Άλπεις

11. Βάλτε στη σειρά τους παρακάτω ηθοποιούς ξεκινώντας από τον πιο νέο:
Α. Σον Κόνερι **Β.** Ντι Κάπριο **Γ.** Νίκολας Κέιτζ **Δ.** Χάρισον Φορντ (Β, Γ, Δ, Α)

12. Βάλτε στη σειρά τα παρακάτω ποτά αρχίζοντας από τα πιο δυνατά:
Α. Βυσσινάδα **Β.** Κρασί **Γ.** Ουίσκι **Δ.** Μπίρα (Γ, Β, Δ, Α)

13. Τι από τα παρακάτω τρέχει πιο γρήγορα:
Α. Ο ήχος **Β.** Το φως* **Γ.** Ο τυφώνας **Δ.** Η ζωή

14. Βάλτε στη σειρά τις παρακάτω χώρες ξεκινώντας από την πιο ψυχρή:
Α. Μαρόκο **Β.** Ιταλία **Γ.** Γερμανία **Δ.** Σουηδία (Δ, Γ, Β, Α)

15. Ποιο από τα παρακάτω έχει την πιο μεγάλη διάρκεια:
Α. Μία δεκαετία **Β.** Ένας αιώνας **Γ.** Μία πενταετία **Δ.** Μία χιλιετία*

16. Βάλτε στη σειρά τα παρακάτω αθροίσματα ξεκινώντας από το πιο μεγάλο:
Α. 1+2 **Β.** 3+4 **Γ.** 2+3 **Δ.** 4+5 (Δ, Β, Γ, Α)

17. Η Σελήνη είναι πενήντα φορές πιο μικρή από:
Α. Τον Ήλιο **Β.** Το Δία **Γ.** Τη Γη* **Δ.** Τον Κρόνο

18. Ποιο από τα παρακάτω κράτη είναι το πιο μικρό σε έκταση:
Α. Μονακό **Β.** Άγιος Μαρίνος **Γ.** Βατικανό* **Δ.** Ανδόρα

19. Βάλτε στη σειρά τα παρακάτω φρούτα ξεκινώντας από το πιο μεγάλο:
Α. Δαμάσκηνο **Β.** Ροδάκινο **Γ.** Πεπόνι **Δ.** Καρπούζι (Δ, Γ, Β, Α)

Λύκος και σκύλος 112

Στόχος: Άσκηση κατανόησης προφορικού και γραπτού λόγου.

Διαβάζετε τον παρακάτω μύθο και τον εξηγείτε. Κατόπιν βγάζετε φωτοτυπίες (όσες είναι οι ομάδες) από τις προτάσεις που ακολουθούν, τις κόβετε, τις μπερδεύετε και τις μοιράζετε στους σπουδαστές για να προσπαθήσουν να ξανασυνθέσουν την ιστορία. Θα κερδίσει η ομάδα που θα τελειώσει πρώτη και θα έχει συνθέσει σωστά το μύθο.

Λύκος και σκύλος

Ένας λύκος κοκαλιάρης και πεινασμένος πλησίασε σε μια πόλη. Στο δρόμο του συνάντησε ένα σπιτίσιο σκύλο, χοντρούλη και περιποιημένο.
– Δε μου λες, ξάδελφε, τα καλοπερνάς και φαίνεσαι τόσο νέος; ρώτησε ο λύκος.
– Να σου πω, του απάντησε ο σκύλος. Με έχει στο σπίτι του ένα πλούσιο αφεντικό και μου δίνει και του πουλιού το γάλα.
Πάνω στην κουβέντα ο λύκος πρόσεξε το λαιμό του σκύλου που ήταν μαδημένος γύρω γύρω.
– Για πες μου, τον ρώτησε περίεργος, τι είναι εκείνο το σημάδι στο λαιμό σου;
– Δεν είναι τίποτα, ξάδελφε. Είναι από το λουρί που με δένουν έξω στον κήπο. Εμείς οι σκύλοι το συνηθίσαμε. Έλα κι εσύ να δεις τι καλά που είναι.
– Α, όχι, ευχαριστώ! Θα σου πω μπράβο, να έχεις και την καλοπέραση και τη λευτεριά σου. Αλλιώς, καλύτερα νηστικός και λεύτερος παρά χορτάτος και σκλάβος.
Αυτά είπε ο λύκος και έφυγε στα βουνά.

Από τους μύθους του Αισώπου

Οι προτάσεις

Ένας λύκος κοκαλιάρης και πεινασμένος πλησίασε σε μια πόλη.
Στο δρόμο του συνάντησε ένα σπιτίσιο σκύλο, χοντρούλη και περιποιημένο.
– Δε μου λες, ξάδελφε, τα καλοπερνάς και φαίνεσαι τόσο νέος;, ρώτησε ο λύκος.
– Να σου πω, του απάντησε ο σκύλος. Με έχει στο σπίτι του ένα πλούσιο αφεντικό και μου δίνει και του πουλιού το γάλα.
Πάνω στην κουβέντα ο λύκος πρόσεξε το λαιμό του σκύλου που ήταν μαδημένος γύρω γύρω.
– Για πες μου, τον ρώτησε περίεργος, τι είναι εκείνο το σημάδι στο λαιμό σου;
– Δεν είναι τίποτα, ξάδελφε. Είναι από το λουρί που με δένουν έξω στον κήπο.
Εμείς οι σκύλοι το συνηθίσαμε. Έλα κι εσύ να δεις τι καλά που είναι.
– Α, όχι, ευχαριστώ! Θα σου πω μπράβο, να έχεις και την καλοπέραση και τη λευτεριά σου.
Αλλιώς, καλύτερα νηστικός και λεύτερος παρά χορτάτος και σκλάβος.
Αυτά είπε ο λύκος και έφυγε στα βουνά.

Βοήθεια, καρχαρίας! 113

Στόχος: Ασκήσεις συμπλήρωσης κενών με χρήση παρατατικού για αφήγηση πράξεων, οι οποίες λειτουργούν ως χρονικά πλαίσια άλλων γεγονότων που εκφέρονται με αόριστο.

Λύσεις

Α έτρωγε, διάβαζε, άκουγε, έβγαζαν, έπαιζαν, έκανε, κοιμόταν, ανεβοκατέβαιναν, έκαναν, έλυνε, ψάρευε.

Β έπαιζαν, πετούσαν, χτυπούσε, κλοτσούσε, άκουγε, χόρευε, νιαούριζε, πεινούσε, γάβγιζε, κυνηγούσε, κουδούνιζε, σήκωνε, φώναζε.

... μέχρι που ... 114

Στόχος: Άσκηση συμπλήρωσης χρονικών προτάσεων, εξαρτημένων από ρηματικούς τύπους αορίστου, με ρηματικούς τύπους παρατατικού ενεργητικής φωνής.

Καθώς, ενώ, όταν 115

Στόχος: Άσκηση σχηματισμού χρονικών προτάσεων με ρηματικούς τύπους παρατατικού, οι οποίες λειτουργούν ως χρονικά πλαίσια άλλων γεγονότων (με αόριστο). Χρήση των χρονικών συνδέσμων *καθώς, ενώ, όταν, την ώρα που.*

Αυστηρή αγωγή 116

Στόχος: **Α** **α. β.** Ασκήσεις για κατανόηση γραπτού λόγου.

Β και **Γ** Ασκήσεις για παραγωγή γραπτού ή προφορικού λόγου που αφορούν την αγωγή και την ανατροφή των παιδιών. Εξάσκηση στον παρατατικό και το συνεχή μέλλοντα της ενεργητικής φωνής και σε ανάλογο λεξιλόγιο.

Δ «Τα χρόνια τα μαθητικά». Τραγούδι ανάλογου θεματικού περιεχομένου.

117 Η πρώτη μου αγάπη

Στόχος: Δραστηριότητα κατανόησης γραπτού και προφορικού λόγου και παραγωγή προφορικού, με σκοπό την ανταλλαγή πληροφοριών, περιγραφή χαρακτηριστικών, καθώς και αισθημάτων και συναισθημάτων από την ιδιωτική και προσωπική ζωή ατόμων. Εξάσκηση στον παρατατικό και τις ερωτηματικές προτάσεις.

118 Τα αγαθά του πολιτισμού

Στόχος: **Α** Άσκηση κατανόησης και παραγωγής γραπτού λόγου. Ανταλλαγή πληροφοριών, περιγραφή πολιτιστικής ζωής παλιότερων κοινωνιών. Γλωσσικά στοιχεία: παρατατικός ενεργητικής φωνής και ανάλογο λεξιλόγιο.

Β «Δυνατά, δυνατά». Τραγούδι ανάλογου θεματικού περιεχομένου και ασκήσεις για παραγωγή προφορικού λόγου, με σκοπό την ανταλλαγή πληροφοριών, την περιγραφή και τη σύγκριση προγενέστερων, σύγχρονων και μελλοντικών καταστάσεων. Λεξιλόγιο σχετικό με την τεχνολογία, τις ανακαλύψεις και τις εφευρέσεις.

119 Ιστορίες με φαντασία

Στόχος: Δραστηριότητα για παραγωγή προφορικού λόγου με χρήση παρελθοντικών χρόνων.

Μπορείτε, αν θέλετε, να διαβάσετε ένα παράδειγμα στους σπουδαστές σας για να τους ενθαρρύνετε στη δημιουργία ιστοριών με χιούμορ, μυστήριο, ανατροπές στο σενάριο, ώστε η διαδικασία να είναι ενδιαφέρουσα και διασκεδαστική. Παρακάτω παραθέτουμε δύο αυθεντικά παραδείγματα ιστοριών που είχαν αφετηρία την ίδια φράση, όπως ακριβώς τις «έπλασαν» οι σπουδαστές δύο διαφορετικών τάξεων.

Φράση-αφετηρία:

Ο Στέφανος και η Χριστίνα ετοίμαζαν τις βαλίτσες τους για το Παρίσι.

Συνέχεια 1:

Μόλις τελείωσαν, πήγαν στο αεροδρόμιο. Περίμεναν λίγο και μετά ανέβηκαν στο αεροπλάνο. Έφτασαν στο Παρίσι στις 8:00 το βράδυ. Το ξενοδοχείο τους ήταν πολύ ωραίο. Την άλλη μέρα πήγαν για ψώνια. Ο Στέφανος αγόρασε μια γραβάτα και η Χριστίνα ένα γαλλικό άρωμα.

Συνέχεια 2:

Ο Στέφανος και η Χριστίνα ήταν παντρεμένοι πολλά χρόνια και είχαν δύο παιδιά. Αποφάσισαν να πάνε ένα ταξίδι μόνοι τους, χωρίς τα παιδιά τους. Ο Στέφανος ετοίμασε γρήγορα μια μικρή βαλίτσα με τα πράγματά του. Η Χριστίνα ετοίμαζε ... και ετοίμαζε μια, δυο, τρεις μεγάλες βαλίτσες.
Ο Στέφανος έκανε νευριασμένος βόλτες στο σαλόνι και την περίμενε. Σε μια ώρα έφευγε το αεροπλάνο. Ξαφνικά, ο Στέφανος θυμήθηκε ότι είχε ξεχάσει τα εισιτήρια στο γραφείο του. Πήρε ένα ταξί και πήγε γρήγορα να τα πάρει. Η Χριστίνα ακόμη ετοίμαζε τις βαλίτσες της.
Ο Στέφανος μόλις μπήκε στο γραφείο του, συνάντησε την όμορφη και ξανθιά γραμματέα του. Πήρε γρήγορα τα εισιτήρια από το συρτάρι και ... την όμορφη γραμματέα του και έφυγαν μαζί για το Παρίσι, αφήνοντας τη Χριστίνα να ετοιμάζει ακόμη τις βαλίτσες της.

Στην πρώτη συνέχεια, η αφήγηση είναι ανιαρή, ενώ στη δεύτερη το σενάριο στην εξέλιξή του αποκτά ενδιαφέρον και κεντρίζει τη φαντασία των σπουδαστών.

Μπορείτε, επίσης, αν θέλετε να παίζετε και το παρακάτω «τρελό» παιχνίδι, ως δραστηριότητα για παραγωγή γραπτού λόγου:
Παίρνετε ένα μεγάλο χαρτί και ένα μολύβι. Κάθε σπουδαστής γράφει μια πρόταση που να πιάνει μια σειρά, αλλά την τελευταία λέξη τη γράφει στη δεύτερη σειρά. Μετά διπλώνει το χαρτί έτσι ώστε να φαίνεται μόνο η τελευταία λέξη και το δίνει στον επόμενο. Ο επόμενος σπουδαστής χρησιμοποιεί την τελευταία λέξη του προηγούμενου σαν πρώτη και γράφει μια πρόταση βάζοντας και πάλι την τελευταία του λέξη στην πιο κάτω γραμμή. Διπλώνει αυτά που έγραψε αφήνοντας μόνο την τελευταία λέξη να φαίνεται και το δίνει στον επόμενο. Όταν φτάσετε στη βάση του χαρτιού, ξεδιπλώστε το και διαβάστε την πιο τρελή ιστορία!

120 Στο πάρκο

Στόχος: Παιχνίδι με περιγραφές και αφηγήσεις πράξεων για παραγωγή προφορικού λόγου, με χρήση παρελθοντικών χρόνων και επανάληψη όλων των ως τώρα διδαγμένων γλωσσικών στοιχείων.

Για να παίξετε αυτό το παιχνίδι, χρειάζεστε ένα ταμπλό (Βλ. βοηθητικό. υλικό σ. 207), ένα ζάρι και δύο χρωματιστά πιόνια. Στο ταμπλό είναι γραμμένες, σε αριθμημένα κουτάκια, λέξεις, που υποτίθεται ότι είναι **αντικείμενα**, τα οποία βρέθηκαν από καθαριστές **στο πάρκο** μια μέρα, όταν καθάριζαν νωρίς το πρωί.

Χωρίζετε την τάξη σε δύο ομάδες. Ρίχνει η πρώτη ομάδα το ζάρι και ας πούμε ότι το ζάρι δείχνει 3. Οι σπουδαστές αυτής της ομάδας βάζουν το πιόνι τους στο κουτάκι 3 του ταμπλό, όπου είναι γραμμένη η λέξη **δαχτυλίδι**. Η ομάδα πρέπει τώρα να δώσει μια λογική εξήγηση για το πώς βρέθηκε το δαχτυλίδι στο πάρκο, κάνοντας μια μικρή ιστορία. Αν η ιστορία είναι λογική και αληθοφανής, η ομάδα παίρνει ένα βαθμό και συνεχίζει. Αν όμως οι σπουδαστές της δεν μπορούν να πουν μια σωστή ιστορία, συνεχίζει η άλλη ομάδα. Όταν και οι δύο ομάδες έχουν τελειώσει, προστίθενται οι βαθμοί της κάθε ομάδας, και βγαίνει η νικήτρια ομάδα.
Τώρα μπορείτε να δείτε ένα αυθεντικό **παράδειγμα** ιστορίας, όπως ειπώθηκε μέσα σε μία τάξη:

Η Τατιάνα ήταν αρραβωνιασμένη με τον Ορέστη. Προχθές είχαν ραντεβού στο πάρκο. Η Τατιάνα άργησε λιγάκι και όταν έφτασε στο πάρκο είδε τον Ορέστη να φλερτάρει με μια άλλη κοπέλα, που καθόταν στο απέναντι παγκάκι. Θύμωσε πολύ, του είπε ότι χωρίζουν και του πέταξε το δαχτυλίδι. Ήταν φθινόπωρο και κάτω είχε πολλά φύλλα από τα δέντρα. Το δαχτυλίδι μπερδεύτηκε με τα φύλλα και ο Ορέστης δεν το βρήκε για να το μαζέψει. Έτσι έφυγε χωρίς την αρραβωνιαστικιά του και χωρίς το δαχτυλίδι. Το άλλο πρωί, καθώς οι καθαριστές σκούπιζαν το πάρκο, βρήκαν το δαχτυλίδι.

121 Ιστορίες με σκίτσα

Στόχος: Δραστηριότητα για παραγωγή γραπτού και προφορικού λόγου και κατανόηση προφορικού, με σκοπό την επανάληψη και εμπέδωση γνωστών καταστάσεων επικοινωνίας, γλωσσικών λειτουργιών, καθώς επίσης γλωσσικών και κοινωνιογλωσσικών στοιχείων. Σας δίνουμε ένα παράδειγμα μιας ιστορίας σε σκίτσα.

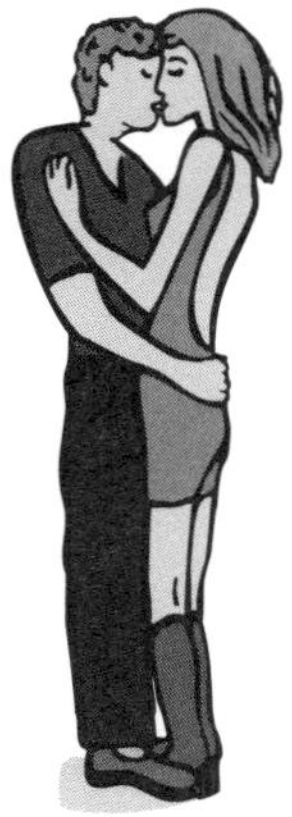

2

3

4

5

6

Ότι ... ό,τι 122

Στόχος: Άσκηση συμπλήρωσης κενών με τα *ότι (πως), να, που, ό,τι* και τους σωστούς ρηματικούς τύπους.

Λύσεις

1. να ... επισκευάσω
2. που λύναμε (κάναμε)
3. ότι (πως) θα βρέξει
4. να στείλεις
5. να συνεχίσω
6. ότι (που) έλεγε
7. να ... τραβήξουμε
8. που έμαθα πως (ότι)
9. να ... δώσει
10. να τακτοποιήσω (φτιάξω)
11. να βάλεις
12. που έμαθες
13. ό,τι αρέσει
14. Ό,τι πάρετε
15. που μίλησα

Σημασία δεν έχει το κέρδος καμία 123

Στόχος: Άσκηση κατανόησης γραπτού λόγου και συσχετισμού φράσεων και λέξεων που αποσκοπεί στην εξάσκηση συγκεκριμένου λεξιλογίου (αριθμοί, μεγέθη, αξία, ποσότητα κτλ.).

Λύσεις

Α

2. ταχύτητα
3. μήκος - πλάτος
4. τιμή
5. κατανάλωση
6. επιφάνεια
7. βάρος
8. χρονική διάρκεια
9. ηλικία
10. ποσοστό
11. ημερομηνία
12. κέρδος
13. μέγεθος
14. βαθμός

Β

2	3	4	5	6	7	8	9
γ	β	δ	ε	ζ	α	θ	η

124 Άλλος τρόπος, ίδιο νόημα

Στόχος: Άσκηση μετασχηματισμού προτάσεων με αντικατάσταση ιδιωματικών εκφράσεων από άλλα ισοδύναμα στοιχεία, με σκοπό την εξοικείωση των σπουδαστών με τη γλωσσική ποικιλία.

Λύσεις

1. Είμαι πάρα πολύ κουρασμένη!
2. Ενώ έβλεπα τηλεόραση, κοιμήθηκα.
3. Ερημιά! Κανένας δεν υπάρχει στο δρόμο.
4. Να πάτε να το δείτε οπωσδήποτε αυτό το έργο!
5. Δεν έγραψα (δεν τα πήγα) καθόλου καλά στο τεστ.
6. Αυτόν τον καιρό δεν έχω καθόλου λεφτά.
7. Τι σου κάναμε και δε μας μιλάς πια;
8. Χθες το βράδυ διασκεδάσαμε.
9. Βρε παιδιά, μη μαλώνετε!
10. Οι δρόμοι γέμισαν κόσμο!
11. Είναι δύο μήνες που χωρίσαμε.
12. Ό,τι του λέω δεν το υπολογίζει!

125 Πεισματάρης σαν μουλάρι

Στόχος: **Α** Άσκηση επιλογής κατάλληλων λέξεων για κατανόηση και παραγωγή εκφράσεων και παρομοιώσεων. Γλωσσικά στοιχεία: ομοιωματικό μόριο *σαν* και ανάλογο λεξιλόγιο (κυρίως ζώα).

Β Αντικατάσταση ιδιωματικών εκφράσεων που περιέχουν το ομοιωματικό μόριο *σαν* με ανάλογα τροπικά επιρρήματα.

Γ Άσκηση αντιστοίχισης

Λύσεις

Α

ήσυχος σαν αρνάκι
πονηρός σαν αλεπού
χοντρός σαν αρκούδα

άσπρος σαν χιόνι
μαύρος σαν πίσσα
κόκκινος σαν παντζάρι
κίτρινος σαν λεμόνι
όμορφος σαν άγγελος
γλυκός σαν μέλι
οπλισμένος σαν αστακός
μόνος σαν τον κούκο
σκληρός σαν πέτρα (ατσάλι)

τρέχει σαν λαγός
πεινάει σαν λύκος
κολυμπάει σαν δελφίνι
δουλεύει σαν σκυλί
μαλώνουν σαν το σκύλο με τη γάτα
τρώει σαν πουλάκι
καμαρώνει σαν παγόνι

ΑΙΝΙΓΜΑ
Το χελιδόνι

Β

1. γρήγορα
2. λαίμαργα, άτσαλα
3. πολύ καλά
4. γενναία
5. καμαρωτά
6. εύκολα, επιδέξια
7. βλακωδώς
8. απαλά, αθόρυβα

Γ 1 = ι, 2 = γ, 3 = ζ, 4 = θ, 5 = ιστ, 6 = ια, 7 = στ, 8 = ιζ, 9 = ε, 10 = ιδ, 11 = η, 12 = δ, 13 = ιβ, 14 = α, 15 = ιγ, 16 = β, 17 = ιε

Ανακοινώσεις στο Λούνα Παρκ 126

Στόχος: Άσκηση κατανόησης προφορικών ανακοινώσεων σε δημόσιο χώρο. Περιγραφή ατόμων. Εξάσκηση στα επίθετα και σε λεξιλόγιο σχετικό με την ένδυση, τα χρώματα και τα χαρακτηριστικά παιδιών.

Διαβάζετε στους σπουδαστές σας τις παρακάτω ανακοινώσεις. Αυτοί πρέπει να σημειώσουν τον αριθμό της κάθε ανακοίνωσης στον κύκλο που υπάρχει σε κάθε παιδί, αν η περιγραφή που ακούνε ταιριάζει στην εικόνα.

1. Πρώτη ανακοίνωση:

Προσοχή!! Προσοχή!!

Ο Αλέξης Αλεξίου έχασε το φίλο του. Ο φίλος του λέγεται Αντώνης Παπαδόπουλος και είναι 14 χρονών, λίγο παχύς και ψηλός. Θα τον περιμένει στο ταμείο, δίπλα στα αυτοκινητάκια. Σας ευχαριστούμε.

2. Δεύτερη ανακοίνωση:

Προσοχή!!

Η κυρία Λίνα Αγγέλου έχασε το 5χρονο αγοράκι της. Ο μικρός κρατούσε στο χέρι του ένα μπαλόνι σε σχήμα καρδιάς. Έχει σγουρά μαλλιά και φοράει μακρύ, μπλε παντελόνι και μπλε μπουφάν. Το όνομα του παιδιού είναι Κωστάκης Αγγέλου. Παρακαλείται όποιος τον βρει να τον φέρει στη διεύθυνση του Λούνα Παρκ. Σας ευχαριστούμε.

3. Τρίτη ανακοίνωση:

Προσοχή!!

Ο κύριος Αλέξανδρος Φιλίππου έχασε το γιο του Νίκο, την ώρα που πήγε να του αγοράσει παγωτό. Ο Νίκος είναι 10 χρονών, ψηλός και φοράει γυαλιά.

– Νίκο, αν μας ακούς έλα στην καντίνα, θα λιώσει το παγωτό σου!

4. Τέταρτη ανακοίνωση:

Προσοχή!!

Αν δείτε ένα μικρό κοριτσάκι μόνο 4 χρονών, που κλαίει, με μακριά μαλλιά, καρό ζακέτα και κόκκινη φούστα, φέρτε το στη διεύθυνση. Είναι η μικρή Ελενίτσα Αναστασίου, που την έχασε η μητέρα της μπροστά από το τρένο φάντασμα. Σας ευχαριστούμε.

5. Πέμπτη ανακοίνωση:

Προσοχή!!

Η κυρία Σοφία Βάσσου έχασε την εγγονή της που είναι 6 χρονών, με ξανθά μαλλιά, αλογοουρά και κορδέλα. Το κοριτσάκι λέγεται Μαργαρίτα Βάσσου. Αν το βρείτε, φέρτε το στη διεύθυνση. Ευχαριστώ.

6. Έκτη ανακοίνωση:

Προσοχή!!

Πετράκη, μ' ακούς; Είμαι ο παππούς σου. Μη φοβάσαι. Θα σε βρούμε.

Ο Πετράκης μου είναι τριών χρονών, με πράσινη αθλητική φόρμα και αθλητικά παπούτσια. Εγώ βρίσκομαι στη διεύθυνση. Λέγομαι Σταύρος Αναστασιάδης. Σας ευχαριστώ πολύ.

7. Έβδομη ανακοίνωση:
Προσοχή!!
Ο πατέρας της Χριστίνας Βασιλείου ψάχνει την κόρη του. Είναι 8 χρονών, έχει μακριά μαλλιά και φοράει γυαλιά. Αν την βρείτε, φέρτε την στη έξοδο του Λούνα Πάρκ. Ευχαριστώ.

Μπιπ 127

Στόχος: Παιχνίδι ρόλων για κατανόηση γραπτού λόγου και παραγωγή προφορικών μηνυμάτων μέσω τηλεφωνητή για θέματα και καταστάσεις από την καθημερινή, οικογενειακή, προσωπική και κοινωνική ζωή.

Τηλεφωνικά μηνύματα 128

Στόχος: **Α** Παιχνίδι ρόλων για κατανόηση προφορικών τηλεφωνικών μηνυμάτων και παραγωγή γραπτών σημειώσεων με θέματα και καταστάσεις από την καθημερινή, προσωπική, οικογενειακή και κοινωνική ζωή.

Β Παιχνίδι ρόλων για παραγωγή και κατανόηση προφορικών μηνυμάτων.

Γ Παιχνίδι για επανάληψη λέξεων ή προτάσεων με χαμηλόφωνο τόνο.

■■■
Α Διαβάζετε στους σπουδαστές σας τα παρακάτω. Υποτίθεται πως είναι μηνύματα από έναν αυτόματο τηλεφωνητή. Αυτοί πρέπει να κρατήσουν σημειώσεις στον πίνακα που έχουν στο βιβλίο τους, για το τι πρέπει να κάνουν για κάθε μήνυμα, την ώρα που εσείς το διαβάζετε.

- **Γεια σου Νίκο. Είμαι ο Κώστας. Όλη η παρέα το βράδυ θα πάμε για ένα ποτό στο γνωστό μας μπαράκι. Έλα κι εσύ. Θα σε περιμένουμε οπωσδήποτε.**

- **Βρε αγόρι μου, η μαμά σου είμαι. Κάνε μας και κανένα τηλεφώνημα. Μια βδομάδα έχω να σ' ακούσω. Επιθύμησα τη φωνή σου. Ο μπαμπάς σου είναι θυμωμένος. Φιλιά.**

- **Νίκο, χθες περίμενα μισή ώρα στο ραντεβού μας. Γιατί με έστησες; Μην τολμήσεις να μου ξανατηλεφωνήσεις. Ελπίζω να κατάλαβες ότι είμαι η Μαργαρίτα.**

- **Κύριε Νίκο Αντωνίου. Σας τηλεφωνώ από την Ασφαλιστική Εταιρία του αυτοκινήτου σας. Να περάσετε να πάρετε το συμβόλαιό σας. Είναι έτοιμο.**

- **Νίκο, αν ξέχασες τη φωνή μου, σε πληροφορώ ότι είμαι ο αδελφός σου. Η μαμά ανησυχεί και κάνει συνέχεια παράπονα ότι δεν πηγαίνεις καθόλου να τη δεις. Βρε παιδάκι μου, τουλάχιστον κάνε της κανένα τηλεφώνημα κάπου κάπου.**

- **Είμαι η Μαρίνα. Δεν ξέρω αν έμαθες τα νέα της Σούλας. Είναι στο νοσοκομείο. Αν θέλεις να μάθεις λεπτομέρειες, τηλεφώνησέ μου το βράδυ μετά τις 8:00. Θα είμαι στο σπίτι.**

- **Κύριε Νίκο. Είμαι ο Παντελής από το συνεργείο. Το αυτοκίνητό σας αύριο το μεσημέρι, θα είναι έτοιμο. Ελάτε να το πάρετε. Θα στοιχίσει περίπου 180 ευρώ.**

- **Νικολάκη, τα αποτελέσματα της Χημείας βγήκαν. Μπράβο σου, βρε θηρίο, πήρες 8. Όσο για μένα, την πάτησα. Φιλάκια Πηνελόπη.**

Γ Εδώ μπορείτε, αν θέλετε, να παίξετε το παιχνίδι **«Το σπασμένο τηλέφωνο»**. Ο πρώτος σπουδαστής ψιθυρίζει μια φράση στο αυτί του διπλανού του. Αυτός μεταφέρει την ίδια φράση στον επόμενο σπουδαστή κ.ο.κ. Η φράση λέγεται μόνο μια φορά, δεν επαναλαμβάνεται. Ο τελευταίος σπουδαστής λέει δυνατά στην τάξη τι άκουσε από τον προτελευταίο. Γίνεται σύγκριση μεταξύ αυτής, της τελευταίας φράσης, και της πρώτης, με την οποία ξεκίνησε το «σπασμένο τηλέφωνο», και ψάχνετε να βρείτε πού ήταν η ... βλάβη.

129 Σωστό ή λάθος;

Στόχος: Άσκηση για γλωσσική ακρίβεια. Εντοπισμός λαθών στη σύνταξη και μορφολογία σε γραπτό λόγο.

Εξηγείτε στους σπουδαστές ότι από τις προτάσεις που έχουν στο βιβλίο τους άλλες είναι σωστές και άλλες λανθασμένες. Πρέπει, λοιπόν, για κάθε πρόταση να βάλουν ένα ✓ στο **Σωστό** ή στο **Λάθος** και ύστερα να στοιχηματίσουν από το 1 ως το 100, ανάλογα με το πόσο σίγουροι είναι ότι έκριναν σωστά. Τον αριθμό των βαθμών πρέπει να τον γράψουν στη στήλη **Στοίχημα**.

Σε 15 λεπτά πρέπει να τελειώσουν αυτή τη δουλειά, και τότε τους ζητάτε να ανταλλάξουν τα βιβλία τους με το διπλανό τους, ώστε να βαθμολογήσει ο ένας τον άλλον τίμια. Πριν γίνει η νέα βαθμολόγηση, διαβάζετε όλες τις προτάσεις, εξηγώντας ποιες είναι σωστές και ποιες λάθος.

Αν στοιχημάτισαν σωστά, κερδίζουν τους βαθμούς που έβαλαν. Αν στοιχημάτισαν λάθος, τους χάνουν. Το σύνολο των βαθμών, αν σε όλες τις προτάσεις στοιχηματίσουν σωστά, είναι 1500. Στο τέλος αφαιρούνται οι βαθμοί που έχασαν, επειδή στοιχημάτισαν λάθος, από αυτούς που κέρδισαν, και γράφουν το σύνολο στο κουτάκι που βρίσκεται κάτω.

Παράδειγμα: Στην 1η πρόταση, που είναι λάθος, αν ένας σπουδαστής στοιχηματίσει 70 για την ορθότητά της, θα πρέπει να γραφτεί 70 στη στήλη **Χάσιμο** και 30 στη στήλη **Κέρδος**.

Λύσεις

1. λάθος
2. σωστό
3. λάθος
4. λάθος
5. λάθος
6. λάθος
7. σωστό
8. σωστό
9. σωστό
10. λάθος
11. σωστό
12. λάθος
13. σωστό
14. λάθος
15. σωστό

Ορθογραφία η / υ 130

Στόχος: Παιχνίδι για εξάσκηση στην ορθογραφία.

Το ίδιο παιχνίδι μπορείτε να το παίξετε και με άλλα γράμματα.

Ορθογραφία αι 131

Στόχος: Παιχνίδι για εξάσκηση στην ορθογραφία.

Το ίδιο παιχνίδι μπορείτε να το παίξετε, βάζοντας άλλα γράμματα στα τετράγωνα.

132 Θυμάμαι τι έμαθα;

Στόχος: **Α** Δραστηριότητα για κατανόηση γραπτού λόγου και μνήμης με θεματικό περιεχόμενο πληροφορίες και γενικές γνώσεις, που αποσκοπεί στην εξάσκηση του μονολεκτικού σχετικού υπερθετικού βαθμού των επιθέτων.

Β Παιχνίδι γνώσεων.

Β **Για οδηγίες του παιχνιδιού, βλ. άσκηση 111, Β**

1. Βάλτε στη σειρά τις παρακάτω λέξεις, καταλήγοντας σε αυτήν που έχει τα περισσότερα σύμφωνα:
Α. Πατάτες **Β.** Τρεις **Γ.** Σκληρός **Δ.** Αύριο (Δ, Β, Α, Γ)

2. Σε ποιο από τα παρακάτω βουνά είναι ένα από τα μεγαλύτερα αστεροσκοπεία του κόσμου:
Α. Αραράτ **Β.** Πάλομαρ* **Γ.** Όλυμπος **Δ.** Άνδεις

3. Βάλτε στη σειρά τις εφευρέσεις, ξεκινώντας από την πιο πρόσφατη:
Α. Αλεξίπτωτο **Β.** Αερόστατο **Γ.** Αεροπλάνο **Δ.** Ατμόπλοιο (Α, Β, Γ, Δ)

4. Βάλτε στη σειρά τις παρακάτω χώρες, καταλήγοντας στην πολυπληθέστερη:
Α. Μονακό **Β.** Κίνα **Γ.** Βατικανό **Δ.** Ινδία (Γ, Α, Δ, Β)

5. Ποιος αθλητής έχει τα περισσότερα χρυσά μετάλλια στο παγκόσμιο πρωτάθλημα στίβου:
Α. Μπούμπκα* **Β.** Όουενς **Γ.** Τζόνσον **Δ.** Γιάκομπς

6. Βάλτε στη σειρά τους παρακάτω ελληνικούς αριθμούς, ξεκινώντας από το μικρότερο:
Α. γ΄ **Β.** δ΄ **Γ.** ιδ΄ **Δ.** ια΄ (Α, Β, Δ, Γ)

7. Βάλτε στη σειρά τις παρακάτω πόλεις, ξεκινώντας από την πολυπληθέστερη:
Α. Πάτρα **Β.** Ιωάννινα **Γ.** Αθήνα **Δ.** Θεσσαλονίκη (Γ, Δ, Α, Β)

8. Βάλτε στη σειρά τις παρακάτω εφευρέσεις, αρχίζοντας από την παλιότερη:
Α. Μικροσκόπιο **Β.** Χαρτί **Γ.** Πυξίδα **Δ.** Ηλιακό ρολόι (Δ, Β, Γ, Α)

9. Βάλτε στη σειρά τα ιστορικά γεγονότα, καταλήγοντας στο πιο πρόσφατο:

Α. Ελληνική επανάσταση **Β.** Γαλλική επανάσταση
Γ. Άλωση της Κωνσταντινουπόλεως **Δ.** Οκτωβριανή Επανάσταση (Γ, Β, Α, Δ)

10. Βάλτε στη σειρά τις παρακάτω μονάδες μήκους, ξεκινώντας από τη μικρότερη:
Α. Μίλι **Β.** Μέτρο **Γ.** Πόδι **Δ.** Γιάρδα (Γ, Δ, Β, Α)

11. Βάλτε στη σειρά τα παρακάτω κρουστά, ξεκινώντας από το μεγαλύτερο:
Α. Τρίγωνο **Β.** Ντέφι **Γ.** Γκραν-κάσα **Δ.** Ταμπούρλο (Γ, Δ, Β, Α)

12. Με ποια θεά διαγωνίστηκε η Αράχνη για τον τίτλο της καλύτερης υφάντριας:
Α. Άρτεμη **Β.** Ήρα **Γ.** Δήμητρα **Δ.** Αθηνά*

Στο τέλος του παιχνιδιού μπορείτε να δώσετε στους σπουδαστές σας κάποιες πληροφορίες, όπως π.χ. για την Αράχνη.

Αράχνη:
Καταγόταν από τη Λυδία της Μ. Ασίας. Ήταν ξακουστή για την υφαντική της τέχνη, αλλά και υπερβολικά υπερήφανη γι' αυτήν. Έφτασε μάλιστα στο σημείο να προκαλέσει σε διαγωνισμό υφαντικής τη θεά Αθηνά, που της είχε διδάξει την τέχνη. Το υφαντό της θεάς παρίστανε τους θεούς του Ολύμπου να συντρίβουν τους θνητούς εξαιτίας της περηφάνιας τους. Της Αράχνης παρίστανε κάποιους έρωτες των θεών. Το υφαντό ήταν τόσο τέλειο και το θέμα προσβλητικό για την Αθηνά, που η θεά και ζήλεψε και θύμωσε. Αφού το έσχισε, χτύπησε με το ραβδί της την Αράχνη και τη μεταμόρφωσε στο γνωστό έντομο.

13. Βάλτε στη σειρά τα παρακάτω μέρη του σπιτιού, αρχίζοντας από αυτό που βρίσκεται ψηλότερα:
Α. Καμινάδα **Β.** Υπόγειο **Γ.** Σοφίτα **Δ.** Κήπος (Α, Γ, Δ, Β)

14. Βάλτε στη σειρά τα παρακάτω μουσικά σχήματα, ξεκινώντας από αυτό με τα λιγότερα μέλη:
Α. Κουαρτέτο **Β.** Κουιντέτο **Γ.** Σεξτέτο **Δ.** Ντουέτο (Δ, Α, Β, Γ)

15. Βάλτε στη σειρά τα παρακάτω, ξεκινώντας από το πιο πολύτιμο και καταλήγοντας στο πιο ευτελές:
Α. Αμέθυστος **Β.** Κάρβουνο **Γ.** Διαμάντι **Δ.** Στρας (Γ, Α, Δ, Β)

16. Βάλτε στη σειρά τα παρακάτω ρήματα, ξεκινώντας από το πιο κουραστικό:
Α. Κοιμάμαι **Β.** Συζητώ **Γ.** Πλένω **Δ.** Σκάβω (Δ, Γ, Β, Α)

17. Το έργο του Σέξπηρ «Οθέλλος» διαδραματίζεται κατά το μεγαλύτερο μέρος του στην:

Α. Σκοτία **Β.** Κύπρο* **Γ.** Βενετία **Δ.** Ιρλανδία

18. Πώς ονομάζεται ένας μικρός δρόμος που οδηγεί σε ένα μεγαλύτερο:
Α. Δίοδος **Β.** Πρόσοδος **Γ.** Πάροδος* **Δ.** Σύνοδος

19. Βάλτε στη σειρά τα παρακάτω νησιά του Αιγαίου, ξεκινώντας από το πιο ανατολικό:
19. Α. Ρόδος **Β.** Λέσβος **Γ.** Νάξος **Δ.** Μήλος (Α, Β, Γ, Δ)

Να και ένα παλιό αραβικό επίγραμμα που μπορείτε να πείτε στην τάξη σας.

Τι είναι το γλυκύτερο πράγμα!
– Τι είναι το γλυκύτερο πράγμα που υπάρχει στον κόσμο;
– Η πρωινή δροσούλα!
– Και γλυκύτερο από τη δροσούλα;
– Το μέλι!
– Και γλυκύτερο από το μέλι;
– Το νέκταρ!
– Και γλυκύτερο από το νέκταρ;
– Το φιλί! ...

Η επιστήμη όμως άλλα λέει:
Αποφεύγετε το φιλί! Γιατί με κάθε φιλί μεταδίδονται στον οργανισμό ... 40.000 μικρόβια!

133 Οι συμφοιτητές μου κι εγώ

Στόχος: Ασκήσεις κατανόησης και παραγωγής γραπτού λόγου για την περιγραφή χαρακτήρων και την εξάσκηση στο συγκριτικό και το σχετικό υπερθετικό βαθμό των επιθέτων.

134 Αλατοπίπερο

Στόχος: Άσκηση ανάλυσης σύνθετων λέξεων με πρώτο συνθετικό ουσιαστικό, το στερητικό *α(ν)-*, αριθμητικά, τα επίθετα *όλος*, *παν*, το πρόθημα *ημί-* και προθέσεις.

Λύσεις

χρυσός + σκόνη
σώμα + φύλακας
αφρός + λουτρό
φύση + θεραπεία
αέρας + συνοδός
χειρ (χέρι) + φρένο
βάτραχος + πέδιλα
ράπτω (ράβω) + μηχανή
αλάτι + πιπέρι
πέτρα + πόλεμος
συμβόλαιο + γράφω
μυρμήγκι + φωλιά
πανεπιστήμιο + πόλη
πυρ (πυρά) + σβήνω
σελίδα + δείκτης
ατμός + σφαίρα
πάγος + βουνό
α + χρώμα
υπό + στρώμα
α(ν) + αλάτι
τετρα (τέσσερα) + πόδι
κατά + κόκκινος
α + συγχωρώ
δυσ + αρεστός
α(ν) + αλφάβητο
περί + λαιμός
υπό + γράφω
ημι (μισός) + σφαίρα
παν + κόσμος
όλος + καινούριος
τρία + όροφος
έσω + ρούχα
δι (δύο) + κλίνη
μετά + σεισμός

Ξέρετε τονισμό και στίξη; 135

Στόχος: Άσκηση κατανόησης γραπτού λόγου. Εξάσκηση στη στίξη και τον τονισμό.

Λύσεις

1. Πώς λέμε «καλημέρα, τι κάνεις», στα ιταλικά;
2. Ο Παύλος έζησε στην Αίγυπτο 32 χρόνια.
3. «Πάρε το ψαλίδι από το παιδί» φώναξα, «θα κόψει τα χέρια του!»
4. Πρώτα απ' όλα θα ψωνίσω τρόφιμα.
5. Η Αυστρία είναι μια χώρα της Ευρωπαϊκής Ένωσης ή όχι;
6. Μήπως ξέρετε πού είναι ο Σταθμός Πρώτων Βοηθειών;
7. Αυτοί δεν έχουν οικονομικό πρόβλημα, αγοράζουν ό,τι τους αρέσει.
8. Πώς λέγεται ο πρωθυπουργός της Ελλάδας;

136 Τι σας έρχεται στο μυαλό;

Στόχος: Λεξιλογική άσκηση για κατανόηση και παραγωγή προφορικού λόγου, καθώς κα για επανάληψη λεξιλογίου.

Λέτε μια λέξη σε καθένα σπουδαστή σας. Αυτός πρέπει να πει την πρώτη λέξη ή φράση που του έρχεται στο μυαλό.
π.χ. **εφημερίδες** → *δημοσιογράφοι ή Τώρα όλες δίνουν δώρα στους αναγνώστες τους.*

Αν θέλετε, μπορείτε να χρησιμοποιήσετε τις παρακάτω λέξεις:

αεροπλάνο, μυρμήγκι, άμμος, σκιά, κύμα, UFO, AIDS, καθαρεύουσα, λέσχη, ποδήλατο, χελιδόνι, ποντίκι, γκαράζ, συγγενής, άγαλμα, μοναστήρι, ΠΡΟ-ΠΟ, βαθμός, πεζοδρόμιο, δυστύχημα, σύνορα, αστυνομικός, Χριστούγεννα, μεθυσμένος, φεγγάρι, εργοστάσιο, σύννεφο, ταχύτητα

137 Βρίσκω το ρήμα

Στόχος: Ασκήσεις ορθογραφίας. Κλιτικές καταλήξεις αορίστου.

Λύσεις

A

χωρίζω	-	χώρισε	μεθώ	-	μέθυσε
αναχωρώ	-	αναχώρησε	συνηθίζω	-	συνήθισε
φωτίζω	-	φώτισε	πουλώ	-	πούλησε
ρωτώ	-	ρώτησε	σουβλίζω	-	σούβλισε
ξεκινώ	-	ξεκίνησε	αρχίζω	-	άρχισε
κοκκινίζω	-	κοκκίνισε	αργώ	-	άργησε
ξυπνώ	-	ξύπνησε	ξεσκίζω	-	ξέσκισε
ξινίζω	-	ξίνισε	εξασκώ	-	εξάσκησε
γεμίζω	-	γέμισε	ντύνω	-	έντυσε
γεννώ	-	γέννησε	κεντώ	-	κέντησε

φιλώ	-	φίλησε	αφήνω	-	άφησε
ξεφυλλίζω	-	ξεφύλλισε	ζωγραφίζω	-	ζωγράφισε
κτίζω	-	έκτισε	απαντώ	-	απάντησε
κατακτώ	-	κατέκτησε	ραντίζω	-	ράντισε
λύνω	-	έλυσε	μυρίζω	-	μύρισε
ωφελώ	-	ωφέλησε	μιλώ	-	μίλησε

Β

τηλεφώνησε
δολοφόνησε

ωφελήσατε
διαλύσατε
αποκλείσατε

συγχώρησε
εγχείρισε

κουνήσαμε
ξεσκονίσαμε

ξαναφόρεσαν
κυκλοφόρησαν

ξεντύσαμε
κατακτήσαμε
καταντήσαμε

χώρεσαν
συγχώρεσαν

μύρισαν
πλημμύρισαν

Έχεις πιει ποτέ σου τεκίλα; 138

Στόχος: **Α** Άσκηση συμπλήρωσης κενών και παραγωγής σύντομων προφορικών διαλόγων για ανταλλαγή πληροφοριών πάνω σε ποικίλα θέματα (ταξίδια, ασυνήθιστες πράξεις, ατυχήματα, υπερφυσικά φαινόμενα). Γλωσσικά στοιχεία: μορφολογία, σύνταξη και χρήση παρακειμένου.

Β Χρήση παρακειμένου και προσωπικής αντωνυμίας (άμεσο αντικείμενο).

Λύσεις

Α

1. φάει
2. ταξιδέψει
3. βρει
4. γράψει
5. πάθει
6. παίξει
7. δει
8. δοκιμάσει
9. πλησιάσει
10. κερδίσει
11. έρθει
12. κλειστεί
13. ανεβεί
14. κολυμπήσει
15. κοιμηθεί
16. δουλέψει
17. περπατήσει
18. περάσει
19. πάρει
20. δει
21. διευθύνει
22. μιλήσει
23. κλάψει
24. οδηγήσει
25. κρατήσει
26. σκοτώσει
27. πιει
28. καλέσει
29. παίξει
30. τσιμπήσει

Β

1. Έχω ήδη φάει.
2. Το έχω ήδη δει.
3. Το έχω ήδη διαβάσει.
4. Τα έχω ήδη ξυπνήσει.
5. Έχω ήδη μαγειρέψει.
6. Της έχω ήδη τηλεφωνήσει.
7. Τις έχουμε ήδη γνωρίσει.
8. Το έχω ήδη πάει.
9. Μας το έχεις ήδη πει.
10. Έχω ήδη ξυριστεί.
11. Τα έχω ήδη κατεβάσει.
12. Την έχουμε ήδη συμπληρώσει.

139 Τον έχουν κάνει σαν φάντασμα!

Στόχος: **Α** **Β** Ασκήσεις κατανόησης και παραγωγής γραπτού λόγου σε μορφή επιστολής με περιεχόμενο σχετικό με την υγεία και την περίθαλψη. Περιγραφή ψυχικών και σωματικών καταστάσεων. Χρήση συντελικών χρόνων.

Γ **Δ** Λεξιλογικές ασκήσεις με μετοχές μεσοπαθητικής φωνής και επίθετα.

Ε «Να μ' αγαπάς». Τραγούδι, όπου εκφράζονται αισθήματα, συναισθήματα και επιθυμίες.

Λύσεις

Δ

(Α)	(Κ)
νοσοκομειακοί	ευγενικοί
μόνιμες	εξυπηρετικές
ηλικιωμένοι	γκρινιάρηδες
πρωινοί	ενοχλητικοί

(Α)	**(Κ)**
τραυματισμένος	απογοητευμένος
συνομήλικοί του	καλόκαρδοι
ανύπαντρη	αντιπαθητική

Έτσι το είπε 140

Στόχος: Γραπτή άσκηση μετατροπής πλάγιου λόγου σε ευθύ.

Λύσεις

1. – Εσείς να ξεκινήσετε και να μη με περιμένετε, γιατί μου έτυχε κάτι και θ' αργήσω.
2. – Θέλεις να σου βάλω κάτι να πιεις;
3. – Η βαλίτσα που είχατε χάσει στο αεροπλάνο, βρέθηκε και να 'ρθείτε στο αεροδρόμιο να την πάρετε.
1. – Αυτή η μηχανή κάνει θόρυβο.
5. – Σου αρέσει το μαντίλι που μου έφερε ο αδελφός μου από την Κίνα;
6. – Μπορείς να μου δανείσεις το πιστολάκι σου;
7. – Να έρχεστε άλλη φορά πιο νωρίς, γιατί το μαύρο ψωμί τελειώνει γρήγορα.
8. – Εντάξει, μπορείς να παντρευτείς με το Μιχάλη.
9. – Άφησέ με να κοιμηθώ λίγο ακόμη.
10. – Μπορείς να με βοηθήσεις να περάσω απέναντι;
11. – Μίλα πιο δυνατά, γιατί δε σ' ακούω.
12. – Μας επιτρέπετε να βάλουμε κάτι πράγματά μας για λίγο καιρό στο υπόγειό σας;

Παρ' όλα αυτά 141

Στόχος: Γραπτή άσκηση συμπλήρωσης κενών για κατανόηση γραπτού λόγου. Λεξιλόγιο και περιεχόμενο σχετικό με πανεπιστημιακές σπουδές και ανεργία.

Λύσεις

γι' αυτό, Παρ΄ όλα αυτά, Προς το παρόν, Παράλληλα, Αν

142 Γιατί διάλεξες αυτό το επάγγελμα;

Στόχος: Ασκήσεις για κατανόηση και παραγωγή γραπτού λόγου σχετικά με την επαγγελματική ζωή και με τα ατομικά χαρακτηριστικά, σε συνάρτηση με συγκεκριμένα επαγγέλματα.

Λύσεις
α, γ, β

143 Ήταν ένα μικρό καράβι ...

Στόχος: **A** Παιχνίδι για κατανόηση και παραγωγή προφορικού λόγου κατά το οποίο, με τη χρήση υποθετικών και αιτιολογικών προτάσεων καθώς και με την ανταλλαγή απόψεων και κρίσεων ως προς τη χρησιμότητα ή μη διαφόρων επαγγελμάτων, αναπτύσσεται η ικανότητα του πείθειν. Επίσης εξάσκηση στον απλό και συνεχή μέλλοντα.

B «Ήταν ένα μικρό καράβι». Τραγούδι ανάλογου περιεχομένου.

■■■

A Ζητάτε από τους σπουδαστές να διαλέξει ο καθένας για τον εαυτό του ένα επάγγελμα. Τους λέτε ότι βρίσκονται μέσα σε ένα μικρό πλοίο. Εξαιτίας της κακοκαιρίας και της μικρής αντοχής του πλοίου πρέπει κάποιοι να πέσουν στη θάλασσα για να σωθούν τελικά μόνο πέντε. Έτσι οι σπουδαστές πρέπει να επιχειρηματολογήσουν για τη γενική χρησιμότητα του επαγγέλματός τους αλλά, κυρίως, για την ειδική χρησιμότητά του στις συγκεκριμένες κρίσιμες συνθήκες. Η τάξη σχολιάζει για την ορθότητα των επιχειρημάτων. Όσοι από τους σπουδαστές λένε πειστικά επιχειρήματα μένουν στο πλοίο, όσοι αποτυχαίνουν πρέπει να πέσουν στο νερό. Όταν οι γνώμες διχάζονται, την τελική απόφαση για το αν κάποιος θα μείνει στο πλοίο ή θα πέσει στο νερό, θα πρέπει να την πάρουν μόνο αυτοί που βρίσκονται ακόμα στο πλοίο.

144 Ένας μικρός απολογισμός

Στόχος: Άσκηση συμπλήρωσης κενών για την εξάσκηση στην επιλογή ατελούς ή τέλειου γραμματικού ποιού ενέργειας σε ρηματικούς τύπους υποτακτικής. Λεξιλόγιο σχετικό με την περιγραφή βιογραφικών λεπτομερειών.

Λύσεις

να λέει, να γράφει, να μετράει, να μαθαίνει, να μαθαίνει, να κοιτάζει, να χτυπά, να μιλάει, να ... φιλάει, να πιστεύει, να οδηγεί, να ρίξει, να οδηγεί, να ψάχνει

Ίσως, μπορεί να ... 145

Στόχος: Άσκηση κατανόησης προφορικού λόγου που αφορά την προβολή πιθανών δικαιολογιών σε ζητήματα και προβλήματα της καθημερινής ζωής. Εξάσκηση στην πιθανολογική χρήση του *να*.

Διαβάζετε τους παρακάτω διαλόγους και οι σπουδαστές σημειώνουν τον αντίστοιχο αριθμό του διαλόγου στα κουτάκια. (Οι σωστές απαντήσεις είναι πέντε.)

1. – Τι ώρα είναι αυτή, βρε Όλγα;
   – Α, δε φταίω εγώ! Στα λεωφορεία να τα πεις, που περνάνε ένα κάθε ώρα!

2. – Πού είναι η κ. Αγγελίδου; Δε θα γίνει σήμερα το μάθημα;
   – Κάντε πέντε λεπτά υπομονή! Τηλεφώνησε και είπε ότι θα αργήσει λίγο. Έπεσε, λέει, σε μποτιλιάρισμα.

3. – Συγνώμη που άργησα, αλλά μ' αυτή τη βροχή, καταλαβαίνετε. Περίμενα στο δρόμο για ταξί πάνω από είκοσι λεπτά.
   – Έλα, βρε Λίζα, μην ανησυχείς. Εξάλλου δεν έχουν έρθει όλοι ακόμη. Κι εγώ τώρα μόλις ετοίμασα το τραπέζι.

4. – Εγγλέζος στο ραντεβού σου πάντα! Να ξέρεις, Αντώνη, τελευταία φορά που κάθομαι και σε περιμένω. Από δω και στο εξής ένα λεπτό ν' αργείς, θα σηκώνομαι και θα φεύγω!
   – Γιατί δε μ' αφήνεις να σου εξηγήσω, βρε Μαρθούλα μου; Μισή ώρα γυρίζω για να παρκάρω και δε βρίσκω μέρος πουθενά. Τελικά ξέρεις πού πάρκαρα; Στα Δικαστήρια και από 'κεί έρχομαι με τα πόδια ...

5. – Εύη, εγώ είμαι, η Αλέκα. Σε παίρνω από την αγορά. Κοίτα, νομίζω πως θ' αργήσω για το σινεμά, γιατί έχουν απεργία τα λεωφορεία και τα ταξί περνούν γεμάτα. Καταλαβαίνεις, χάος! Λοιπόν, αν θέλετε, πάτε εσείς κι εγώ ίσως έρθω κατευθείαν στον κινηματογράφο να σας βρω.
   – Εντάξει, Αλέκα. Μάλλον θα πάμε, γιατί ξέρεις, η Ντίνα δε θέλει να χάνει με τίποτα την αρχή του έργου. Γεια ... και καλό κουράγιο!

Λύσεις

5
4
1
3
2

146 Τόνος

Στόχος: Άσκηση κατανόησης μεμονωμένων λέξεων και συμπλήρωσης του τόνου στην κατάλληλη συλλαβή.

Λύσεις

Στην άσκηση αυτή θεωρούνται σωστά και τα τονικά παρώνυμα.

δουλειά / δουλεία	θορύβους	σχόλια	τραπεζομάντιλου
μηλιά	φυλάκια	γένια / γενιά	αναγκών
πλατιά	βράδια / βραδιά	παιδιά	προγραμμάτων
Ολύμπου	πόδια / ποδιά	βιβλιοπωλών	διαλείμματα
αγγέλων	πλατεία	ταυτοτήτων	χάλια / χαλιά
ψαριών	παιδεία	κυρίων / κυριών	σχολεία
φιλιά-φιλία	ελπίδων	πορτοκάλια-πορτοκαλιά	πανεπιστημίων

147 Άλλος τρόπος, ίδιο νόημα

Στόχος: Άσκηση μετασχηματισμού προτάσεων με αντικατάσταση ιδιωματικών εκφράσεων από άλλα ισοδύναμα στοιχεία, με σκοπό την εξοικείωση των σπουδαστών στη γλωσσική ποικιλία.

Λύσεις

1. Όταν το έμαθα, έμεινα έκπληκτος!
2. Πεινάτε; Θα σας ετοιμάσω πολύ γρήγορα μια ομελέτα!
3. Μου τα είπε όλα με κάθε λεπτομέρεια!
4. Έκανα λάθος στους υπολογισμούς μου.
5. Μυρίζουν πολύ ωραία αυτά που μαγειρεύεις και μας άνοιξε η όρεξη.
6. Αγανακτώ με αυτά που ακούω.
7. Έκλεισαν το μαγαζί τους, γιατί έκαναν πολλά χρέη.
8. Παλιά μάλωναν πολύ, αλλά τώρα είναι πολύ αγαπημένοι.
9. Προχθές σ' ένα μαγαζί κάποιος νόμισε ότι ήμουν πωλήτρια.
10. Πρόσεχε! Θα μας ακούσουν!
11. Αχ, πώς θα τα καταφέρω;
12. Αυτός είναι πολύ τσιγκούνης!

Καταστήματα 148

Στόχος: Άσκηση για κατανόηση μεμονωμένων φράσεων με χρήση λεξιλογίου σχετικού με καταστήματα.

Λύσεις

1. Σε ένα φωτογραφείο
2. Σε ένα ανθοπωλείο
3. Σε ένα κατάστημα υποδημάτων
4. Σε ένα μανάβικο
5. Σε ένα κατάστημα καλλυντικών
6. Σε ένα σούπερ μάρκετ
7. Σε ένα κατάστημα ηλεκτρικών ειδών
8. Σε ένα φαρμακείο
9. Σε μπαρ
10. Σε ένα καθαριστήριο

149 Επιγραφές

Στόχος: Άσκηση για κατανόηση επιγραφών καταστημάτων, γραφείων, δημοσίων υπηρεσιών κτλ. με χρήση γενικής πτώσης.

Λύσεις

	ΝΑΙ	ΟΧΙ
ΣΧΟΛΗ ΟΔΗΓΩΝ	✓	
ΕΠΙΠΛΑ ΚΗΠΟΥ ΚΑΙ ΒΕΡΑΝΤΑΣ		✓
ΜΑΘΗΜΑΤΑ ΣΧΕΔΙΟΥ ΚΑΙ ΖΩΓΡΑΦΙΚΗΣ		✓
ΠΡΑΚΤΟΡΕΙΟ ΓΕΝΙΚΟΥ ΤΟΥΡΙΣΜΟΥ	✓	
AEROBIC - ΡΥΘΜΙΚΗ - ΜΠΑΛΕΤΟ - ΓΥΜΝΑΣΤΙΚΗ ΑΝΔΡΩΝ-ΓΥΝΑΙΚΩΝ		✓
ΕΠΙΣΚΕΥΕΣ ΗΛΕΚΤΡΙΚΩΝ ΣΥΣΚΕΥΩΝ	✓	
ΕΛΛΗΝΙΚΟΣ ΟΡΓΑΝΙΣΜΟΣ ΤΟΥΡΙΣΜΟΥ		✓
ΣΧΟΛΕΙΟ ΝΕΑΣ ΕΛΛΗΝΙΚΗΣ		✓
ΚΕΝΤΡΟ ΑΔΥΝΑΤΙΣΜΑΤΟΣ	✓	
ΓΡΑΦΕΙΟ ΑΡΧΙΤΕΚΤΟΝΙΚΩΝ ΜΕΛΕΤΩΝ	✓	

150 Μισές επιγραφές

Στόχος: Άσκηση συμπλήρωσης κενών σε επιγραφές με χρήση γενικής πτώσης.

Λύσεις

ΚΑΘΑΡΙΣΤΗΡΙΟ ***χαλιών και μοκετών***
ΕΡΓΟΣΤΑΣΙΟ ***ποδηλάτων***
ΙΑΤΡΕΙΟ ***μικρών ζώων***
ΑΠΟΘΗΚΗ ***ηλεκτρολογικού υλικού***
ΣΧΟΛΗ ***προγραμματιστών Η/Υ***
ΣΥΝΕΡΓΕΙΟ ***αυτοκινήτων***
ΕΚΘΕΣΗ ***ασπρόμαυρων φωτογραφιών***
ΣΧΟΛΗ ***χορού***

Η κυρία Μαργαρίτα σάς συμβουλεύει 151

Στόχος: Άσκηση κατανόησης γραπτού λόγου σε μορφή επιστολών ανεπίσημου ύφους, και παραγωγής γραπτού λόγου, επίσης σε μορφή επιστολών, σχετικά με συμβουλές και λύσεις σε προβλήματα σχέσεων.

Αν έχασες μια αγάπη, δεν είναι και το τέλος του κόσμου 152

Στόχος: Δραστηριότητα για κατανόηση γραπτού λόγου, παραγωγή προφορικού και γραπτού λόγου που αφορά συμβουλές, απόψεις και λύσεις σε προβλήματα και καταστάσεις από την προσωπική και κοινωνική ζωή. Γλωσσικά στοιχεία: υποθετικές προτάσεις α΄ είδους.

Και θέλω και δε θέλω 153

Στόχος: Παιχνίδι για κατανόηση γραπτού και προφορικού λόγου και παραγωγή προφορικού κατά το οποίο, με τη χρήση υποθετικών προτάσεων α΄ είδους και με την ανταλλαγή απόψεων και κρίσεων, εκφράζονται δισταγμοί και αναπτύσσεται η ικανότητα του πείθειν.

Χωρίζετε τους σπουδαστές σε δύο ομάδες με τον ίδιο αριθμό ατόμων, **Α** και **Β**. Οι σπουδαστές της ομάδας **Α** πρόκειται να παίξουν το ρόλο των θαρραλέων και αποφασιστικών, ενώ της ομάδας **Β** των διστακτικών και αναποφάσιστων. Ετοιμάζετε κάρτες με τις παρακάτω προτάσεις. Κάθε σπουδαστής της ομάδας **Α** αποτελεί ένα ζευγάρι με ένα σπουδαστή της ομάδας **Β**. Μοιράζετε στην τύχη τις κάρτες στους «αποφασιστικούς». Ο πρώτος στη σειρά πρέπει να προτείνει στο ζευγάρι του αυτό που λέει η κάρτα.

Οι προτάσεις

Πάμε το Σάββατο εκδρομή στο δάσος;	**Βρέχει! Πάμε να περπατήσουμε στη βροχή;**
Πάμε να παίξουμε στο καζίνο;	**Κάνουμε αύριο το πρωί κοπάνα απ' το μάθημα;**
Κάνουμε μια φάρσα στο φίλο μας, το Βαγγέλη;	**Πάμε την Κυριακή να κάνουμε ορειβασία;**
Αφού αγαπιόμαστε, έλα να σε γνωρίσω στους δικούς μου!	**Άκουσα ότι ζητάνε άτομα για νυχτερινή αφισοκόλληση. Τι λες, πάμε;**
Φτιάχνουμε μια εφημερίδα της τάξης μας να την πουλάμε στο δρόμο για να βγάζουμε ένα χαρτζιλίκι;	**Ζητάμε από τη δασκάλα μας να μη μας δώσει δουλειά για το σπίτι;**

Παράδειγμα:
– *Απόψε έχει μεταμεσονύχτια προβολή δωρεάν στο Ολύμπιον. Τι λες, πάμε;*
Ο «διστακτικός» πρέπει να απαντήσει έτσι, ώστε να δείξει το δισταγμό του, π.χ.:
– *Ναι, αλλά, αν νυστάξουμε;*
Ο διάλογος μπορεί να συνεχιστεί κάπως έτσι:
– *Θα πιούμε έναν καφέ, πριν!*
– *Και αν δε βρούμε λεωφορείο μετά; Πώς θα γυρίσουμε σπίτια μας;*
– *Θα πάρουμε ταξί!*
– *Και αν δε βρούμε ούτε ταξί;*
– *Θα γυρίσουμε με τα πόδια!*

Αν ο «θαρραλέος» πείσει τον «αναποφάσιστο» να δεχτεί την πρότασή του, η ομάδα **Α** κερδίζει ένα βαθμό. Αν όχι, το βαθμό τον κερδίζει η ομάδα **Β**. Το κάθε ζευγάρι έχει το πολύ 2 λεπτά χρονικό περιθώριο για το διάλογό του. Ζητήστε η πρώτη, τουλάχιστον, απάντηση του «διστακτικού» να είναι με *αν*. Στη συνέχεια της στιχομυθίας, ίσως δεν είναι πάντα εύκολο να βρεθεί μια τέτοιου είδους εκφορά, όπως στο παράδειγμα.
Σε περίπτωση που ο αριθμός των σπουδαστών σας είναι μονός, και έτσι περισσεύει κάποιος σπουδαστής κατά το χωρισμό σε δύο ομάδες, του αναθέτετε το ρόλο του «τρίτου» σε κάθε ζευγάρι. Ανάλογα, δηλαδή, με την κρίση του για το συγκεκριμένο θέμα της κάθε πρότασης, εκείνος επιλέγει ποιον από τους δύο θα υποστηρίξει, τον «αποφασιστικό» ή τον «αναποφάσιστο».

Αν ήμουν ... , αν είχα ... 154

Στόχος: Άσκηση μετατροπής αρνητικών προτάσεων σε υποθετικές προτάσεις β΄ είδους.

Λύσεις

1. Αν ήμασταν Κινέζοι, θα μιλούσαμε κινέζικα.
2. Αν ήμουν ληστής, θα λήστευα τράπεζες.
3. Αν είχε μυωπία, θα φορούσε γυαλιά.
4. Αν είχα πονόδοντο, θα πήγαινα στον οδοντογιατρό.
5. Αν ήσουν πωλήτρια, θα έπρεπε να στέκεσαι πολλές ώρες όρθια.
6. Αν είχα ωραία φωνή, θα γινόμουν τραγουδίστρια.
7. Αν ήταν αστροναύτες, θα ταξίδευαν στο διάστημα.
8. Αν ήταν ταχυδρόμος, θα μοίραζε τα γράμματα από σπίτι σε σπίτι.
9. Αν ήμασταν 65 χρονών, θα παίρναμε σύνταξη.
10. Αν ήμουν κολυμβήτρια, θα κολυμπούσα πολλές ώρες κάθε μέρα.

Αν ..., θα ... 155

Στόχος: Άσκηση συμπλήρωσης κενών με τη βοήθεια εικόνων για κατανόηση και παραγωγή γραπτού λόγου και εξάσκηση στις υποθετικές προτάσεις (χρήση του παρατατικού και υπερσυντέλικου για τη δήλωση βαθμού πιθανότητας σχετικά με την πραγματοποίηση υποθετικών γεγονότων).

Λύσεις

1. ... θα έχτιζα μία εκκλησία.
2. ... θα σου τηλεφωνούσα.
3. ... θα μου πρόσφερε ένα λουλούδι.
4. ... θα πήγαινα στον κινηματογράφο.
5. Αν διάβαζες, . .
6. Αν ήταν πλούσιος, ...
7. ... θα πήγαινα κρουαζιέρα.
8. ... θα έπινα ένα ποτό στο μπαράκι.
9. Αν είχα αυτοκίνητο, ...
10. Αν είχα μαζί μου φωτογραφική μηχανή, ...

156 Ποιο πάει με ποιο;

Στόχος: Άσκηση αντιστοίχισης για κατανόηση γραπτού λόγου και παραγωγή προφορικού. Εξάσκηση στις υποθετικές προτάσεις β΄ είδους, που εκφράζουν καταστάσεις που πιθανόν να συμβούν στο μέλλον.

Λύσεις

1 = ε, 2 = δ, 3 = γ, 4 = θ, 5 = β, 6 = ζ, 7 = ι, 8 = η, 9 = α, 10 = στ

157 Αν βρέξει, ... θα μπορούσα να γίνω μοντέλο!!!

Στόχος: Παιχνίδι αντιστοίχισης υποθέσεων και αποδόσεων (υποθετικές προτάσεις) για κατανόηση γραπτού λόγου.

Χωρίζετε την τάξη σε δύο ομάδες. Βγάζετε δύο φωτοτυπίες τη σελίδα με τις υποθέσεις – αποδόσεις. Κόβετε χωριστά τις υποθέσεις και τις αποδόσεις της κάθε φωτοτυπίας και τις μπερδεύετε. Η κάθε ομάδα παίρνει από ένα σετ υποθέσεις και από ένα σετ αποδόσεις, τις απλώνει στο τραπέζι της και προσπαθεί να ταιριάξει τις υποθέσεις με τις αποδόσεις. Η ομάδα που θα τελειώσει πρώτη και σωστά το ταίριασμα είναι νικήτρια.

Υποθέσεις	Αποδόσεις
Αν κέρδιζα στο λαχείο,	**θα έχτιζα ένα μεγάλο κτίριο για τους άστεγους.**
Αν μπορούσα να κάνω μαγικά,	**θα εξαφάνιζα όλους τους ανεπιθύμητους.**
Αν ήμουν πολύ όμορφη και ψηλή,	**θα μπορούσα να γίνω μοντέλο.**

Αν ήξερα να μαγειρεύω,	δε θα έτρωγα ποτέ σε φοιτητική λέσχη.
Αν βρω καιρό,	θα ταξιδέψω σ' όλη την Ελλάδα με γαϊδουράκι.
Αν φάω ένα κιλό σοκολατάκια και δεν παχύνω,	θα είναι το θαύμα του αιώνα.
Αν είσαι ξένος και θέλεις να μάθεις ελληνικά,	θα βρεις ότι τα πρώτα 100 χρόνια είναι δύσκολα. Μετά όλα είναι εύκολα.
Αν ο Θεός ήταν δίκαιος,	θα έπρεπε κι εγώ τώρα να έχω μια φιλενάδα.
Αν βρέξει,	θα φιλήσω το φίλο μου κάτω από την ομπρέλα.
Αν μου δώσεις την καρδιά σου,	θα σου προσφέρω όλα τ' άστρα του ουρανού.
Αν έρθει κανένα ποντικάκι στην τάξη μας,	η δασκάλα θα τσιρίξει και θα ανέβει πάνω στην καρέκλα της.
Αν ήμουν τώρα στην πατρίδα μου,	θα έκανα παρέα με πολλές και όμορφες κοπέλες. Εδώ καμιά δε με προσέχει.

158 Ποια είναι τα όρια της υπομονής

Στόχος: Άσκηση κατανόησης και παραγωγής γραπτού λόγου που αφορά απόψεις, κρίσεις, θέσεις και λύσεις πάνω σε προβλήματα στις σχέσεις των ανθρώπων. Εξάσκηση στις υποθετικές προτάσεις β΄ είδους (χρήση του *θα* με παρατατικό για τη δήλωση πραγματοποιήσιμων υποθετικών γεγονότων).

159 Αποφάσισε!

Στόχος: Άσκηση κατανόησης και παραγωγής γραπτού λόγου. Εξάσκηση στις υποθετικές προτάσεις β΄ είδους.

160 – Τι κάνεις Γιάννη; – Κουκιά σπέρνω!

Στόχος: Δραστηριότητα παραγωγής και κατανόησης γραπτού λόγου. Εξάσκηση στις υποθετικές προτάσεις β΄ είδους με αντιστοίχιση υπόθεσης και απόδοσης.

Χωρίζετε την τάξη σε δύο ομάδες, και κάθε μέλος της ομάδας **Α** γράφει σε ένα χαρτάκι μια οποιαδήποτε υπόθεση – ερώτηση π.χ. **Τι θα κάνατε, αν σας τηλεφωνούσε ο Πρόεδρος της πατρίδας σας;**
Ταυτόχρονα κάθε μέλος της ομάδας **Β** γράφει μια οποιαδήποτε απόδοση – απάντηση, χωρίς να ξέρει ο ένας τι έγραψε ο άλλος, π.χ., **Θα έπαιρνα ομπρέλα.** Διπλώνουν όλοι τα χαρτάκια, όπως όταν κάνουμε κλήρωση, και βάζουν τα χαρτάκια της ομάδας **Α** σε ένα κουτί και τα χαρτάκια της ομάδας **Β** σε άλλο κουτί. Κατόπιν, ένας από τους σπουδαστές της ομάδας **Α** τραβάει ένα χαρτάκι από το κουτί της ομάδας **Β** και αντίστοιχα ένας σπουδαστής από την ομάδα **Β** τραβάει ένα χαρτάκι από το κουτί της ομάδας **Α**. Έτσι συνεχίζουν, ώσπου να πάρουν όλοι το χαρτάκι τους. Στη συνέχεια, διαβάζει καθένας από την ομάδα **Β** την ερώτηση που έχει και καθένας από την ομάδα **Α** την απάντηση που έχει. Σπάνια ταιριάζουν οι ερωτήσεις με τις απαντήσεις.
Μπορείτε, αν θέλετε, να συνεχίσετε. Απλώνετε τις υποθέσεις σε ένα τραπέζι και τις αποδόσεις σε άλλο, και οι σπουδαστές προσπαθούν να βρουν ποιες προτάσεις ταιριάζουν νοηματικά. Όποιοι βρουν τις περισσότερες κερδίζουν.
Τώρα ζητάτε να προσπαθήσουν να βρουν σωστές απαντήσεις για τις ερωτήσεις, για τις οποίες δε βρέθηκαν κατάλληλες απαντήσεις.

Παράπονα για το φαγητό στη Φοιτητική Λέσχη 161

Στόχος: Ασκήσεις παραγωγής γραπτού λόγου, σχετικά λόγιου ύφους, που αφορούν τη διατύπωση παραπόνων, αποδοκιμασίας και απαρέσκειας σε θέματα λειτουργίας δημόσιων υπηρεσιών.

Μπίνγκο για την ανακύκλωση 162

Στόχος: Παιχνίδι κατανόησης γραπτού και προφορικού λόγου σχετικά με τη θεματική περιοχή της οικολογίας (ανακύκλωση). Εξάσκηση στις ευθείες ερωτήσεις.

Βγάζετε φωτοτυπίες τη σελίδα με τις ερωτήσεις και τη σελίδα με τα κενά κουτάκια, και τις μοιράζετε στους σπουδαστές, λέγοντας: «Υπάρχουν πολλά πράγματα που μπορούμε να κάνουμε για να προστατέψουμε το περιβάλλον. Για να βρούμε ποια από αυτά κάποιοι από εμάς ήδη τα κάνουμε, ας παίξουμε **Μπίνγκο**».
Ζητάτε από τους σπουδαστές να διαλέξουν από τη σελίδα με τις ερωτήσεις μια στήλη, οριζόντια, κάθετη ή διαγώνια. Με το **ΕΤΟΙΜΟΙ** αρχίζουν να κάνουν στους άλλους τις ερωτήσεις που υπάρχουν στη στήλη που διάλεξαν. Όταν κάποιος τους απαντάει **ΝΑΙ**, γράφουν το όνομά του στην αντίστοιχη στήλη της σελίδας με τα κενά κουτάκια και, όταν συμπληρώσουν πέντε διαφορετικά ονόματα, φωνάζουν **Μπίνγκο**. Αυτός που τελειώνει πρώτος είναι ο νικητής.

Κλείνεις τη βρύση την ώρα που βουρτσίζεις τα δόντια σου;	Μαζεύεις τις εφημερίδες και τις πηγαίνεις για ανακύκλωση;	Χρησιμοποιείς παλιά χαρτιά για πρόχειρα;	Χάρισες ποτέ σε κανέναν δώρο από ανακύκλωση;
Χάρισες ποτέ σου ρούχα που δε χρησιμοποιείς;	Έχεις μαζί σου τη δική σου τσάντα, όταν πας για ψώνια;	Μοιράζεσαι τα βιβλία και τα περιοδικά που αγοράζεις με άλλους;	Αποφεύγεις να χρησιμοποιείς μιας χρήσης πράγματα, όπως ξυραφάκια;
Σου χάρισαν ποτέ ένα δώρο που να προέρχεται από ανακύκλωση;	Χρησιμοποιείς μπαταρίες που ανακυκλώνονται;	Αποφεύγεις να παίρνεις σακούλα, όταν αγοράζεις ένα μόνο πράγμα από την αγορά;	Αποφεύγεις να χρησιμοποιείς πλαστικά μαχαιροπίρουνα;
Χρησιμοποιείς ξανά παλιά γυάλινα βάζα;	Χρησιμοποιείς ξανά παλιά πλαστικά μπουκάλια;	Δίνεις για ανακύκλωση τα γυάλινα μπουκάλια που δεν επιστρέφονται;	Αγόρασες ποτέ μεταχειρισμένα ρούχα;
Επιστρέφεις τα γυάλινα μπουκάλια της μπίρας ή της κόκα κόλας;	Δίνεις για ανακύκλωση τα αλουμινένια είδη;	Χρησιμοποιείς με οικονομία το χαρτί περιτυλίγματος;	Προσέχεις να μην λερώνεις τις ακτές;
Σβήνεις το φως, όταν φεύγεις από ένα δωμάτιο;	Μαζεύεις από το δρόμο χαρτιά και σκουπίδια και τα βάζεις στους κάδους;	Αποφεύγεις να χρησιμοποιείς αποσμητικά και αφρούς σε σπρέι;	Χρησιμοποιείς παλιές σακούλες για τα σκουπίδια;

163 Μαγικές ιδιότητες

Στόχος: Δραστηριότητα για κατανόηση και παραγωγή γραπτού και προφορικού λόγου. Διατύπωση επιθυμιών και ευχών με χρήση ευχετικής.

Ετοιμάζετε κάρτες με τις παρακάτω μαγικές ιδιότητες, έτσι ώστε να υπάρχει μία για τον κάθε σπουδαστή. Σε περίπτωση που οι σπουδαστές είναι περισσότεροι, θα πάρουν μία μαγική κάρτα ανά δύο. Βάζετε τις κάρτες σ' ένα καπέλο ή σε μια τσάντα.
Ζητάτε από τους σπουδαστές να γράψουν μια ευχή ο καθένας σε ένα χαρτάκι, να το διπλώσουν και να το βάλουν στην τσέπη τους.
Μετά κάθε σπουδαστής παίρνει μια μαγική κάρτα από το καπέλο ή την τσάντα.
Τους λέτε ότι η κάρτα αυτή δίνει σ' αυτόν που την έχει μαγικές δυνάμεις, ώστε να μπορεί να πραγματοποιεί τις ευχές **των άλλων**. Δηλαδή, κανένας δεν μπορεί να πραγματοποιήσει τη δική του ευχή μόνος του, ακόμα και αν η μαγική κάρτα ανταποκρίνεται στην ευχή του, οπότε ο σπουδαστής χάνει.
Στη συνέχεια οι σπουδαστές πρέπει να γυρίσουν σ' όλη την τάξη, λέγοντας στους άλλους την ευχή τους, ώσπου να βρουν κάποιον, που να μπορεί να την πραγματοποιήσει. Όταν τον βρουν, μπορούν να καθίσουν στη θέση τους. Όσοι, βέβαια, δεν μπόρεσαν να πραγματοποιήσουν την ευχή τους, γιατί δε βρήκαν κάποιον με την ανάλογη μαγική κάρτα, χάνουν και αυτοί.

ΚΑΡΤΕΣ ΜΕ ΜΑΓΙΚΕΣ ΙΔΙΟΤΗΤΕΣ

Έχεις τη δύναμη να πραγματοποιήσεις κάθε ευχή σχετικά με τον **ΕΡΩΤΑ**	Έχεις τη δύναμη να πραγματοποιήσεις κάθε ευχή σχετικά με το **ΧΡΗΜΑ**
Έχεις τη δύναμη να πραγματοποιήσεις κάθε ευχή σχετικά με την **ΚΟΙΝΩΝΙΚΗ ΔΙΚΑΙΟΣΥΝΗ**	Έχεις τη δύναμη να πραγματοποιήσεις κάθε ευχή σχετικά με τα **ΤΑΛΕΝΤΑ** και τις **ΙΚΑΝΟΤΗΤΕΣ**
Έχεις τη δύναμη να πραγματοποιήσεις κάθε ευχή σχετικά με την **ΕΡΓΑΣΙΑ**	Έχεις τη δύναμη να πραγματοποιήσεις κάθε ευχή σχετικά με τα **ΤΑΞΙΔΙΑ**
Έχεις τη δύναμη να πραγματοποιήσεις κάθε ευχή σχετικά με την **ΗΛΙΚΙΑ**	Έχεις τη δύναμη να πραγματοποιήσεις κάθε ευχή σχετικά με τον **ΧΡΟΝΟ**

Έχεις τη δύναμη να πραγματοποιήσεις κάθε ευχή σχετικά με την **ΕΜΦΑΝΙΣΗ**	Έχεις τη δύναμη να πραγματοποιήσεις κάθε ευχή σχετικά με τα **ΑΚΙΝΗΤΑ**
Έχεις τη δύναμη να πραγματοποιήσεις κάθε ευχή σχετικά με την **ΠΡΟΣΩΠΙΚΟΤΗΤΑ**	Έχεις τη δύναμη να πραγματοποιήσεις κάθε ευχή σχετικά με τη **ΦΗΜΗ**
Έχεις τη δύναμη να πραγματοποιήσεις κάθε ευχή σχετικά με το **ΓΑΜΟ** και την **ΟΙΚΟΓΕΝΕΙΑ**	Έχεις τη δύναμη να πραγματοποιήσεις κάθε ευχή σχετικά με την **ΥΓΕΙΑ**
Έχεις τη δύναμη να πραγματοποιήσεις κάθε ευχή σχετικά με το **ΦΥΣΙΚΟ ΠΕΡΙΒΑΛΛΟΝ**	Έχεις τη δύναμη να πραγματοποιήσεις κάθε ευχή σχετικά με την **ΠΑΓΚΟΣΜΙΑ ΚΑΤΑΣΤΑΣΗ**

Μια συνέντευξη με μια νεαρή ηθοποιό 164

Στόχος: **Α** Άσκηση συμπλήρωσης διαλόγου με σκοπό τη λήψη πληροφοριών, σχετικά με τις προτιμήσεις, τις επιθυμίες και ιδιαιτερότητες του χαρακτήρα ενός ατόμου. Εξάσκηση στις ερωτηματικές προτάσεις.

Β Παραγωγή προφορικού ή γραπτού λόγου, στηριγμένου σε δεδομένο υπόδειγμα για τη λήψη πληροφοριών που αφορούν εξωπραγματικές καταστάσεις.

Λύσεις (ενδεικτικές)

1. Πόσα χρόνια εργάζεστε ως ηθοποιός;
2. Ποιες λιχουδιές σας αρέσουν;
3. Με ποιο σπορ ασχολείστε;
4. Ποιον θεωρείτε εσείς καλό ηθοποιό;
5. Μια κακιά σας συνήθεια;

6. Τι δε σας αρέσει από τον τρόπο ζωής σας;
7. Είστε 18 χρονών;
8. Με τον .... πρόκειται να παντρευτείτε;
9. Τι δε σας αρέσει από την εμφάνισή σας;
10. Πείτε μου κάτι καλό από το χαρακτήρα σας.
11. Ποια είναι η καλύτερή σας φίλη;

165 Αλήθειες και ψέματα

Στόχος: Δραστηριότητα για κατανόηση και παραγωγή γραπτού και προφορικού λόγου με σκοπό την ανταλλαγή πληροφοριών, απόψεων, κρίσεων και σχολίων.

166 Μηδένα προ του τέλους μακάριζε*

Στόχος: Δραστηριότητα για κατανόηση και παραγωγή προφορικού λόγου σχετικού με περιγραφή ευχάριστων και δυσάρεστων καταστάσεων.

Χωρίζετε την τάξη σε δύο ομάδες, **Α** και **Β**. Ετοιμάζετε τις εικόνες της ομάδας **Α** και τις εικόνες της ομάδας **Β**. (Βλ. βοηθητικό. υλικό, σ. 208–209) Δίνετε στην κάθε ομάδα τις αντίστοιχες εικόνες με τα καλά της και τα κακά της νέα. Δίνετε επίσης στην κάθε ομάδα τα καλά νέα της αντίπαλης ομάδας.
Ξεκινάει η ομάδα **Α** λέγοντας το πρώτο καλό νέο της και περιμένει από την ομάδα **Β** να μαντέψει ποιο κακό νέο ακολουθεί. Η ομάδα **Β** έχει δικαίωμα να κάνει 5 προσπάθειες. Αν μπορέσει να βρει το κακό νέο κερδίζει ένα βαθμό. Στη συνέχεια η ομάδα **Β** λέει το καλό νέο και η **Α** προσπαθεί να μαντέψει το κακό νέο που ακολουθεί.

Παράδειγμα:
Η ομάδα **Α** λέει το καλό νέο στην ομάδα **Β**.
Το καλό νέο είναι ότι πήρα ένα μπουκέτο λουλούδια και της ζήτησα να με παντρευτεί.
Η ομάδα **Β** προσπαθεί να μαντέψει ποιο κακό νέο ακολουθεί την πρόταση γάμου:
Το κακό νέο είναι ότι δεν με άκουσε.
Το κακό νέο είναι ότι είπε «ναι».
Το κακό νέο είναι ότι ζήτησα σε γάμο λάθος πρόσωπο.
Το κακό νέο είναι ότι είπε «όχι» και πέταξε τα λουλούδια.

* Σημ. *Ο τίτλος είναι παροιμιώδης φράση που την είπε ο Σόλων στο βασιλιά της Λυδίας Κροίσο, όταν εκείνος, δείχνοντάς του τους θησαυρούς του, τον ρώτησε αν ήξερε άλλον άνθρωπο στον κόσμο πιο ευτυχισμένο απ' αυτόν. Αργότερα ο Κροίσος δυστύχησε και όταν, νικημένος από τον Κύρο, αιχμαλωτίστηκε και ήταν έτοιμος να καεί στην πυρά, θυμήθηκε τα λόγια του Σόλωνα και φώναξε: «Σόλων, Σόλων». Αφού διηγήθηκε στον Κύρο το συμβάν, αυτός του χάρισε τη ζωή.*

Λίγο – λήγω 167

Στόχος: Άσκηση αντιστοίχισης με ομώνυμες/ομόηχες λέξεις

Λύσεις

1	2	3	4	5	6	7	8	9	10	11	12	13	14	15	16	17	18
β	ζ	ι	ια	α	η	ιζ	θ	γ	ιβ	ιδ	δ	ιγ	ε	ιστ	στ	ιη	ιε

Η καρυδιά με τα καρύδια της 166

Στόχος: Άσκηση αντιστοίχισης με τονικά παρώνυμα.

Λύσεις

Εγώ	– ζητώ
Πρώτη	– φορά
Τρώω	– καρύδια
Ρίξε μια	– ματιά
Έπεσε	– ξερή
Έχει γερή	– κράση
Στην Ελλάδα υπάρχουν πολλά μικρά	– χωριά
Πίνω	– κρασί
Έχουμε δύο	– μάτια
Πήρε	– φόρα
Τίποτε δεν	– ξέρει

Φώναξαν	– ζήτω
Στην αυλή υπάρχει μια	– καρυδιά
Μέθυσε και τα βλέπει	– διπλά
Το σπίτι του είναι	– δίπλα
Οι γονείς μου είναι χωρισμένοι και ζουν	– χώρια

169 Σωστό ή λάθος

Στόχος: Άσκηση για γλωσσική ακρίβεια. Εντοπισμός λαθών στη σύνταξη και τη μορφολογία σε γραπτό λόγο. (Οδηγίες για την άσκηση βλ. άσκηση 129.)

Λύσεις

1. λάθος
2. σωστό
3. λάθος
4. σωστό
5. σωστό
6. σωστό
7. λάθος
8. λάθος
9. λάθος
10. σωστό
11. λάθος
12. λάθος
13. λάθος
14. σωστό
15. σωστό

170 Συμφωνούν ή διαφωνούν

Στόχος: Άσκηση για κατανόηση γραπτού λόγου.

Λύσεις

1. διαφωνούν
2. διαφωνούν
3. διαφωνούν
4. συμφωνούν
5. συμφωνούν
6. διαφωνούν
7. διαφωνούν
8. διαφωνούν
9. συμφωνούν
10. συμφωνούν
11. συμφωνούν
12. διαφωνούν

Στόχος: Δραστηριότητα για κατανόηση γραπτού και προφορικού λόγου και παραγωγή προφορικού. Εξάσκηση σε λεξιλόγιο σχετικό με τη διατύπωση δικαιολογιών και εξηγήσεων.

Ετοιμάζετε κάρτες με τις παρακάτω 12 προτάσεις. Χωρίζετε την τάξη σε μικρές ομάδες. Δίνετε μια κάρτα σε κάθε ομάδα και λέτε στους σπουδαστές ότι έχουν 5 λεπτά στη διάθεσή τους για να βρουν την κατάλληλη δικαιολογία για αυτό που λέει η κάρτα τους. Ένας σπουδαστής από κάθε ομάδα λέει τη δικαιολογία και οι άλλες ομάδες αποφασίζουν αν τη δέχονται ή όχι. Οι σπουδαστές πρέπει να διακόπτουν το σπουδαστή που μιλάει, αν οι δικαιολογίες του δεν είναι πειστικές.

Οι προτάσεις

Οδηγούσες το αυτοκίνητό σου αντίθετα σε μονόδρομο.

Ήρθες στο μάθημα με μαύρες μουντζούρες στο πρόσωπο και στα χέρια.

Μίλησες εκνευρισμένα και με αυθάδεια στη δασκάλα σου, όταν σου είπε να ξαναγράψεις τη γεμάτη λάθη άσκησή σου.

Έβγαλες βόλτα το σκύλο του φίλου σου και τον γύρισες γρατσουνισμένο και ματωμένο από μια γάτα, που του όρμησε.

Πήρες την ομπρέλα της μητέρας σου και την ξέχασες κάπου, αλλά δε θυμάσαι πού.

Φόρεσες το καινούριο ταγιέρ της αδελφής σου και το γέμισες λεκέδες.

Είπες ένα μυστικό που σου εμπιστεύτηκε η φίλη σου, και τώρα που το έμαθε είναι πολύ θυμωμένη μαζί σου.

Αντέγραψες ένα ποίημα του Καβάφη και το παρουσίασες για δικό σου.
Έπαιξες χαρτιά με τους φίλους σου και τους κέρδισες, αλλά έκλεψες τρεις φορές και αυτοί το κατάλαβαν.
Έκανες τον άρρωστο για να μη βγεις με τη φίλη σου και, όταν αυτή σου τηλεφώνησε αργότερα για να δει αν είσαι καλύτερα, εσύ είχες φύγει.
Είπες στη φίλη σου ότι ξέρεις να κόβεις μαλλιά και, όταν εκείνη δέχτηκε να της τα κόψεις, την έκανες σαν κουνουπίδι.
Κρατούσες το ταμείο της τάξης σου και ξόδεψες ένα σημαντικό ποσό που, όταν σου το ζήτησαν, δεν είχες να το δώσεις.

172 Μάθετε παίζοντας

Στόχος: Παιχνίδι μίμησης. Κατανόηση γραπτών εντολών, με σκοπό την εκμάθηση και την εμπέδωση της απλής προστακτικής και της μετοχής του ενεργητικού ενεστώτα που δηλώνει τρόπο.

Ετοιμάζετε δύο σετ από κάρτες, ένα με εντολές και ένα με μετοχές, και τα βάζετε σε ένα τραπέζι. Κατόπιν χωρίζετε τους σπουδαστές σε δύο ομάδες, **Α** και **Β**. Οι ομάδες παίζουν εναλλάξ. Αρχίζει ένας σπουδαστής της ομάδας **Α**. Παίρνει μια κάρτα από τις εντολές και μια κάρτα από τις μετοχές. Π.χ. *Γονάτισε* | *γελώντας* Ο σπουδαστής πρέπει να πει στην τάξη αυτό που πρόκειται να κάνει: *γονατίζω γελώντας* και στη συνέχεια να το μιμηθεί. Ο δάσκαλος βαθμολογεί την αντίληψή του και την ικανότητά του στη μίμηση με άριστα το δέκα (10). Τώρα είναι η σειρά της **Β** ομάδας να παίξει.
Η ομάδα που θα συγκεντρώσει τους περισσότερους βαθμούς θα είναι η νικήτρια.
Παρακάτω υπάρχουν 19 εντολές και 19 μετοχές. Αν στην τάξη σας έχετε περισσότερους από 19 σπουδαστές, αναθέτετε σε κάποιους το ρόλο της επιτροπής η οποία, μαζί μ' εσάς, θα βαθμολογήσει τις επιδόσεις των διαγωνιζόμενων.

Κάνε μεταβολή	τρώγοντας «χωνάκι παγωτό»
Σκύψε	γελώντας
Σήκω απότομα	κλαίγοντας
Χοροπήδα στο ένα πόδι	τραγουδώντας
Τρέξε	χτυπώντας τα πόδια σου
Περπάτα με μικρά βήματα	φωνάζοντας «βοήθεια»
Κάθισε αργά	σφυρίζοντας
Βγες από την τάξη	βάζοντας το «παντελόνι» σου
Μπες στην τάξη	βγάζοντας τα «γάντια» σου
Πήγαινε στον πίνακα	παίζοντας «φυσαρμόνικα»
Προχώρησε προς τα πίσω 10 βήματα	κοιτάζοντας πίσω σου
Κάνε το γύρο της τάξης	χειροκροτώντας
Πλησίασε την πόρτα με πλάγια βήματα	μιλώντας δυνατά στη γλώσσα σου
Γείρε το σώμα σου αριστερά δεξιά, μπρος πίσω	χαιρετώντας με το αριστερό σου χέρι
Ανέβα στην καρέκλα	κουβαλώντας «βαριές βαλίτσες»
Σπρώξε με το σώμα σου το θρανίο	κρατώντας κολλημένο στο αυτί σου ένα «τρανζίστορ» και ακούγοντας μουσική
Γονάτισε	βουλώνοντας τα αυτιά σου
Πιάσε με το αριστερό σου χέρι το δεξί αυτί σου	διαβάζοντας «εφημερίδα»
Βγάλε το ρολόι σου	κρατώντας την αναπνοή σου

173 Βλέποντας και κάνοντας

Στόχος: Άσκηση αντικατάστασης λεκτικών συνόλων από μετοχές ενεστώτα ενεργητικής φωνής για κατανόηση και παραγωγή γραπτού λόγου. Εξάσκηση στη χρήση και τη μορφολογία ρηματικών τύπων σε -οντας/-ώντας.

Λύσεις

... με το να αλλάζει ...	=	... αλλάζοντας ...
... με το να πουλάει ...	=	... πουλώντας ...
... καθώς έψαχνε ...	=	... ψάχνοντας ...
... την ώρα που έμπαινε ...	=	... μπαίνοντας ...
... χωρίς να ξέρει ...	=	... μην ξέροντας ...
... έφτασε στον τρίτο και ...	=	φτάνοντας στον τρίτο,
... ενώ την κοίταζε ...	=	... κοιτάζοντάς την ...
Καθώς, λοιπόν, περίμενε ...	=	Περιμένοντας, λοιπόν, ...
Ανάλογα με το τι θα δω, θα κάνω	=	Βλέποντας και κάνοντας
Ενώ της χαμογελούσε ...	=	Χαμογελώντας της ...
Έλπιζε ...	=	ελπίζοντας ...

174 Βρες κάτι

Στόχος: Λεξιλογική άσκηση κατανόησης και παραγωγής γραπτού λόγου. Εξάσκηση στον ενεστώτα της μεσοπαθητικής φωνής.

Λύσεις

σκουλαρίκι
παπούτσι
λουλούδι κ.ά.
ρύζι
μπριζόλα κ.ά.
χρηματιστήριο κ.ά.
πουλί, δέντρο κ.ά.
γλυκό κ.ά.
τσάι κ.ά.
περιοδικό
τραγούδι

ύφασμα από νάιλον
κήπος κ.ά.
φυτό
μπουκάλι κ.ά.
κούνια κ.ά.

Αν τρώγεται, πήγαινε δύο κουτάκια μπροστά ... 175

Στόχος: Παιχνίδι κατανόησης γραπτού λόγου και παραγωγής και κατανόησης προφορικού. Εξάσκηση στον ενεστώτα της μεσοπαθητικής φωνής και στις υποθετικές προτάσεις α΄ είδους.

Για να παίξετε αυτό το παιχνίδι, χρειάζεστε το ταμπλό με τις εικόνες (Βλ. Βοηθητικό υλικό, σ. 210) και τις κάρτες, τις οποίες ετοιμάζετε και στις οποίες υπάρχουν σαφείς οδηγίες για το τι πρέπει να κάνουν οι σπουδαστές. Επίσης, χρειάζεστε πιόνια διαφορετικού χρώματος. Χωρίζετε την τάξη σε δύο ή περισσότερες ομάδες, ανάλογα με τον αριθμό των σπουδαστών. Η κάθε ομάδα παίρνει από ένα πιόνι διαφορετικού χρώματος και το τοποθετεί πάνω στο ταμπλό, εκεί που γράφει **αρχή**. Ένας παίκτης από κάθε ομάδα, με τη σειρά, τραβάει από μία μικρή κάρτα και διαβάζει δυνατά τι γράφουν οι οδηγίες, για να κάνει την ανάλογη κίνηση. Οι οδηγίες είναι έτσι γραμμένες, ώστε πολλές φορές χρειάζεται να συζητήσουν με τους αντιπάλους ποια κίνηση πρέπει να κάνουν. Π.χ. αν σε μια ομάδα τύχει η οδηγία:

> **Αν χρησιμοποιείται από πολύ κόσμο,**
> **πήγαινε τρία κουτάκια μπροστά,**
> **αλλιώς μη μετακινείσαι.**

και ο παίκτης βρίσκεται μπροστά στο κουτάκι που απεικονίζει **τον υπολογιστή**, τότε πρέπει οι ομάδες να συμφωνήσουν συζητώντας, αν όντως χρησιμοποιείται από πολλούς ή όχι, για να γίνει η ανάλογη κίνηση. Οι οδηγίες προορίζονται για το επόμενο κουτάκι από αυτό στο οποίο βρίσκεται το πιόνι. Αφού μετακινηθεί ο παίκτης στο κατάλληλο κουτάκι, βάζει την κάρτα του πάλι πίσω στο σωρό με τις υπόλοιπες κάρτες, αλλά από κάτω, για να ξαναχρησιμοποιηθεί αργότερα. Και συνεχίζεται το παιχνίδι εναλλάξ. Κερδίζει φυσικά η ομάδα που θα φτάσει πρώτη στο τέλος.

Αν τρώγεται, πήγαινε ένα κουτάκι μπροστά, αν όχι, πήγαινε ένα κουτάκι πίσω.	Αν φυτεύεται, πήγαινε έξι κουτάκια μπροστά, διαφορετικά, πήγαινε στο κουτάκι με το γράμμα.
Αν διαβάζεται, πήγαινε δύο κουτάκια μπροστά, αλλιώς, μείνε εκεί που είσαι.	Αν χρησιμοποιείται από πολύ κόσμο, πήγαινε τρία κουτάκια μπροστά, αλλιώς, μη μετακινείσαι.
Πήγαινε πίσω στην αρχή, αν όμως το αντικείμενο αυτό παίζεται, πήγαινε στο τέλος.	Αν χρησιμοποιείται μόνο τα τελευταία χρόνια, πήγαινε ένα κουτάκι μπροστά, αλλιώς, πήγαινε ένα κουτάκι πίσω.
Αν στέλνεται, πήγαινε τρία κουτάκια μπρος, αν όχι, πήγαινε τρία κουτάκια πίσω.	Αν είναι κάτι που κρατιέται στο χέρι, πήγαινε δύο κουτάκια μπροστά, διαφορετικά, δύο κουτάκια πίσω.
Αν κερδίζεται σε αγώνες, πήγαινε ένα κουτάκι μπροστά, διαφορετικά, μείνε εκεί που είσαι.	Αν χρησιμοποιείται από ερευνητές, κέρδισες. Πήγαινε στο τέλος. Αν όχι, θα παραμείνεις στο ίδιο κουτάκι δύο φορές.
Αν στέλνεται σε φίλους, πήγαινε τέσσερα κουτάκια μπροστά, αν όχι, πήγαινε ένα κουτάκι πίσω.	Αν βρίσκεται σε εξωτερικό χώρο, είναι ζωντανό και τρέχει γρήγορα, πήγαινε έξι κουτάκια μπροστά,διαφορετικά, τέσσερα κουτάκια πίσω.
Αν συναρμολογείται, πήγαινε ένα κουτάκι μπρος, αλλιώς, πήγαινε ένα κουτάκι πίσω.	Αν κόβεται, πήγαινε έξι κουτάκια μπροστά, διαφορετικά, πήγαινε έξι κουτάκια πίσω.
Πήγαινε πέντε κουτάκια μπρος, αν βρίσκεται στην εξοχή. Αν όχι, πήγαινε στην αρχή.	Πήγαινε δύο κουτάκια μπρος, αν βάφεται, αν όχι, πήγαινε τέσσερα κουτάκια πίσω.

Μη μετακινείσαι, αν δε βρίσκεται μέσα στο σπίτι, αλλιώς, πήγαινε δέκα κουτάκια μπρος.	Πάρε τη σειρά του αντιπάλου σου, αν θεωρείται απαραίτητο στο σπίτι, διαφορετικά, πήγαινε τέσσερα κουτάκια πίσω.
Αν κατοικείται, μείνε εκεί που είσαι, αν όχι, πήγαινε ένα κουτάκι πίσω.	Πήγαινε δέκα κουτάκια μπρος, αν πίνεται ζεστό ή κρύο, αλλιώς, πήγαινε τέσσερα κουτάκια πίσω.
Αν κερδίζονται δύσκολα αλλά ξοδεύονται εύκολα, πήγαινε στο τέλος, διαφορετικά, θα παραμείνεις στο ίδιο κουτάκι δύο φορές.	Αν φαίνεται από μακριά, πήγαινε στο τέλος, διαφορετικά, θα παραμείνεις στο ίδιο κουτάκι δύο φορές.
Αν θεωρείσαι πλούσιος έχοντας πολλά από αυτά, πήγαινε δύο κουτάκια μπροστά, αλλιώς, μείνε εκεί που είσαι.	Αν χρησιμοποιείται στο σχολείο, στέλνεις τον αντίπαλό σου στην αρχή, αλλιώς, τον στέλνεις στο τέλος.
Αν αγοράζεται, πήγαινε έξι κουτάκια μπροστά, αν όχι, ο αντίπαλός σου θα παίξει τρεις φορές επιπλέον.	Αν θεωρείται απαραίτητο για την αλληλογραφία μας, πήγαινε ένα κουτάκι μπροστά, αν όχι, πήγαινε ένα κουτάκι πίσω.
Αν μαγειρεύεται, παίζεις δύο φορές, αν όχι, παραχωρείς δύο φορές τη σειρά σου στην άλλη ομάδα.	Αν περιτυλίγεται, πήγαινε έξι κουτάκια μπροστά, διαφορετικά, πήγαινε στο κουτάκι με το γραμματοκιβώτιο.
Αν σερβίρεται, πήγαινε έξι κουτάκια μπροστά, διαφορετικά, πήγαινε τέσσερα κουτάκια πίσω.	Αν δημιουργείται προσθέτοντας κομμάτι-κομμάτι, πήγαινε ένα κουτάκι μπροστά, αν όχι, πήγαινε ένα κουτάκι πίσω.
Μην κάνεις τίποτε, αν κόβεται.	Πήγαινε δέκα κουτάκια μπρος, αν θεωρείται απαραίτητο για το φωτισμό, διαφορετικά, θα παραμείνεις στο ίδιο κουτάκι δύο φορές.

Στόχος: **Α** Άσκηση κατανόησης γραπτού λόγου. Λεξιλόγιο σχετικό με τη φυσική και φυσική ιστορία. Εξάσκηση στον ενεστώτα της μεσοπαθητικής φωνής.

Β Παιχνίδι γνώσεων.

Λύσεις

Α

1. σωστό
2. σωστό
3. λάθος
4. λάθος
5. λάθος
6. σωστό
7. σωστό
8. σωστό
9. λάθος
10. σωστό

Β Για οδηγίες του παιχνιδιού, βλ. άσκηση 111.

1. Πού βρίσκεται το φυτοπλαγκτόν;
Α. Στη θάλασσα* **Β.** Στις τρίχες **Γ.** Στην έρημο **Δ.** Στα θερμοκήπια

2. Ποιο από τα παρακάτω ανήκει στην κατηγορία των θηλαστικών;
Α. Κροκόδειλος **Β.** Καρχαρίας **Γ.** Δελφίνι* **Δ.** Πελαργός

3. Ο χαμαιλέοντας έχει τη δυνατότητα να αλλάζει:
Α. Τη φωνή του **Β.** Το μέγεθός του **Γ.** Το χρώμα του* **Δ.** Τα πουκάμισά του

4. Τι από τα παρακάτω δεν έχει ένας χιμπατζής;
Α. Μάτια **Β.** Μύτη **Γ.** Πόδια **Δ.** Ουρά*

5. Τι από τα παρακάτω δεν μπορεί να χωνέψει ένα φίδι:
Α. Φτερά και τρίχες* **Β.** Έντομα **Γ.** Κόκαλα **Δ.** Ψάρια

6. Πού ζει ο πιγκουίνος;
Α. Αρκτική* **Β.** Ανταρκτική **Γ.** Αφρική **Δ.** Ασία

7. Από την πτώση του νερού παράγεται ενέργεια που ονομάζεται:
Α. Θερμοηλεκτρική **Β.** Υδροηλεκτρική* **Γ.** Πυρηνική **Δ.** Ηλιακή

8. Τι από τα παρακάτω δεν είναι ένα παγόβουνο:
Α. Γλυκό **Β.** Καθαρό **Γ.** Αλμυρό* **Δ.** Στερεό

9. Τι από τα παρακάτω δεν έχουν οι καρχαρίες:
Α. Κόκαλα* **Β.** Δέρμα **Γ.** Δόντια **Δ.** Χόνδρους

10. Οι μέλισσες προσανατολίζονται με τη βοήθεια:
Α. Του ενστίκτου τους **Β.** Της όσφρησής τους
Γ. Της όρασής τους **Δ.** Του ήλιου στον ουρανό*

11. Η αλεπού είναι ζώο:
Α. Παμφάγο* **Β.** Ιχθυοφάγο **Γ.** Φυτοφάγο **Δ.** Σαρκοφάγο

12. Ο ρινόκερος τρέφεται κυρίως με:
Α. Φυτά και καρπούς* **Β.** Νεκρά ζώα **Γ.** Μικρά ζώα **Δ.** Ψάρια

13. Μελτέμια είναι:
Α. Παραδοσιακό γλυκό **Β.** Εποχιακοί άνεμοι*
Γ. Παιδικό παιχνίδι **Δ.** Όνομα άγριων χόρτων

14. Τα φίδια αλλάζουν δέρμα γιατί:
Α. Μεγαλώνουν και το παλιό τούς έρχεται στενό
Β. Το παλιό φθείρεται καθώς έρπουν*
Γ. Για να προσαρμόσουν το χρώμα τους στις αλλαγές του περιβάλλοντος
Δ. Κατά τη χειμερία νάρκη τους αδυνατίζουν και το παλιό δέρμα ζαρώνει

15. Να βάλετε στη σειρά τους παρακάτω πλανήτες, ξεκινώντας από αυτόν που βρίσκεται μακρύτερα από τον Ήλιο:
Α. Ερμής **Β.** Γη **Γ.** Άρης **Δ.** Αφροδίτη (Γ, Β, Δ, Α)

16. Να βάλετε στη σειρά τους παρακάτω οργανισμούς, αρχίζοντας από αυτόν που ζει περισσότερα χρόνια:
Α. Άνθρωπος **Β.** Χελώνα **Γ.** Κυπαρίσσι **Δ.** Αρκούδα (Γ, Β, Α, Δ)

17. Ποιο έντομο λατρευόταν από τους αρχαίους Αιγυπτίους:
Α. Μυρμήγκι **Β.** Μέλισσα **Γ.** Ακρίδα **Δ.** Σκαραβαίος*

18. Ποιες ακτίνες ευθύνονται για το ... μαύρισμα:
Α. Υπεριώδεις (UV)* **Β.** Υπέρυθρες **Γ.** Λέιζερ **Δ.** Ρέντγκεν

19. Το έξυπνο πουλί από πού ... πιάνεται:
Α. Την ουρά **Β.** Το ράμφος **Γ.** Τη μύτη* **Δ.** Το αυτί

177 Εύρεν η λοπάς το πώμα

Στόχος: Άσκηση εύρεσης σωστών απαντήσεων σε γραπτές ερωτήσεις ποικίλου περιεχομένου για την εξάσκηση στον ενεστώτα της μεσοπαθητικής φωνής.

Λύσεις

ΚΥΛΗΣΕ Ο ΤΕΝΤΖΕΡΗΣ ΚΑΙ ΒΡΗΚΕ ΤΟ ΚΑΠΑΚΙ

178 Τα καφενεία

Στόχος: Άσκηση κατανόησης προφορικού και γραπτού λόγου σχετικά με τόπους κοινωνικών συναθροίσεων (καφενεία). Εξάσκηση στον ενεστώτα και παρατατικό της μεσοπαθητικής φωνής.

Διαβάζετε δύο φορές το κείμενο που ακολουθεί στους σπουδαστές σας και τους αφήνετε 10 λεπτά για να συμπληρώσουν τον πίνακα που έχουν στο βιβλίο τους.

«Στα καφενεία, την καρδιά της ζωής στην επαρχία, σερβίρονται καφές, αναψυκτικά, μπίρες, ούζο και γλυκά του κουταλιού. Διατίθενται, επίσης, επιτραπέζια παιχνίδια, όπως τάβλι, σκάκι και άλλα. Παλιότερα, ιδίως στα νησιά και στα απομονωμένα χωριά, το καφενείο λειτουργούσε ως κέντρο επικοινωνίας και ήταν ένας χώρος αποκλειστικά για άντρες. Εκεί συγκεντρωνόταν το ταχυδρομείο, γίνονταν τηλεφωνήματα, διαβάζονταν εφημερίδες, συζητιόταν και αναλύονταν θέματα, κυρίως πολιτικά και αθλητικά.
Σήμερα το καφενείο διατηρεί ακόμα αυτό το ρόλο, αλλά συχνά, ιδιαίτερα στις πόλεις, έχει αντικατασταθεί από τις καφετέριες ή τα καφέ με ηλεκτρονικά παιχνίδια.
Όσο για τις γυναίκες, αυτές μπορούν να πάνε πια σε όλα τα καφενεία, να αναμιχτούν με τους άντρες, να συζητήσουν και να παίξουν τα ίδια παιχνίδια.
Τα καφενεία ανοίγουν νωρίς το πρωί και μένουν ανοιχτά μέχρι αργά το βράδυ, και τις εφτά μέρες της εβδομάδας.»

Λύσεις

1. ναι
2. ναι
3. ναι
4. όχι
5. όχι
6. όχι
7. ναι
8. όχι
9. ναι
10. όχι
11. ναι

Καταλαβαίνετε αυτά που διαβάζετε; 179

Στόχος: Πληροφορίες από την κοινωνική και την καθημερινή ζωή για κατανόηση και παραγωγή γραπτού λόγου. Εξάσκηση στον ενεστώτα της μεσοπαθητικής φωνής.

Πότε δημιουργήθηκαν οι γλώσσες; 180

Στόχος: Ποικίλες πληροφορίες για διάφορα θέματα με σκοπό την κατανόηση και παραγωγή γραπτού λόγου, καθώς επίσης την εξάσκηση στον αόριστο της μεσοπαθητικής φωνής και τη γενική πτώση με έμφαση στη σημαντική της γενικής.

Λύσεις

A

1. όχι
2. όχι
3. ναι
4. όχι
5. όχι
6. ναι
7. όχι
8. ναι
9. ναι
10. ναι
11. όχι
12. ναι
13. ναι

B

1. των γλωσσών
2. της Γης
3. της Βαβέλ
4. ζωγραφικής
5. του 15ου αιώνα
6. της ηλεκτρικής οδοντόβουρτσας
7. τουαλέτας
8. του 20ού αιώνα
9. της Καλιφόρνιας
10. πολυτελείας

Ξέρετε τονισμό και στίξη; 181

Στόχος: Άσκηση για κατανόηση γραπτού λόγου με σκοπό την εξάσκηση στον τονισμό και τη στίξη.

Λύσεις

1. Χθες στην τηλεόραση «στα απίστευτα και όμως αληθινά» έδειξαν μια μηχανή που σου φέρνει το φαγητό στο κρεβάτι.
2. Δεν το λένε φλάουτο αυτό το όργανο, κάπως αλλιώς το λένε, αλλά δε θυμάμαι πώς.
3. – Βαριέμαι να πάρω ομπρέλα!
   – Δε νομίζω πως θα βρέξει, το πολύ πολύ να ψιχαλίσει λίγο.
4. Απεργούμε, αγωνιζόμαστε για να μην περάσει ο αντιλαϊκός νόμος για την παιδεία.
6. Τώρα οποιοσδήποτε μπαίνει στο γήπεδο για να παρακολουθήσει έναν αγώνα, περνάει από αυστηρό έλεγχο.

182 Δακτυλογράφος για κλάματα!

Στόχος: Άσκηση αντικατάστασης φωνημάτων σε σημείωμα σχετικό με την οικογενειακή ζωή, που αποσκοπεί να τονίσει αφενός τη σπουδαιότητα των συμφραζομένων στην κατανόηση γραπτού και προφορικού λόγου και αφετέρου την ύπαρξη ελάχιστων ζευγαριών ή ηχητικά συγγενικών λέξεων.

Λύσεις

χάθηκε = χ**ύ**θηκε, έχει λαδωθεί = έχει λ**ερ**ωθεί, ανέβασε = **κατ**έβασε, ξυρίσω = **γ**υρίσω, καλά = κα**τ**ά, Με μη = Μ**η** μ**ε**, Μιλιά = **Φ**ιλιά

183 Ελλάδα

Στόχος: Ασκήσεις και παιχνίδι για κατανόηση και παραγωγή γραπτού και προφορικού λόγου, με θεματικό περιεχόμενο την Ελλάδα (γεωγραφία, κάτοικοι, ιστορία, πολιτική και πολιτιστική ζωή).

Εδώ μπορείτε να παίξετε το παιχνίδι **των δώδεκα ερωτήσεων**, με περιεχόμενο σχετικό με την Ελλάδα.

Οδηγίες για το παιχνίδι βλ. άσκηση 24.

1. Πότε άρχισε η ελληνική επανάσταση για την απελευθέρωση των Ελλήνων από τους Τούρκους;
2. Τι ήταν ο Αριστοτέλης;
3. Ως πού έφτασε ο Μέγας Αλέξανδρος στην εκστρατεία του;
4. Τι συμβολίζουν τα χρώματα της ελληνικής σημαίας;
5. Ποιος είπε το «γνώθι σαυτόν», και τι σημαίνει;
6. Από την ελληνική μυθολογία: ποιες ήταν οι δουλειές της θεάς Δήμητρας, του Ερμή και της Άρτεμης;
7. Ποια γιορτή έχουμε στις 28 Οκτωβρίου;
8. Ποια πόλη λέγεται «νύφη του Θερμαϊκού»;
9. Πόσα πιστεύεις ότι είναι τα ελληνικά νησιά, 200, 3.000 ή 48;
10. Τι υψόμετρο έχει (περίπου) ο Όλυμπος και γιατί είναι γνωστό βουνό από την ελληνική μυθολογία;
11. Πες τα ονόματα τριών ελληνικών θαλασσών.
12. Πες τρία αξιοθέατα που επισκέπτονται οι ξένοι, όταν έρχονται στην Ελλάδα.

Λύσεις

1. Την 25η Μαρτίου 1821
2. Φιλόσοφος της κλασικής εποχής
3. Ως τις Ινδίες
4. Τον αφρό και τη θάλασσα
5. Ο Σωκράτης, «να γνωρίσεις τον εαυτό σου»
6. Η Δήμητρα θεά της γεωργίας, ο Ερμής αγγελιοφόρος των θεών και θεός του εμπορίου και η Άρτεμης θεά του κυνηγιού
7. Την Εθνική γιορτή του «ΟΧΙ» (1940)
8. Η Θεσσαλονίκη
9. 3.000 και από αυτά τα 200 είναι κατοικημένα
10. 2.917 μ. και ήταν η κατοικία των 12 θεών
11. Αιγαίο, Ιόνιο και Κρητικό πέλαγος
12. Την Ακρόπολη, τους Δελφούς, την Ολυμπία (ή άλλα)

Θεσσαλονίκη 184

Στόχος: **A** **B** Ασκήσεις κατανόησης και παραγωγής γραπτού λόγου που αφορά τη γεωγραφία, την ιστορία, τους κατοίκους και τον πολιτισμό της πόλης της Θεσσαλονίκης.

Γ **«Σταυρός του Νότου».** Τραγούδι, με σκοπό την περιγραφή ενός τόπου (της Θεσσαλονίκης), του τρόπου ζωής των ανθρώπων ενός συγκεκριμένου επαγγέλματος (των ναυτικών), τη διατύπωση αισθημάτων και συναισθημάτων και την παρουσίαση πολιτιστικών στοιχείων.

Πληροφορίες για την ιστορία της Θεσσαλονίκης.

Σύντομη ιστορία της Θεσσαλονίκης

Α. Αρχαία εποχή.

Η Θεσσαλονίκη ιδρύθηκε το 316 π.Χ. από το βασιλιά Κάσσανδρο, ο οποίος έδωσε στην καινούρια πόλη το όνομα της γυναίκας του, Θεσσαλονίκης, κόρης του Φιλίππου του Β΄ και αδελφής του Μεγάλου Αλεξάνδρου.

Ελληνιστικοί χρόνοι. Κατά την περίοδο αυτή η Πέλλα ήταν η πρωτεύουσα της Μακεδονίας και η Θεσσαλονίκη ήταν το επίνειό της. Τόσο γρήγορη ήταν η ανάπτυξη της Θεσσαλονίκης, ώστε το 2ο π.Χ. αιώνα ήταν κιόλας μια μεγάλη πόλη περιτριγυρισμένη από τείχη.

Ρωμαϊκοί χρόνοι. Στη μάχη της Πύδνας (168 π.Χ.), ο Περσέας, τελευταίος βασιλιάς του μακεδονικού κράτους, νικήθηκε από τις ρωμαϊκές λεγεώνες και έτσι η Θεσσαλονίκη καταλήφτηκε από τους Ρωμαίους. Αργότερα, το 146 π.Χ., όταν με τη συνένωση μικρότερων γεωγραφικών περιοχών δημιουργήθηκε η ευρύτατη επαρχία της Μακεδονίας, η Θεσσαλονίκη ορίστηκε πρωτεύουσά της.

Το 50 μ.Χ. ο Απόστολος Παύλος κήρυξε εδώ τη νέα θρησκεία και ονόμασε την πόλη «Χρυσή Πύλη» του χριστιανισμού προς την Ευρώπη.

Η μεγαλύτερη άνθηση της Θεσσαλονίκης, κατά τη ρωμαιοκρατία, σημειώθηκε στα χρόνια του Καίσαρα Γαλερίου (4ος αι. μ.Χ.), οπότε και κατασκευάστηκαν ανάκτορα και μεγάλα δημόσια κτιριακά συγκροτήματα (αρχαία αγορά, Ροτόντα, αψίδα του Γαλερίου). Στις αρχές του 4ου αιώνα τοποθετείται χρονικά και ο μαρτυρικός θάνατος του προστάτη και πολιούχου της Θεσσαλονίκης, του Αγίου Δημητρίου.

Β. Βυζαντινή εποχή. (Μέσοι χρόνοι 4ος αι. μ.Χ.–1453 μ.Χ.)

Κατά τη Βυζαντινή εποχή, η Θεσσαλονίκη ήταν η δεύτερη πόλη της Βυζαντινής Αυτοκρατορίας, η «συμβασιλεύουσα», μετά τη «βασιλεύουσα» Κωνσταντινούπολη. Κατά καιρούς πολιορκήθηκε από Γότθους, Σαρακηνούς, Σλάβους, Φράγκους, Τούρκους, Βούλγαρους και Βενετούς και πολλές φορές κατακτήθηκε. Όμως, επέζησε, αντιμετωπίζοντας με σθεναρή αντίσταση επιδρομές και λεηλασίες.

Τον 9ο αι. μ.Χ. δύο Θεσσαλονικείς θεολόγοι και μοναχοί, ο Κύριλλος και ο Μεθόδιος, πραγματοποίησαν ιεραποστολές σε γειτονικούς λαούς της Βαλκανικής, όπου διέδωσαν το Χριστιανισμό και συνέβαλαν στην πολιτιστική ανάπτυξη των λαών αυτών.

Το πρώτο μισό του 14ου αιώνα, με την εξασθένηση και το γεωγραφικό περιορισμό του Βυζαντίου, η Θεσσαλονίκη αυτοδιοργανώθηκε και έγινε αυτοδύναμη κυρίως στο στρατιωτικό τομέα, για να μπορεί να αντιμετωπίζει τις δύσκολες περιστάσεις. Έγινε, επίσης, πολιτιστικό και πνευματικό κέντρο του Ελληνισμού. Σπουδαίοι πνευματικοί άνθρωποι έζησαν και δημιούργησαν τότε, όπως ο Γρηγόριος Παλαμάς και ο αγιογράφος Πανσέληνος. Πολλοί ναοί που κτίστηκαν εκείνη την εποχή και σώζονται μέχρι σήμερα, μαρτυρούν την αντίστοιχη άνθηση στην αρχιτεκτονική (Αγία Αικατερίνη, Άγιοι Απόστολοι, Άγιος Νικόλαος Ορφανός, Προφήτης Ηλίας, Μονή Βλατάδων). Η Βυζαντινή εποχή κλείνει με την άλωση της Θεσσαλονίκης από τους Τούρκους το 1430.

Γ. Νέοι χρόνοι.

Η Θεσσαλονίκη παρέμεινε στους Τούρκους για 482 χρόνια. Εκτός από τους Έλληνες και – αναγκαστικά – τους Τούρκους κατοίκους της, δέχτηκε ανθρώπους και άλλων εθνοτήτων και θρησκειών, οι οποίοι συμβίωσαν για αιώνες. Παραδείγματος χάρη, το 15ο αι. μ.Χ., εγκαταστάθηκαν εδώ Εβραίοι πρόσφυγες, διωγμένοι από την καθολική Ισπανία. Πολύ αργότερα, κατά την περίοδο της Κατοχής, 45.000 από αυτούς έμελλε να εξοντωθούν σε στρατόπεδα συγκεντρώσεως.

Στις αρχές του 18ου αιώνα αρχίζει να εμφανίζεται μια αργή ανάπτυξη του εμπορίου. Κατά τη διάρκεια της ελληνικής επανάστασης του 1821 ενάντια στους Τούρκους, η Θεσσαλονίκη πήρε μέρος με τις επαναστάσεις της Χαλκιδικής και της Νάουσας. Στα μέσα του 19ου αιώνα οι κάτοικοί της υποφέρουν από πυρκαγιές και επιδημίες. Στις 26 Οκτωβρίου 1912, την ημέρα της γιορτής του Αγίου Δημητρίου, πολιούχου της πόλης, η Θεσσαλονίκη ελευθερώνεται από τους Τούρκους. Αμέσως μετά την απελευθέρωσή της, ενώθηκε με την υπόλοιπη Ελλάδα και πήρε μέρος στους Βαλκανικούς πολέμους.

Το 1917 μεγάλη πυρκαγιά κατέστρεψε το ιστορικό κέντρο και άφησε 73.000 άστεγους, σε σύνολο πληθυσμού 278.000 κατοίκων.

Μετά τη μικρασιατική καταστροφή που έφερε χιλιάδες πρόσφυγες στη Θεσσαλονίκη, με τη συνθήκη της Λωζάνης (1923), επιβλήθηκε αμοιβαία ανταλλαγή πληθυσμών με την Τουρκία.

Κατά τη διάρκεια του Β΄ Παγκόσμιου Πολέμου, από το 1941 ως το 1944, η πόλη υπέφερε κάτω από τη Γερμανική Κατοχή, όπως όλη η Ελλάδα. Μετά την αναχώρηση των Γερμανών ακολούθησε ο εμφύλιος πόλεμος.

Σήμερα η Θεσσαλονίκη είναι η δεύτερη πόλη της Ελλάδας, μετά την Αθήνα, και είναι κέντρο γραμμάτων, τεχνών και εμπορίου.

Κάντε ό,τι λέει 185

Στόχος: Δραστηριότητα για κατανόηση γραπτού λόγου που έχει σκοπό την εξάσκηση στην προστακτική της μεσοπαθητικής φωνής με παράλληλη χρήση παραγλωσσικών στοιχείων.

186 Η καημένη η λάμπα είναι ... καμένη!

Στόχος: Ασκήσεις μετασχηματισμού γραπτών προτάσεων με ανάλυση μετοχών μεσοπαθητικής φωνής σε αντίστοιχα ισοδύναμα παρακειμένου μεσοπαθητικής ή και ενεργητικής φωνής (και τα αντίθετα).

Λύσεις

A

1. Ζει κάπου μόνος και έχει ξεχαστεί από όλους.
   Ζει κάπου μόνος και τον έχουν ξεχάσει όλοι.
2. Η λάμπα της κουζίνας έχει καεί.
3. Το σεμινάριο είναι ενδιαφέρον, αλλά δεν έχει οργανωθεί καλά.
   Το σεμινάριο είναι ενδιαφέρον, αλλά δεν το έχουν οργανώσει καλά.
4. Μετά το κλείσιμο του μαγαζιού του έχει καταστραφεί οικονομικά.
5. Το μεγάλο ρολόι του τοίχου έχει σταματήσει.
6. Τα γραπτά των εξετάσεων έχουν διορθωθεί και μπορείτε να τα δείτε.
   Τα γραπτά των εξετάσεων τα έχουμε διορθώσει και μπορείτε να τα δείτε.
7. Όλοι οι φοιτητές έχουν κιόλας μαζευτεί στο προαύλιο της σχολής τους.
8. Όλοι έχουμε γοητευτεί από την ομορφιά και την εξυπνάδα αυτού του κοριτσιού.
   Όλους μάς έχει γοητεύσει η ομορφιά και η εξυπνάδα αυτού του κοριτσιού.
9. Τα νερά της λίμνης έχουν παγώσει εδώ και δύο μήνες.
10. Ο ουρανός έχει συννεφιάσει.
11. Δεν έχουμε συνηθίσει να ξυπνάμε τόσο νωρίς.
12. Έχεις θυμώσει μαζί μου;
13. Μου φαίνεται πως έχεις απογοητευτεί από κάποιους ανθρώπους!
    Μου φαίνεται πως σε έχουν απογοητεύσει κάποιοι άνθρωποι!
14. Το πίσω τζάμι του αυτοκινήτου έχει σπάσει.
15. Δε θ' αργήσω. Σε πέντε λεπτά θα έχω πλυθεί και ξυριστεί.

B

1. Οι αιτήσεις είναι συμπληρωμένες.
2. Είναι αφοσιωμένη ολόψυχα στη δουλειά της.
1. Πολλές πολυκατοικίες είναι μισογκρεμισμένες από το σεισμό.
2. Τα μυστικά έγγραφα είναι κλειδωμένα στο ντουλάπι.
3. Ο Τάσος είναι πολύ γυμνασμένος.
4. Το φαγητό είναι ξαναζεσταμένο.
5. Τα μαλλιά μου είναι βρεγμένα.
6. Οι τοίχοι του σπιτιού μου είναι βαμμένοι άσπροι.
7. Η λύση που προτείνεις είναι δοκιμασμένη ξανά και απέτυχε.
8. Είναι πιασμένη η μέση μου.

9. Το ξενοδοχείο είναι χτισμένο πλάι στη θάλασσα.
10. Ο κλέφτης είναι εξαφανισμένος.
11. Τα νερά πολλών λιμνών είναι μολυσμένα.
12. Τα ρούχα είναι κιόλας πλυμένα και σιδερωμένα.
13. Το χάπι είναι ήδη διαλυμένο στο νερό.

Μοιάζει σαν ... 187

Στόχος: Άσκηση τροποποίησης γραπτών προτάσεων με χρήση του ομοιωματικού μορίου *σαν* (με λειτουργία συνδέσμου ή πρόθεσης) και του τροπικού/αναφορικού επιρρήματος *όπως*.

Λύσεις

1. Και σ' άλλες μεσογειακές χώρες μαγειρεύουν γεμιστά σαν κι εμάς.
   Και σ' άλλες μεσογειακές χώρες μαγειρεύουν γεμιστά όπως εμείς.
2. Η μικρότερη αδελφή μου θα σπουδάσει νομικά σαν εμένα.
   Η μικρότερη αδελφή μου θα σπουδάσει νομικά όπως κι εγώ.
3. Ο Νίκος παίζει πολύ καλή κιθάρα σαν επαγγελματίας κιθαρίστας.
   Ο Νίκος παίζει πολύ καλή κιθάρα όπως ένας επαγγελματίας κιθαρίστας!
4. Συγνώμη, Βαγγέλη, αλλά δεν μπορώ να σε παντρευτώ, γιατί σ' αγαπώ σαν αδελφό μου!
   Συγνώμη, Βαγγέλη, αλλά δεν μπορώ να σε παντρευτώ, γιατί σ' αγαπώ όπως τον αδελφό μου!
5. Καημένε μου Κώστα, έχεις μυαλό (σκέφτεσαι) σαν μικρό παιδί!
   Καημένε μου Κώστα, έχεις μυαλό (σκέφτεσαι) όπως ένα μικρό παιδί!
6. Ο κύριος Αγγελίδης μού δίνει συμβουλές σαν πατέρας.
   Ο κύριος Αγγελίδης μού δίνει συμβουλές όπως ένας πατέρας.
7. Συμπλήρωσε την αίτησή σου σαν κι εμένα.
   Συμπλήρωσε την αίτησή σου όπως κι εγώ.

Ζευγάρια λέξεων 188

Στόχος: Παιχνίδι για επέκταση λεξιλογίου και για παραγωγή προφορικού λόγου.

Χωρίζετε την τάξη σε δύο ομάδες, **Α** και **Β**. Εξηγείτε στους σπουδαστές ότι σ' αυτή την άσκηση υπάρχουν 16 ζευγάρια παρεμφερών λέξεων. Αρχίζει η ομάδα **Α** διαλέγοντας έναν αριθμό από το 1 ως το 16. Εσείς ορίζετε, ανάλογα με τη δυσκολία που παρουσιάζει το ζευγάρι λέξεων που επέλεξε η ομάδα, αν δώσουν **διαφορές** ή **ομοιότητες** στο κάθε ζευγάρι λέξεων. Όταν η ομάδα **Α** εξαντλήσει π.χ. τις διαφορές που μπορεί να βρει ανάμεσα σε έναν **ψυχολόγο** και σε έναν **ψυχίατρο**, μετράτε ως το 10 και δίνετε τη σειρά στην ομάδα **Β**, η οποία προσθέτει και άλλη ή άλλες διαφορές που τυχόν υπάρχουν. Κερδίζει η ομάδα **Α** και παίρνει ένα βαθμό, εφόσον η άλλη ομάδα δεν μπορέσει να βρει καμιά άλλη διαφορά. Αν, όμως, η ομάδα **Β** προσθέσει κάποια ακόμα διαφορά, τότε παίρνει αυτή το βαθμό. Η τελική νικήτρια είναι η ομάδα που θα συγκεντρώσει τους περισσότερους βαθμούς.

189 Συνθήματα παντού!

Στόχος: **Α** Άσκηση κατανόησης και εξοικείωσης με μια ιδιαίτερη και αυθεντική γλωσσική μορφή, τη γλώσσα των συνθημάτων.

Β Άσκηση παραγωγής παρόμοιων λεκτικών συνόλων.

Γ «Ο δρόμος». Τραγούδι ανάλογου περιεχομένου.

190 Ξέρετε τονισμό και στίξη;

Στόχος: Άσκηση κατανόησης γραπτού λόγου για εξάσκηση στην στίξη και τον τονισμό.

Λύσεις

1. Παρ' όλη την κούρασή μου, τους πήγα μια βόλτα με τ' αυτοκίνητο μέχρι την Αγία Τριάδα.
2. Η Σκιάθος ξέρετε γιατί λέγεται έτσι; Οι ντόπιοι λένε ότι πήρε το όνομά της από τη σκιά που ρίχνει επάνω της το Άγιο Όρος, όταν ανατέλλει ο ήλιος.
3. Μια φράση που λέω πολύ συχνά τώρα τελευταία είναι: «Σφαίρα είναι και γυρίζει».
4. Ό,τι και ν' αποφασίσεις, να ξέρεις ότι εγώ θα σε στηρίξω και θα σταθώ πλάι σου.

Προγράμματα τηλεόρασης 191

Στόχος: Άσκηση κατανόησης και παραγωγής γραπτού λόγου που αφορά την ψυχαγωγία (τηλεόραση).

Τηλεοπτικά προγράμματα 192

Στόχος: Άσκηση κατανόησης και παραγωγής γραπτού λόγου που αφορά την ψυχαγωγία (τηλεόραση).

Παρουσιάσεις με Video 193

Στόχος: Δραστηριότητες για την παραγωγή προφορικών διαλόγων ποικίλου περιεχομένου, τη δραματοποίηση και τη βιντεοσκόπησή τους, με σκοπό την ενθάρρυνση των διαπροσωπικών σχέσεων μεταξύ των σπουδαστών, την ανάπτυξη κλίματος ομαδικότητας και συνεργασίας και την επανάληψη και εμπέδωση διδαγμένων γλωσσικών στοιχείων.

Χωρίζετε την τάξη σας σε ομάδες των 3–4 ατόμων. Τους λέτε να χρησιμοποιήσουν τις προτάσεις που είναι γραμμένες παρακάτω ως ιδέες - αφετηρίες, για να πλάσουν κάποιο σενάριο και να το αποδώσουν θεατρικά. Τους βοηθάτε, όπου δεν τα καταφέρνουν μόνοι τους. Φροντίζετε να έχετε στην τάξη μια βιντεοκάμερα. Κάποιος ή κάποιοι σπουδαστές ή εσείς βιντεοσκοπείτε τις παρουσιάσεις. Την άλλη μέρα η τάξη παρακολουθεί στο video την εγγραφή, βαθμολογεί με αντικειμενικότητα και απονέμει το βραβείο στην καλύτερη παρουσίαση. Για ακόμη πιο δίκαιη κρίση, ως κριτική επιτροπή ορίζεται μια άλλη τάξη που κάνει μάθημα δίπλα στη δική σας.

Προτάσεις-ιδέες

1. Ένας φίλος τους είναι τρελά ερωτευμένος με μια πολύ μεγαλύτερή του γυναίκα και θέλει να την παντρευτεί.
2. Μια συμφοιτήτριά τους πιστεύει ότι τα ελληνικά είναι πολύ δύσκολα και θέλει να τα παρατήσει.
3. Μια φίλη τους είναι θυμωμένη μαζί τους για μια παρεξήγηση, ίσως κουτσομπολιό που άκουσε, αλλά αυτοί δεν έφταιγαν καθόλου. Πρέπει να της εξηγήσουν τι ακριβώς έγινε, για να λυθεί η παρεξήγηση.
4. Κανονίζουν να πάνε μια τριήμερη εκδρομή και δεν μπορούν να συμφωνήσουν πού θα πάνε.

5. Κάποιος από την παρέα αγόρασε ένα ζευγάρι παπούτσια 150 ευρώ. Κάποια στιγμή βλέπει ότι και ο φίλος του φοράει τα ίδια παπούτσια και τα αγόρασε από το ίδιο μαγαζί στη μισή τιμή. Αποφασίζουν να πάνε μαζί στο μαγαζί να δουν τι συμβαίνει.
6. Ένας φίλος τους μάλωσε με την κοπέλα του και εκείνη, παρόλο που τον αγαπάει, δε θέλει να του ξαναμιλήσει. Τον συμβουλεύουν τι να κάνει.
7. Μια φίλη τους είναι ερωτευμένη με ένα παιδί της παρέας αλλά, επειδή είναι χρόνια φίλοι, δεν ξέρει πώς να του το δείξει και τι να του πει.
8. Μια φίλη τους ρωτάει τη γνώμη τους, τι πρέπει να κάνει για να αλλάξει την εμφάνισή της.
9. Μια φίλη τους λέει στην παρέα ότι ο φίλος της τη ζηλεύει και της κάνει τη ζωή δύσκολη. Ζητάει τη συμβουλή τους τι να κάνει.
10. Κάποιος από την παρέα καταλαβαίνει ότι έχει ένα φίλο που τον ανταγωνίζεται. Ρωτάει τους φίλους του πώς να αντιδράσει σ' αυτό.
11. Μια φίλη τους βρίσκει μπροστά στην πόρτα της ένα μπουκέτο με λουλούδια. Τους φωνάζει και προσπαθούν όλοι μαζί να λύσουν το μυστήριο.
12. Κάποια είναι ερωτευμένη με ένα φτωχό φοιτητή, αλλά οι πλούσιοι γονείς της δεν τον θέλουν. Τι θα συμβεί, όταν και οι τέσσερις συναντηθούν;

194 Και τώρα ... θέατρο!

Στόχος: Δραστηριότητα για την κατανόηση γραπτού και παραγωγή προφορικού δραματοποιημένου λόγου. Εμπέδωση στη χρήση του αορίστου, του παρατατικού και της προστακτικής.

195 Μια θεατρική παράσταση

Στόχος: Δραστηριότητα για τη συγγραφή και τη δημιουργία μιας θεατρικής παράστασης, με σκοπό την ενθάρρυνση των διαπροσωπικών σχέσεων μεταξύ των σπουδαστών, την ανάπτυξη κλίματος ομαδικότητας και συνεργασίας και την εξάσκηση στον προφορικό και γραπτό λόγο.

Ήφαιστος, Αφροδίτη και Άρης

Αφού διαβάσουν και κατανοήσουν οι σπουδαστές το κείμενο, τους μιλάτε για τη μυθολογία και για τους 12 θεούς του Ολύμπου. Κατόπιν συζητάτε, όλη η τάξη μαζί, πώς θα γράψουν το έργο. Για τη συγγραφή του έργου μπορείτε να υποδείξετε στους σπουδαστές να διασκευάσουν το αφηγηματικό κείμενο, που έχουν στο βιβλίο τους, σε διαλογικό, χωρίς να ξεφύγουν από τις

παραδόσεις της μυθολογίας, αλλά έχοντας την ελευθερία και δυνατότητα τις συγκεκριμένες καταστάσεις να τις μεταφέρουν στη σύγχρονη εποχή. Όσο για τη σκηνοθεσία και τις ενδυμασίες, αφήνετε ελεύθερα τους σπουδαστές σας να δημιουργήσουν. Επίσης, αν θέλουν όλοι οι σπουδαστές της τάξης να παίξουν στην παράσταση, μπορούν να αυθαιρετήσουν κατά τη συγγραφή του έργου και να προσθέσουν κάποιους ρόλους που δεν υπάρχουν στο κείμενο, αλλά βέβαια χωρίς να παραποιούν την υπόθεση και τα γεγονότα.
Κατόπιν χωρίζετε την τάξη σε τέσσερις ομάδες, όσες και οι πράξεις που θα χωρίσετε το θεατρικό έργο.
Διανέμετε στη συνέχεια τους ρόλους, σύμφωνα και με τις επιθυμίες των σπουδαστών και με τη δική σας κρίση ανάλογα με τις ικανότητές τους. Αυτοί που θα γράψουν την κάθε πράξη καλό είναι να την παίξουν και οι ίδιοι, εκτός βέβαια αν κάποιος ρόλος υπάρχει σε όλες τις πράξεις, οπότε αυτός θα παίξει και στις άλλες, όπως εδώ ο Ήφαιστος.
Στην αρχή του έργου αναθέτετε σε κάποιον να γράψει λίγα λόγια σχετικά με την μυθολογία και τους συγκεκριμένους Θεούς, που θα πάρουν μέρος στην παράσταση.
Επίσης, στην αρχή κάθε πράξης καλό είναι ένας αφηγητής, αν είναι δυνατόν ο ίδιος σε όλες τις πράξεις, να εξιστορεί τα γεγονότα, όπως παρουσιάζονται στο κείμενο.
Ακόμη, μπορεί να υπάρχει και ένας παρουσιαστής, ο οποίος θα παρουσιάσει τους ηθοποιούς-σπουδαστές και ποιον ρόλο θα παίζουν.
Καθοδηγείτε τους σπουδαστές σας, στην πρώτη πράξη που θα έχει και μία σκηνή στο παλάτι πάνω στον Όλυμπο, να γράψουν ένα διάλογο ανάμεσα στο Δία, την Ήρα και το μικρό Ήφαιστο.
Η δεύτερη πράξη θα περιλαμβάνει ένα διάλογο ανάμεσα στην Ήρα και το Δία που συζητούν για το πώς θα διορθώσουν το κακό που έκαναν στο παιδί τους. Θα περιλαμβάνει, επίσης, το γάμο του Ήφαιστου με την Αφροδίτη.
Η τρίτη πράξη έχει τέσσερις σκηνές, για τις οποίες οι σπουδαστές θα γράψουν διαλόγους.
1η σκηνή: Στο παλάτι, όπου η Αφροδίτη και ο Ήφαιστος δεν τα πάνε καλά στη συζυγική τους ζωή.
2η σκηνή: Συνάντηση Αφροδίτης - Άρη.
3η σκηνή: Μακριά από το παλάτι, όπου ο Ήλιος μαρτυράει στον Ήφαιστο τις απιστίες της Αφροδίτης.
4η σκηνή: Στο κρεβάτι, η Αφροδίτη, ο Άρης και το αόρατο δίχτυ.
Για την τέταρτη πράξη οι σπουδαστές γράφουν ένα διάλογο ανάμεσα στον Ήφαιστο και τους άλλους Θεούς, που προσπαθούν να τον πείσουν να λύσει το άπιστο ζευγάρι.
Όλα τα παραπάνω είναι κάποιες ιδέες. Εσείς μπορείτε να υιοθετήσετε κάποιο άλλο τρόπο παρουσίασης, χωρισμού των πράξεων και σκηνών και της συγγραφής του έργου.

Σε θεατρικό έργο μπορείτε να διασκευάσετε τα περισσότερα αφηγηματικά κείμενα. Π.χ. Το αφηγηματικό κείμενο «Πώς πήρε το όνομά του το Αιγαίο Πέλαγος», που υπάρχει στην άσκηση 64, μπορεί κάλλιστα να διασκευαστεί σε θεατρικό έργο. Αφήστε τους σπουδαστές σας να δημιουργήσουν μόνοι τους ή καθοδηγήστε τους όσο γίνεται λιγότερο. Η φαντασία τους, η εφευρετικότητα και η δημιουργικότητά τους θα σας καταπλήξουν. Αφήστε τους ελεύθερους και θα δείτε να κάνουν θαύματα. Το μόνο που χρειάζονται είναι εμψύχωση και έπαινος.

196 Ο Βορράς με δύο ρ, αλλά ο βόρειος με ένα

Στόχος: Ορθογραφία λέξεων με δύο όμοια σύμφωνα.

Υπαγορεύετε τις παρακάτω λέξεις στους σπουδαστές σας και τους ζητάτε να γράψουν στην κατάλληλη στήλη όσες απ' αυτές πιστεύουν ότι γράφονται με δύο όμοια σύμφωνα.

Βορράς, ακουμπώ, αγγίζω, συγγενής, παράλληλα, σακούλα, κουκκίδα, βόρειος, πλυμένος, κομμάτι, εσώρουχα, γρίπη, άμμος, κόκαλο, συγγραφέας, καημένος, κόλλα, αναμμένο, αγγελία, θάρρος, καμένη, Πορτογαλία, περισσότερο, καλλιεργώ, εννιακόσια, καταρράκτης, Φίλιππος, ελάττωμα, Πελοπόννησος, κανέλα, εκατομμύριο, καμιά, καλλιτέχνης, Κασσάνδρα, ψαλίδι, Βαγγέλης, καλορίζικο, Ιανουάριος, κολλημένος, βασίλισσα, αλλιώς, Ουγγαρία, ιππόδρομος, ευαγγέλιο, αρραβωνιασμένη, κατάλληλος, Σάββας

Λύσεις

ββ	γγ	κκ	λλ	μμ
Σάββας	αγγίζω	κουκκίδα	παράλληλα	κομμάτι
	συγγενής		κόλλα	άμμος
	συγγραφέας		καλλιεργώ	αναμμένο
	αγγελία		καλλιτέχνης	εκατομμύριο
	Βαγγέλης		κολλημένος	
	Ουγγαρία		αλλιώς	
	ευαγγέλιο		κατάλληλος	

νν	ρρ	ππ	σσ	ττ
εννιακόσια	Βορράς	Φίλιππος	περισσότερο	ελάττωμα
Πελοπόννησος	θάρρος	ιππόδρομος	Κασσάνδρα	
	καταρράκτης		βασίλισσα	
	αρραβωνιασμένη			

197 Ένας διασκεδαστικός τρόπος για να δείτε τον εαυτό σας, όπως σας βλέπουν οι άλλοι!

Στόχος: Δραστηριότητα κατανόησης γραπτού λόγου για την περιγραφή του χαρακτήρα και της προσωπικότητας και την εμπέδωση στα επίθετα και τα τοπικά και τροπικά επιρρήματα.

Ζώδια 198

Στόχος: Δραστηριότητα για παραγωγή γραπτού κειμένου βάσει υποδείγματος. Λεξιλόγιο, σχετικό με το χαρακτήρα και την προσωπικότητα ατόμων, τη διατροφή, την ένδυση και τα χρώματα. Εξάσκηση στα επίθετα και τη συμφωνία ουσιαστικού και επιθέτου.

Ποιο δεν ταιριάζει 199

Στόχος: Άσκηση διαγραφής αταίριαστου νοηματικά επιθέτου, για τη διεύρυνση του λεξιλογίου και την εξάσκηση στη χρήση των επιθετικών προσδιορισμών.

Λύσεις

1. κανονικά
2. ψητά
3. ομιλητικό
4. διαρκές
5. παράλογη
6. αυστηρά
7. αρμονική
8. εργατικός
9. γαλλικός
10. μέτριο
11. κατάλληλο
12. πλήρης
13. αδύνατα
14. άδειοι

Άλλος τρόπος, ίδιο νόημα 200

Στόχος: Άσκηση μετασχηματισμού προτάσεων με αντικατάσταση ιδιωματικών εκφράσεων από άλλα ισοδύναμα στοιχεία, που έχει σκοπό την εξοικείωση των σπουδαστών στη γλωσσική ποικιλία.

Λύσεις

1. Αυτά πέρασαν, ας τα ξεχάσουμε!
2. Τι κάθεσαι χωρίς να κάνεις τίποτε;
3. Ακούω πως ο τελευταίος του δίσκος έχει μεγάλη επιτυχία.
4. Πώς κάνεις έτσι, βρε παιδί μου! Δε γέρασες, είσαι πολύ νέος ακόμα!
5. Φίλε μου, βρίσκεσαι μακριά από την πραγματικότητα, ονειρεύεσαι! Έλα στην πραγματικότητα, πριν να είναι πολύ αργά.
6. Πάλι κλεισμένη μέσα; Βγες λίγο έξω από το σπίτι σου και τη μοναξιά σου!

7. Ντρέπομαι να σ' αντικρίσω μετά τα χθεσινά.
8. Σκεφτόμουν όλη νύχτα, αλλά δεν μπόρεσα να τα ξεμπερδέψω και να καταλήξω κάπου ...
9. Μετά την προαγωγή της σε διευθύντρια, νομίζει ότι είναι σπουδαία, υπερηφανεύεται!
10. Δε νομίζετε ότι κράτησε υπερβολικά αυτό το αστείο;
11. Για πρώτη φορά, που μ΄ έκανες να σε περιμένω και δεν ήρθες, σε συγχωρώ, ...
12. Με ταλαιπώρησε μέχρι να καταφέρω να τον πείσω.

201 Το άλλοθι

Στόχος: Παιχνίδι ρόλων για κατανόηση και παραγωγή προφορικού λόγου με σκοπό την εκμάθηση και εμπέδωση ειδικού λεξιλογίου και καταστάσεων σχετικών με τις έννοιες έγκλημα - φόνος. Εξάσκηση στον αφηγηματικό λόγο και τη χρήση παρελθοντικών χρόνων.

Έχει διαπραχθεί ένα έγκλημα, π.χ. ένας φόνος, μια ένοπλη ληστεία, μια απαγωγή κτλ. Δύο άτομα θεωρούνται ύποπτα, π.χ. για το φόνο, όμως αρνούνται την ενοχή τους. Αυτά τα άτομα ήταν μαζί την ώρα που διαπράχτηκε το έγκλημα, αλλά, όπως λένε, όχι κοντά στον τόπο του εγκλήματος. Όταν συλλαμβάνονται, ισχυρίζονται ότι έχουν ισχυρό άλλοθι. Όλα αυτά συζητιούνται μέσα στην τάξη, παρόντων όλων των σπουδαστών. Κατόπιν οι δύο «ύποπτοι» βγαίνουν έξω από την τάξη και φτιάχνουν μαζί μια ιστορία για να βασίσουν το άλλοθί τους.
– πού ήταν την ώρα του εγκλήματος
– με ποιους ήταν
– ποιους συνάντησαν
– τι έκαναν
– πού πήγαν
– πώς ήταν ο καιρός
– τι ώρα ήταν
– και ό,τι άλλο νομίζουν, εκτός από το ότι ήταν στο σπίτι και κοιμούνταν ή διάβαζαν κτλ.

10 λεπτά είναι αρκετά για να ετοιμάσουν το άλλοθί τους. Την ώρα που αυτοί οι δύο είναι έξω, η υπόλοιπη τάξη ετοιμάζει τις ερωτήσεις που θα υποβάλει στους δύο ύποπτους. Αυτοί μπαίνουν μέσα ένας ένας. Όταν μπαίνει μέσα ο πρώτος, του υποβάλλουν ερωτήσεις . Κάθε σπουδαστής υποβάλλει 2 ερωτήσεις στον ύποπτο. Στη συνέχεια βγαίνει ο πρώτος και μπαίνει ο δεύτερος. Και σ' αυτόν υποβάλλουν ερωτήσεις, τις ίδιες, διαφορετικές, συμπληρωματικές ή διευκρινιστικές. Κατά τη διάρκεια της διαδικασίας οι σπουδαστές κρατούν σημειώσεις. Κατόπιν μπαίνουν οι ύποπτοι, και οι δυο μαζί, και εξετάζονται κατ' αντιπαράθεση. Τότε ζητάτε από τους σπουδαστές να κρίνουν αν οι «συλληφθέντες» είναι ένοχοι, και να εξηγήσουν γιατί, σύμφωνα βέβαια με τις τυχόν αντιφάσεις στις οποίες περιέπεσαν κατά την «ανάκριση».

Έγινε ένας φόνος 202

Στόχος: Παιχνίδι ρόλων για κατανόηση και παραγωγή προφορικού λόγου που αποσκοπεί στην εμπέδωση γνωστού λεξιλογίου και καταστάσεων σχετικών με τις έννοιες *έγκλημα – φόνος*, με χρήση παρελθοντικών χρόνων.

Οι σπουδαστές γνωρίζουν ήδη το λεξιλόγιο το σχετικό με τις έννοιες έγκλημα - φόνος. Υποτίθεται ότι έγινε ένα έγκλημα, που πρέπει να διαλευκανθεί. Πρέπει δηλαδή να ψάξουμε και να βρούμε τον ένοχο. Γι' αυτό ένας σπουδαστής θα κάνει τον αστυνομικό επιθεωρητή και οι υπόλοιποι θα κάνουν τους μάρτυρες. Μόλις, όμως, αποφασιστεί (στην τύχη) ποιος θα παίξει το ρόλο του επιθεωρητή, εσείς του ζητάτε να βγει για λίγο έξω από την αίθουσα ώστε οι υποτιθέμενοι μάρτυρες να συζητήσετε, δήθεν, τις λεπτομέρειες του φόνου. Όταν λοιπόν βγει έξω, εσείς απλώς συμφωνείτε ότι κάθε ερώτησή του που θα τελειώνει σε ένα **φωνήεν**, θα την απαντάτε με **ΝΑΙ**, ενώ κάθε ερώτησή του που θα τελειώνει σε **σύμφωνο**, θα την απαντάτε με **ΟΧΙ**. Στη συνέχεια, δέχεστε μέσα τον επιθεωρητή και του λέτε ότι μπορεί να υποβάλει στους μάρτυρες το πολύ 15 ερωτήσεις, τέτοιες που να απαντιούνται με ΝΑΙ ή ΟΧΙ.

π.χ. *– Το έγκλημα έγινε στην τάξη μα**ς**; – ΟΧΙ.*
*– Το θύμα ήταν γυναίκ**α**; – ΝΑΙ.*
*– Ο δολοφόνος ήταν άντρα**ς**; – ΟΧΙ.*
*– Τα κίνητρα ήταν ερωτικ**ά**; – ΝΑΙ*

Μετά το τέλος της «ανάκρισης», ο αστυνομικός επιθεωρητής θα πρέπει να πει στην τάξη τι κατάλαβε, τι πιστεύει για τα αίτια, το δολοφόνο, τον τόπο και το χρόνο του εγκλήματος. Όλως παραδόξως κάθε φορά που παίζουμε αυτό το παιχνίδι – και παίζεται μία μόνο φορά σε κάθε τάξη – ο ανακριτής καταφέρνει να συνθέσει μια λογικοφανή ιστορία. Το παράξενο γι' αυτόν είναι ότι, καθώς λέει στην τάξη μια ιστορία φόνου, οι υπόλοιποι ... γελάνε. Του αποκαλύπτουμε, λοιπόν, στο τέλος τη μικρή μας απάτη.

Αστυνομική ιστορία 203

Στόχος: Άσκηση κατανόησης και συμπλήρωσης ρηματικών τύπων της μεσοπαθητικής φωνής σε γραπτό αστυνομικό αφήγημα ανάλογου λεξιλογίου.

Λύσεις
... θόρυβο, που **ερχόταν** από ...,
... συνεχιζόταν **να ακούγεται**.

... έπιπλο. **Σηκώθηκα** αρκετά **φοβισμένος** και πήγα ...
... αμέριμνοι **κοιμούνταν**.
... Αμέσως **αντιλήφτηκα** ότι επρόκειτο ...
... η πολυκατοικία **ξεσηκώθηκε** και μερικοί ...
... οι γονείς μου **κατατρομαγμένοι**. Την ώρα ...
... που πρέπει **να είχε ειδοποιηθεί** από τους ...
... έγινε, **διαπιστώθηκε**, ότι έλειπε ...
... που το είχε **αφημένο** δίπλα στην τηλεόραση ...
... ίσα ίσα για **να πληρωθούν** οι λογαριασμοί ...
... εξήγησε ότι **ενημερώθηκε** για την ...
... δηλαδή **συνελήφθηκαν** τρία ύποπτα ...
... εύκολο **να αναγνωριστεί** ο κλέφτης.

Ο κλέφτης είναι ο πρώτος αριστερά που φοράει δύο ρολόγια στα χέρια του.

204 Ρίχνει καρεκλοπόδαρα!

Στόχος: Ασκήσεις αντιστοίχισης λέξεων και εκφράσεων σχετικών με καιρικά φαινόμενα, με εικόνες ανάλογου θεματικού περιεχομένου.

Λύσεις

B

1 = γ, 2 = στ, 3 = ζ, 4 = ε, 5 = α, 6 = β, 7 = ε, 8 = ε, 9 = α, 10 = α, 11 = η, 12 = δ

205 Τι άκουσε και τι κατάλαβε

Στόχος: Άσκηση επιλογής σωστού ή λάθους με θέμα τον καιρό και τα καιρικά φαινόμενα. Εξάσκηση στη γλώσσα και το λεξιλόγιο των εφημερίδων. Γλωσσικά στοιχεία: ενεστώτας και απλός μέλλοντας μεσοπαθητικής φωνής λόγιων ρημάτων.

Λύσεις

	σωστό	λάθος
– Αύριο το πρωί ..		✓
– Προς το μέσον ...	✓	
– Ο καιρός θα ...		✓
– Η επιδείνωση ...		✓
– Κατά τις νυχτερινές ...	✓	
– Η θερμοκρασία ...	✓	
– Από μεθαύριο ...		✓

Πώς θα ζούμε μετά από 50 χρόνια 206

Στόχος: **Α** **Β** **Γ** Ασκήσεις παραγωγής γραπτού λόγου, με βάση πληροφορίες από προφορικό κείμενο, σχετικό με την καθημερινή ζωή και τα επιτεύγματα της επιστήμης στο μέλλον. Ακολουθεί άσκηση συμπλήρωσης κενών.
Γλωσσικά στοιχεία: Εξάσκηση στην επιλογή τέλειου ή ατελούς γραμματικού ποιού ενεργείας σε μελλοντικές πράξεις.

Κείμενο για κατανόηση προφορικού λόγου

Πώς θα ζούμε άραγε μετά από 50 χρόνια; Πολλά λένε κατά καιρούς γι' αυτό το θέμα διάφοροι «προφήτες και μελλοντολόγοι». Άλλα μοιάζουν αρκετά πιθανά και άλλα μας φαίνονται υπερβολές ή και τρελές φαντασιώσεις.
Λένε, λοιπόν, ότι σε κάθε σπίτι θα υπάρχει ένα ρομπότ που θα κάνει όλες τις καθημερινές δουλειές. Δηλαδή θα σκουπίζει τα πατώματα, θα ξεσκονίζει τα έπιπλα και θα δίνει εντολές στο πλυντήριο για το πλύσιμο των ρούχων.
Κι όσο για τα ψώνια, εμείς δε θα χάνουμε πολύτιμο χρόνο ψάχνοντας στα ράφια των σούπερ μάρκετ ή περιμένοντας τη σειρά μας στο ταμείο. Το ρομπότ θα ψωνίζει για μας μέσω του διαδικτύου.
Η ετοιμασία του φαγητού θα πάψει να αποτελεί καθημερινή μας έννοια, αφού κι αυτό θα το

αναλάβει το ρομπότ. Βέβαια, μην περιμένετε ότι θα καθαρίζει φασολάκια ή θα κόβει τη σαλάτα. Απλώς, θα παραγγέλνει φαγητό στις μεγάλες αλυσίδες εστιατορίων και πάλι μέσω του διαδικτύου.

Μέχρι και για να αλλάξουμε κανάλι στην τηλεόραση, δε θα πατάμε εμείς το τηλεχειριστήριο, αλλά το πολύξερο ρομπότ μας.

Πολλοί εργαζόμενοι σε 50 χρόνια δε θα χρειάζεται να πηγαίνουν στις δουλειές τους, γιατί θα δουλεύουν στο σπίτι τους, καθισμένοι μπροστά στον υπολογιστή τους.

Επομένως, οι μετακινήσεις των ανθρώπων θα μειωθούν σημαντικά και έτσι τα κέντρα των πόλεων θα ερημώσουν. Και δε θα είναι μονότονη και κουραστική η ζωή μας μέσα στους 4 τοίχους του καθιστικού μας; Όχι, γιατί αυτοί οι τοίχοι θα είναι «έξυπνοι» και θα αλλάζουν τακτικά χρώμα και διακόσμηση. Δηλαδή, δε θα πηγαίνουμε πουθενά; Και τα αυτοκίνητά μας τι θα τα κάνουμε, θα τα πετάξουμε; Όχι, βέβαια, θα πηγαίνουμε όπου θέλουμε αλλά με αυτοκίνητα πολύ αλλιώτικα από αυτά που έχουμε σήμερα. Οι επιστήμονες θα ανακαλύψουν μια νέα μορφή γεωμαγνητικής ενέργειας, που θα χρησιμοποιούν όλα τα τροχοφόρα για την κίνησή τους, χωρίς να χρειάζεται να καίμε καύσιμα, όπως σήμερα. Θα τρέχουν δηλαδή πάνω σε ειδικούς δρόμους, χωρίς όμως να αγγίζουν το έδαφος. Θα μοιάζουν σα να πετάνε. Πάντως, εσείς μη βιαστείτε να βγάλετε άδεια πιλότου! Προς το παρόν, θα συνεχίσουμε να οδηγούμε και όχι να πιλοτάρουμε!

Το μέλλον θα δείξει τι από όλ' αυτά θα γίνει πραγματικότητα ...

Αφού οι σπουδαστές σας ολοκληρώσουν τις ασκήσεις που έχουν στο βιβλίο τους, μπορείτε, για περαιτέρω εξάσκηση στην επιλογή απλού ή συνεχούς μέλλοντα, να φωτοτυπήσετε τη σελίδα με την άσκηση που ακολουθεί και να τους τη μοιράσετε.

Να διαβάσετε το παρακάτω κείμενο και να συμπληρώσετε στα ρήματα τις καταλήξεις που λείπουν.

Παράδειγμα:

το νερό του πλανήτη μας θα λιγοστ***εύει*** συνέχεια τα επόμενα χρόνια. Επίσης, η θερμοκρασία της γης θα ανεβ***εί*** δραματικά.

Πώς θα ζούμε άραγε μετά από 50 χρόνια; Πολλά λένε κατά καιρούς γι' αυτό το θέμα διάφοροι «προφήτες και μελλοντολόγοι». Άλλα μοιάζουν αρκετά πιθανά και άλλα μας φαίνονται υπερβολές ή και τρελές φαντασιώσεις.

Λένε λοιπόν ότι σε κάθε σπίτι θα υπάρχει ένα ρομπότ που θα κάνει όλες τις καθημερινές δουλειές. Δηλαδή, θα σκουπ_____ τα πατώματα, θα ξεσκον_____ τα έπιπλα και θα δ_____ εντολές στο πλυντήριο για το πλύσιμο των ρούχων.

Κι όσο για τα ψώνια, εμείς δε θα χάν_____ πολύτιμο χρόνο ψάχνοντας στα ράφια των σούπερ μάρκετ ή περιμένοντας τη σειρά μας στο ταμείο. Το ρομπότ θα ψων______ για μας μέσω του διαδικτύου.

Η ετοιμασία του φαγητού θα π_____ να αποτελεί καθημερινή μας έννοια, αφού κι αυτό θα το αναλ_____ το ρομπότ. Βέβαια, μην περιμένετε ότι θα καθαρ______ φασολάκια ή θα κό______ τη σαλάτα. Απλώς, θα παραγγ______ φαγητό στις μεγάλες αλυσίδες εστιατορίων και πάλι μέσω του διαδικτύου.

Μέχρι και για να αλλάξουμε κανάλι στην τηλεόραση, δε θα πατ______ εμείς το τηλεχειριστήριο, αλλά το πολύξερο ρομπότ μας.

Πολλοί εργαζόμενοι σε 50 χρόνια δε θα χρειάζεται να πηγαίνουν στις δουλειές τους, γιατί θα δουλ______ στο σπίτι τους, καθισμένοι μπροστά στον υπολογιστή τους.

Επομένως, οι μετακινήσεις των ανθρώπων θα μειωθούν σημαντικά και έτσι τα κέντρα των πόλεων θα ερημ______. Και δε θα είναι μονότονη και κουραστική η ζωή μας μέσα στους 4 τοίχους του καθιστικού μας; Όχι, γιατί αυτοί οι τοίχοι θα είναι «έξυπνοι» και θα αλλά______ τακτικά χρώμα και διακόσμηση. Δηλαδή, δε θα πηγαίνουμε πουθενά; Και τα αυτοκίνητά μας τι θα τα κάνουμε, θα τα πετ______; Όχι, βέβαια, θα πηγαίνουμε όπου θέλουμε αλλά με αυτοκίνητα πολύ αλλιώτικα από αυτά που έχουμε σήμερα. Οι επιστήμονες θα ανακαλ_______ μια νέα μορφή γεωμαγνητικής ενέργειας, που θα χρησιμοπ______ όλα τα τροχοφόρα για την κίνησή τους, χωρίς να χρειάζεται να καίμε καύσιμα, όπως σήμερα. Θα τρέ______ δηλαδή πάνω σε ειδικούς δρόμους, χωρίς όμως να αγγίζουν το έδαφος. Θα μοιάζουν σα να πετάνε. Πάντως, εσείς μη βιαστείτε να βγάλετε άδεια πιλότου! Προς το παρόν, θα συνεχί______ να οδηγούμε και όχι να πιλοτάρουμε!

Το μέλλον θα δεί______ τι από όλ' αυτά θα γίνει πραγματικότητα …

Τα ζάρια λένε το μέλλον σας … 207

Στόχος: **Α** Παιχνίδι για την κατανόηση και παραγωγή γραπτού και προφορικού λόγου. Η θεματική περιοχή και το λεξιλόγιό του αφορούν τις σπουδές, την καριέρα, την προσωπική ζωή και τα καθημερινά προβλήματα. Εξάσκηση στους μελλοντικούς και παρελθοντικούς χρόνους.

Β «Γυρίζω τις πλάτες μου στο μέλλον». Τραγούδι, όπου αναπτύσσεται μια άποψη και θέση ζωής σχετικά με το παρόν και το μέλλον.

■■■

Α Ετοιμάζετε 4 σετ καρτών (Α-Β-Γ-Δ), με διαφορετικό χρώμα χαρτόνι το κάθε σετ. Στη μία όψη κολλάτε τις προτάσεις, οι οποίες αναφέρουν στο τι θα συμβεί στους σπουδαστές στο μέλλον. Στην πίσω όψη της κάθε κάρτας κολλάτε τους αριθμούς από το 2 ως το 12. Το κάθε χρώμα αντιπροσωπεύει από έναν συγκεκριμένο τομέα (**Α:** Σπουδές στο πανεπιστήμιο, **Β:** Καριέρα, **Γ:** Προσωπική ζωή, **Δ:** Να προσέχεις …). Παίρνετε επίσης δύο ζάρια.

Κάθε σπουδαστής ρίχνει τα δύο ζάρια 4 φορές και, ανάλογα με τις ζαριές που θα φέρει, παίρνει τις αντίστοιχες κάρτες. Τις διαβάζει φωναχτά σε όλη την τάξη, αναφερόμενος στον εαυτό του.

π.χ.

Α 12 ➜ *Είμαι τεμπέλης. Θα είμαι αιωνόβιος φοιτητής.*

Β 2 ➜ *Θα με κλείσουν δύο χρόνια στη φυλακή για μια παρανομία που θα κάνω στη δουλειά μου.*

Γ 3 ➜ ...

Δ 7 ➜ ...

Μόλις τελειώσει, αφήνει τις κάρτες στη θέση τους για να χρησιμοποιηθούν από όλους τους υπόλοιπους σπουδαστές με τη σειρά.
Μετά ζητάτε από τον καθένα να γράψει ένα μικρό κείμενο, όπου θα εξιστορεί αν πράγματι του συνέβησαν αυτά που είπαν τα ζάρια για τον εαυτό του, αφού υποθέσουμε ότι έχουν περάσει πολλά χρόνια.

2	**8**
3	**9**
4	**10**
5	**11**
6	**12**
7	

Α
Σπουδές στο Πανεπιστήμιο

7. Θα ανακαλύψεις ότι μισείς την επιστήμη που διάλεξες και θα τα βάψεις μαύρα.

2. Θα γίνεις μαμά/ μπαμπάς και θα διακόψεις τις σπουδές σου.

8. Είσαι τυχερός. Θα παίρνεις κάθε χρόνο υποτροφία.

3. Θα έχεις ένα ατύχημα μια μέρα πριν από τις εξετάσεις. Θα σπάσεις το χέρι σου και θα αναγκαστείς να δώσεις προφορικές εξετάσεις, παρόλο που τις τρέμεις.

9. Θα σπουδάσεις την επιστήμη που σε ενδιαφέρει και που εσύ τη διάλεξες σύμφωνα με το ταλέντο σου.

4. Θα είσαι ο χειρότερος σπουδαστής στην τάξη σου.

10. Θα δυσκολευτείς να τελειώσεις τις σπουδές σου, λόγω οικονομικών προβλημάτων.

5. Θα είσαι πολύ τυχερός, γιατί θα πάρεις 10 στις εξετάσεις, αν και δε διάβαζες πολύ.

11. Θέλεις να γίνεις πρωθυπουργός στη χώρα σου. Διάβαζε και θα τα καταφέρεις.

6. Θα σε διώξουν από τη Σχολή σου, γιατί η συμπεριφορά σου ήταν απρεπής.

12. Είσαι τεμπέλης. Θα είσαι αιωνόβιος φοιτητής.

B **Καριέρα**	**7. Θα διαπρέψεις ως επιστήμονας. Προσπάθησε. Το βραβείο Νόμπελ είναι δικό σου.**
2. Θα σε κλείσουν για δύο χρόνια στη φυλακή για μια παρανομία που θα κάνεις στη δουλειά σου.	**8. Αν βρεις έναν/μία σύντροφο που να σε βοηθήσει οικονομικά στην αρχή της καριέρας σου, θα τα καταφέρεις. Αν όχι, σε περιμένουν μαύρες μέρες.**
3. Θα βρεις μια/έναν πλούσια/-ο νύφη/γαμπρό και τότε τι να την κάνεις την καριέρα;	**9. Η δουλειά σου θα αποδίδει, αλλά δε θα είσαι σε θέση να βάλεις μια τάξη στα οικονομικά σου.**
4. Παρά τις προσπάθειές σου, θα γίνεις ένας μίζερος υπαλληλάκος.	**10. Διώξε το άγχος, και όλα θα πάνε καλά στην καριέρα σου.**
5. Τη μέρα που θα πάρεις το πτυχίο σου θα σου πέσει το λαχείο και έτσι θα περάσεις την υπόλοιπη ζωή σου χωρίς να δουλεύεις.	**11. Με πλάγια μέσα και με τις πλάτες άλλων μη περιμένεις να πας μπροστά. Αγωνίσου μόνος σου.**
6. Αν και θα σπουδάσεις, θα ψάχνεις συνέχεια για δουλειά, δε θα σε ικανοποιεί καμία και έτσι θα ανοίξεις ένα ταβερνάκι.	**12. Η φιλοδοξία σου θα σε οδηγήσει πολύ ψηλά.**

Γ **Προσωπική ζωή**	**7. Θα έχεις ένα μακροχρόνιο δεσμό, αλλά μην περιμένεις αποτέλεσμα.**
2. Θα μείνεις ανύπαντρος/-η, αλλά ευτυχισμένος/-η.	**8. Θα ζήσεις ως τα βαθιά γεράματα ευτυχισμένος/-η με τον/την σύντροφό σου, τα παιδιά σου και τα εγγόνια σου.**
3. Θα γνωρίσεις τον άντρα/ τη γυναίκα των ονείρων σου.	**9. Θα αλλάζεις συνέχεια συντρόφους και δε θα είσαι ποτέ ικανοποιημένος/-η.**
4. Θα κάνεις μια ευτυχισμένη οικογένεια με 7 παιδιά.	**10. Στον αισθηματικό τομέα η ζωή σου θα κυλήσει ουδέτερα.**
5. Ο/η σύντροφός σου θα τα φτιάξει με τον/την καλύτερο/-η φίλο/-η σου.	**11. Μια παλιά σου γνωριμία προς το τέλος της ζωής σου θα ξυπνήσει μέσα σου πρωτόγνωρα συναισθήματα. Μην αφήσεις αυτήν την ευκαιρία να πάει χαμένη.**
6. Θα παντρευτείς τρεις φορές στη ζωή σου.	**12. Η τάση σου να μη παίρνεις στα σοβαρά τις σχέσεις σου είναι καταστροφική. Σοβαρέψου και όλα θα πάνε καλά.**

Δ

Να προσέχεις...

7. Θα βρεθείς σε αεροπλάνο, όπου θα γίνει αεροπειρατεία, αλλά εσύ θα γλιτώσεις.

2. Θα πας για σαφάρι και θα σε κυνηγήσουν τα άγρια ζώα. Θα γλιτώσεις παρά τρίχα.

8. Με την αφέλεια που έχεις θα βρεθείς κατηγορούμενος/-η για εμπόριο ναρκωτικών, χωρίς να έχεις κάνει τίποτα.

3. Θα σου κλέψουν την καινούρια σου κόκκινη Πόρσε. Αλλά μη στενοχωριέσαι, θα τη βρεις μια μέρα χωρίς πόρτες και καθίσματα.

9. Θα προσπαθήσουν να σε ληστέψουν τρεις φορές. Πάρε τα μέτρα σου.

4. Πρόσεχε τις γλάστρες, μη σου πέσει καμιά από κανένα μπαλκόνι.

10. Θα σε προδώσει ο/η καλύτερός/-ή σου φίλος/-η. Προσπάθησε να κάνεις καλύτερες επιλογές.

5. Θα μείνεις ναυαγός σε ένα ερημονήσι για μια βδομάδα με μια/ένα πανέμορφη/-ο σταρ του κινηματογράφου και θα κλαίτε τη μοίρα σας!!!

11. Μην αδυνατίσεις άλλο. Από την αδυναμία θα σου πέσει το παντελόνι στη μέση του δρόμου.

6. Θα σε απαγάγουν για λύτρα, αλλά κανένας από τους φίλους και δικούς σου δε θα τα δώσει. Προσπάθησε να το σκάσεις!

12. Αλεξίπτωτο, ποτέ! Εντάξει, σου αρέσει, αλλά πρόσεξε, θα φας τα μούτρα σου!

208 Ορθογραφία - Φθόγγοι

Στόχος: Ασκήσεις ορθογραφίας λέξεων με **σ** ή **ζ**, **γ** ή **χ** και με διαλυτικά.

Υπαγορεύετε τις παρακάτω λέξεις στους σπουδαστές σας και τους ζητάτε να γράψουν στην κατάλληλη στήλη, μόνο τις λέξεις που περιέχουν τα γράμματα **σ**, **ζ**, και **γ**, **χ**.

Α Λέξεις με σ ή ζ

κάθισμα, σφαίρα, μαζεύω, κόσμος, διεύθυνση, ψηφίζω, σβήνω, εξερευνώ, σγουρός, ψύξη, σβούρα, ζευγάρι, αγγίζω, εξαφανίζομαι, Σμαρούλα, ψέμα, χτενισμένος, χτενίζομαι, Εγγλέζα, σβησμένος, σχέδιο, ζωολογία, αισθάνομαι, ζαλίζομαι, θαυμάζω, αγκαλιάζω, κατασκευή, δυστυχώς, σπάνιος

Λύσεις

σ	ζ
1. κάθι**σ**μα	1. μα**ζ**εύω
2. **σ**φαίρα	2. ψηφί**ζ**ω
3. κό**σ**μος	3. **ζ**ευγάρι
4. διεύθυν**σ**η	4. αγγί**ζ**ω
5. **σ**βήνω	5. εξαφανί**ζ**ομαι
6. **σ**γουρός	6. χτενί**ζ**ομαι
7. **σ**βούρα	7. Εγγλέ**ζ**α
8. **Σ**μαρούλα	8. **ζ**ωολογία
9. χτενι**σ**μένος	9. **ζ**αλίζομαι
10. **σ**βησμένος	10. θαυμά**ζ**ω
11. **σ**χέδιο	11. αγκαλιά**ζ**ω
12. αι**σ**θάνομαι	
13. κατα**σ**κευή	
14. δυ**σ**τυχώς	
15. **σ**πάνιος	

Β Λέξεις με γ ή χ

πετυχαίνω, ποιος, νύχτα, ευτυχία, μάτια, παχιά, παιδιά, καινούριος, ιατρική, γλυκές, ελεγκτής, καρδιά, τοίχος, ευγενικός, αχτένιστος, ευχαριστημένος, μεριά, οικογένεια, καλοκαίρια, παιχνίδι, πανούργος, κεριά, αγκαλιά, λήγω, αγνός, κατάληξη

Λύσεις

γ	χ
1. **γ**λυκές	1. πετυ**χ**αίνω
2. ελε**γ**κτής	2. νύ**χ**τα
3. ευ**γ**ενικός	3. ευτυ**χ**ία
4. οικο**γ**ένεια	4. πα**χ**ιά
5. πανούρ**γ**ος	5. τοί**χ**ος
6. α**γ**καλιά	6. α**χ**τένιστος
7. λή**γ**ω	7. ευ**χ**αριστημένος
8. α**γ**νός	8. παι**χ**νίδι

Γ Λέξεις με διαλυτικά

Λύσεις

προϊστορικός, Ταϊπέι, Δοϊράνη, Μάιος, θεϊκός, βοήθεια, ευρωπαϊκός, ιστιοπλοΐα, ευφυΐα, χαϊδεύω, νεράιδα, καφεΐνη, αηδόνι, άυλος, εμποροϋπάλληλος, ταΐζω, 28 Μαΐου, γάιδαρος, άυπνος, αήττητος, γαϊδούρι, Αγλαΐα, καλοζωία, υιοθετώ

Αισώπειοι μύθοι και επιμύθια 209

Στόχος: Άσκηση αντιστοίχισης μύθων και επιμυθίων για κατανόηση γραπτού και παραγωγή προφορικού λόγου.

Χωρίζετε την τάξη σε μικρές ομάδες των δύο ή τριών σπουδαστών. Φωτοτυπείτε τους μύθους και μοιράζετε από έναν σε κάθε ομάδα. Στο βιβλίο τους οι σπουδαστές έχουν μόνο τα επιμύθια.

Αφήνετε τις ομάδες να διαβάσουν τους μύθους για δέκα λεπτά και μετά ζητάτε από την πρώτη ομάδα να διηγηθεί τον μύθο που έχει μελετήσει. Οι υπόλοιποι σπουδαστές προσπαθούν να βρουν ποιο επιμύθιο ταιριάζει στο μύθο. Επαναλαμβάνεται το ίδιο με όλες τις ομάδες και όλες τις ιστορίες.

Κερδίζουν οι ομάδες που θα διηγηθούν καλά τους μύθους, ώστε εύκολα οι άλλοι να βρουν τα επιμύθια.

Η ίδια άσκηση μπορεί να γίνει με άρθρα από εφημερίδες και με μπερδεμένους τους τίτλους.

1. Ο κόρακας και η αλεπού

Ένας κόρακας άρπαξε ένα κομμάτι κρέας και πήγε κι έκατσε πάνω σ' ένα δέντρο. Μια αλεπού που τον είδε, ήθελε να βάλει στο χέρι το κρέας και γι' αυτό στάθηκε από κάτω και τον επαινούσε ότι ήταν μεγαλόσωμος και όμορφος. Επίσης, του έλεγε ότι θα έπρεπε να ήταν ο βασιλιάς των πουλιών και ότι αυτό θα γινόταν σίγουρα, αν είχε και φωνή. Κι αυτός θέλοντας να της δείξει ότι έχει και φωνή, άφησε το κρέας να του πέσει και φώναξε δυνατά. Εκείνη όρμησε, άρπαξε το κρέας και είπε: «Ε, κόρακα, αν είχες και μυαλό, δε θα σου 'λειπε τίποτα να γίνεις βασιλιάς των πουλιών».

---

2. Το ερωτευμένο λιοντάρι και ο γεωργός

Ένα λιοντάρι ερωτεύτηκε την κόρη ενός γεωργού και πήγε στον πατέρα της να τη ζητήσει. Αυτός όμως, επειδή δεν ήθελε να δώσει το κορίτσι του σ' ένα θηρίο αλλά δεν μπορούσε, από φόβο να του την αρνηθεί, να τι σκέφτηκε. Του είπε ότι τότε μόνο θα του τη δώσει, αν βγάλει πρώτα τα δόντια του και κόψει τα νύχια του, γιατί το κορίτσι τα φοβάται. Αυτό, ερωτευμένο όπως ήταν, δέχτηκε πρόθυμα την απαίτηση του γεωργού. Όταν λοιπόν φανερώθηκε μπροστά του ο γαμπρός, χωρίς δόντια και νύχια, ο γεωργός άρχισε να τον κυνηγάει με το ρόπαλο και τον έδιωξε.

---

3. Γάτος και κότες

Ένας γάτος, όταν άκουσε ότι σε μια αγροτική κατοικία ήταν άρρωστες οι κότες, βάφτισε τον εαυτό του γιατρό, πήρε τα ανάλογα εργαλεία της επιστήμης, έφτασε εκεί και, αφού στάθηκε μπροστά στην αγροικία, τις ρωτούσε πώς πάνε. Κι αυτές απάντησαν: «Καλά, αν εσύ ξεκουμπιστείς από δω».

4. Ο ψεύτης βοσκός

Ένας βοσκός που έβγαζε το κοπάδι του για βοσκή έξω από κάποιο χωριό, μόλις βρισκόταν κάπως μακριά, έκανε το εξής παιχνίδι: φώναζε τους χωριάτες να τον βοηθήσουν, επειδή τάχα λύκοι είχαν ορμήσει στα πρόβατά του. Δυο και τρεις φορές τρόμαξαν οι χωριάτες και βγήκαν τρεχάτοι απ' το χωριό, αλλά γύρισαν γελασμένοι. Κάποτε όμως, όρμησε ένας λύκος στ' αλήθεια. Καθώς αυτός κατασπάραζε το κοπάδι, ο βοσκός φώναζε βοήθεια, αλλά οι χωριάτες νόμισαν πως αστειευόταν πάλι και δεν έδωσαν σημασία. Κι έτσι ο βοσκός έχασε όλα τα πρόβατά του.

5. Ροδιά, μηλιά και βάτος

Η ροδιά και η μηλιά μάλωναν για το ποια από τις δύο παράγει τους περισσότερους καρπούς. Επειδή άναψε μεγάλος καβγάς, ένας βάτος από το φράχτη δίπλα που τις άκουσε, είπε: «Φίλες μου, ας σταματήσουμε επιτέλους να μαλώνουμε μεταξύ μας».

6. Μεσόκοπος άντρας και ερωμένες

Ένας μεσόκοπος άντρας είχε δύο ερωμένες, μια νέα και μια γριά. Η γριά ντρεπόταν να είναι με νεότερό της και γι' αυτό του ξερίζωνε τις μαύρες τρίχες, όταν πήγαινε κοντά της. Κι η νεότερη, που ήθελε να μη φαίνεται πως έχει γέρο εραστή, του ξερίζωνε τις γκρίζες. Κι έτσι κατάντησε φαλακρός, αφού τον μαδούσαν και οι δύο.

7. Δίας και άνθρωποι

Αφού έπλασε τους ανθρώπους ο Δίας, πρόσταξε τον Ερμή να χύσει μέσα τους νου. Κι εκείνος έφτιαξε ένα μετράδι κι έχυνε στον καθένα ίση ποσότητα. Τότε οι μικρόσωμοι, επειδή γέμισαν με τη δόση αυτή, έγιναν έξυπνοι, ενώ οι ψηλοί, επειδή το υγρό έφτασε μόνο ως τα γόνατά τους, έγιναν κουτοί.

---

8. Ερμής και γλύπτης

Ο Ερμής ήθελε να μάθει πόσο τον εκτιμούσαν οι άνθρωποι. Έτσι, μεταμορφώθηκε σε άνθρωπο και πήγε στο εργαστήρι ενός γλύπτη. Βλέποντας ένα άγαλμα του Δία, ρώτησε: «Πόσο κάνει;» Κι ο άλλος απάντησε: «Μια δραχμή». Γέλασε ο Ερμής και ρώτησε: «Πόσο κάνει το άγαλμα της Ήρας;» Ο άλλος του απάντησε: «Κάτι παραπάνω.» Τότε είδε ένα δικό του άγαλμα και, νομίζοντας ότι οι άνθρωποι θα τον είχαν περί πολλού, μια και ήταν αγγελιοφόρος, ξαναρώτησε: «Πόσο κάνει;» κι ο γλύπτης απάντησε: «Αν αγοράσεις τα άλλα δύο, αυτό θα σου το δώσω τσάμπα.»

---

9. Γυναίκα και κότα

Μια χήρα είχε μια κότα, που της γεννούσε ένα αυγό κάθε μέρα. Κάποτε σκέφτηκε ότι, αν της δίνει περισσότερη τροφή, η κότα θα γεννάει δυο φορές τη μέρα. Έτσι και έκανε. Η κότα όμως έγινε χοντρή και δεν μπορούσε να γεννήσει ούτε μια φορά.

Λύσεις

α = 8, β = 2, γ = 3, δ = 4, ε = 5, στ = 6, ζ = 9, η = 7, θ = ι

Εφημερίδα 210

Στόχος: **A** **B** Ασκήσεις για κατανόηση γραπτών αποσπασμάτων από τον ημερήσιο τύπο. Εξάσκηση στη γλώσσα των εφημερίδων πάνω σε συγκεκριμένη θεματολογία και λεξιλόγιο, όπως την πολιτική, τον πολιτισμό, την παιδεία κτλ.

Λύσεις

A

2	πολιτική
6	πολιτισμός - τέχνη
	διατροφή
7	κοινωνικά
	οικονομία
5	μικρές αγγελίες
4	παιδεία
	αθλητικά
	υγεία
1	δελτίο καιρού
3	οικολογία
	διαφήμιση
	αστυνομικό δελτίο

B

Χωρίζετε τους σπουδαστές σας σε ομάδες και ζητάτε από κάθε ομάδα να βρει από ένα μικρό άρθρο ή είδηση από τις εφημερίδες. Κάθε ομάδα φέρνει στην τάξη το απόκομμά της, το περιεχόμενο του οποίου δε γνωρίζουν οι άλλες ομάδες και διαβάζει στις υπόλοιπες **μόνο τον τίτλο**. Οι άλλες ομάδες προσπαθούν να μαντέψουν το περιεχόμενο της είδησης ή του άρθρου. Αφού πουν όλες πώς φαντάζονται το περιεχόμενο, διαβάζεται το άρθρο, συγκρίνεται και συζητιέται. Κερδίζει η ομάδα που πλησίασε περισσότερο στο άρθρο της εφημερίδας. Στη συνέχεια επαναλαμβάνεται η ίδια διαδικασία και με τις άλλες ομάδες.
Αν θέλετε, μπορείτε εσείς να διαλέξετε άρθρα ή ειδήσεις με χιουμοριστικούς ή αινιγματικούς τίτλους, να τα μοιράσετε στις ομάδες και να ακολουθήσετε την προηγούμενη διαδικασία.

211 Λύσεις για το κυκλοφοριακό χάος

Στόχος: Άσκηση αντιστοίχισης για την κατανόηση γραπτού λόγου και την αντιπαραβολή της καθομιλούμενης και της γλώσσας του τύπου. Λεξιλόγιο σχετικό με τις έννοιες κυκλοφορία – προβλήματα κυκλοφορίας.

Λύσεις

α	1
β	Δ
γ	8
δ	Δ
ε	Δ
στ	6
ζ	Δ
η	4
θ	Δ
ι	3
ια	5
ιβ	2
ιγ	7

212 Τι γνώμη έχετε;

Στόχος: Δραστηριότητα κατανόησης προφορικού και γραπτού λόγου με σκοπό την ανταλλαγή πληροφοριών, την έκφραση απόψεων, κρίσεων. συμφωνίας ή διαφωνίας σχετικά με αφηρημένες έννοιες, αξίες, θεσμούς κτλ.

Διαβάζετε τις απόψεις για γενικά θέματα και ζητάτε από τους σπουδαστές να σημειώσουν με ένα ✓ για το κάθε θέμα, αν συμφωνούν (5) ή διαφωνούν (1). Οι τρεις ενδιάμεσες στήλες τούς δίνουν το δικαίωμα να έχουν τις επιφυλάξεις τους.
Ζητάτε από ένα σπουδαστή να πει έναν αριθμό από το 1 ως το 14. Διαβάζετε ξανά την πρόταση που αντιστοιχεί στον αριθμό που διάλεξε. Όλοι οι σπουδαστές βλέπουν τι σημείωσαν και το συζητούν μεταξύ τους. Ενθαρρύνετε τις διαφωνίες, ώστε να γίνει έντονη συζήτηση. Έτσι συνεχίζετε μέχρι να διαβαστούν όλες οι προτάσεις.

Στο τέλος, ρωτάτε τους σπουδαστές ποια θέματα προκάλεσαν τη μεγαλύτερη συζήτηση.

1. Οι άντρες πρέπει να έχουν περισσότερα δικαιώματα από τις γυναίκες. (ΙΣΟΤΗΤΑ)
2. Το πιο σπουδαίο πράγμα στη ζωή είναι τα λεφτά που κερδίζεις. (ΧΡΗΜΑΤΑ)
3. Πρέπει να φροντίσεις τους γονείς σου, όταν γεράσουν, ακόμα και αν πρέπει ο ένας ή και οι δύο να ζήσουν μαζί σου. (ΓΟΝΕΙΣ)
4. Οι ξένοι που ζουν σε μια χώρα δεν πρέπει να έχουν ίσο δικαίωμα στην εργασία. (ΔΙΑΚΡΙΣΕΙΣ)
5. Όποιος αγαπάει, ζηλεύει. (ΑΓΑΠΗ)
6. Ένας άντρας μπορεί να παντρευτεί μια γυναίκα πολύ νεότερή του, αλλά όχι και μια γυναίκα έναν άντρα πολύ νεότερό της. (ΓΑΜΟΣ)
7. Είναι αδύνατο να έχεις μια επιτυχημένη σταδιοδρομία και συγχρόνως μια ευτυχισμένη οικογένεια. (ΚΑΡΙΕΡΑ - ΟΙΚΟΓΕΝΕΙΑ)
8. Δεν πειράζει να κάνεις λάθη στα ελληνικά, εφόσον οι άνθρωποι σε καταλαβαίνουν. (ΓΛΩΣΣΑ)
9. Ο άνθρωπος που πάσχει από μια αθεράπευτη αρρώστια πρέπει να έχει το δικαίωμα ευθανασίας. (ΘΑΝΑΤΟΣ)
10. Η ποινή του θανάτου πρέπει να καταργηθεί σε όλες τις χώρες του κόσμου. (ΕΓΚΛΗΜΑΤΑ - ΠΟΙΝΕΣ)
11. Οι άνθρωποι πρέπει να κάνουν πολλά παιδιά. (ΓΕΝΝΗΣΕΙΣ)
12. Τα παιδιά μαθαίνουν από το παράδειγμα του τρόπου ζωής των γονιών τους. (ΑΓΩΓΗ)
13. Τα αστέρια του τραγουδιού, του κινηματογράφου και του αθλητισμού δεν πρέπει να παίρνουν τόσο πολλά λεφτά. (ΑΜΟΙΒΗ)
14. Πρώτα απ' όλα πρέπει να φροντίζεις να είναι ευτυχισμένοι οι γύρω σου και μετά ο εαυτός σου. (ΠΡΟΤΕΡΑΙΟΤΗΤΕΣ)

Ηθικοί ενδοιασμοί 213

Στόχος: Παιχνίδι ψυχολογίας για την κατανόηση γραπτού και προφορικού λόγου και την παραγωγή προφορικού, κατάλληλο για επανάληψη και εμπέδωση όλων των διδαγμένων γλωσσικών στοιχείων.

Ετοιμάζετε τις κάρτες με τους ηθικούς ενδοιασμούς. Ετοιμάζετε επίσης κάρτες με **ΝΑΙ** και με **ΟΧΙ**, διπλάσιες σε αριθμό από τους σπουδαστές σας. Ο κάθε σπουδαστής παίρνει 3 κάρτες με ηθικούς ενδοιασμούς και στην τύχη μια κάρτα με ΝΑΙ ή με ΟΧΙ. Οι σπουδαστές διαβάζουν τις κάρτες τους και, ανάλογα με το ΝΑΙ ή το ΟΧΙ που τους έτυχε, ψυχολογούν και κρίνουν ποιος από τους συμφοιτητές τους θα απαντήσει στην ερώτησή τους καταφατικά ή αρνητικά, οπότε και απευθύνουν σ' αυτόν το σπουδαστή τον ηθικό ενδοιασμό που είναι γραμμένος σε μια από τις 3 κάρτες που έχουν. Αν η απάντησή του άλλου σπουδαστή είναι η αναμενόμενη, απαλλάσσονται από τη συγκεκριμένη κάρτα. Εσείς παίρνετε την κάρτα, και αυτοί αλλάζουν μόνο την κάρτα με το ΝΑΙ ή ΟΧΙ με μία άλλη, που παίρνουν από το πακέτο στην τύχη. Σε περίπτωση που η απάντηση του συμφοιτητή τους είναι αντίθετη από την κάρτα με το ΝΑΙ ή ΟΧΙ που έχουν στο χέρι τους, χάνουν, και τους δίνετε άλλη μια κάρτα από το πακέτο με τους ηθικούς ενδοιασμούς. Υπάρχει ακόμα ένας κανόνας εδώ: Αν αυτός που κάνει την ερώτηση αντιληφθεί ότι ο συμφοιτητής του απάντησε χωρίς ειλικρίνεια, έχει δικαίωμα να θέσει το θέμα υπόψη των υπόλοιπων συμφοιτητών του, οπότε αν τα 3/4 της τάξης κρίνουν ότι ο συμφοιτητής τους απάντησε παραπλανητικά, φορτώνεται αυτός πια μία επιπλέον κάρτα. Το παιχνίδι κάνει το γύρο της τάξης, ώστε όλοι οι σπουδαστές να ρωτήσουν από μία φορά, ακολουθώντας την προηγούμενη διαδικασία.

Νικητής είναι αυτός ο σπουδαστής που, ψυχολογώντας σωστά τους συμφοιτητές του, απαλλάσσεται πρώτος από τις τρεις κάρτες του.

Αν ο αριθμός των σπουδαστών σας είναι μικρός, μπορείτε να παίξετε το παιχνίδι δύο φορές. Αν πάλι δείξουν μεγάλο ενδιαφέρον, μπορείτε να φτιάξετε δικές σας κάρτες με αντίστοιχου περιεχομένου ερωτήσεις ή, ακόμα καλύτερα, να ετοιμάσουν οι ίδιοι οι σπουδαστές ερωτήσεις, τις οποίες εσείς διορθώνετε και γράφετε σε κάρτες.

Οι ερωτήσεις που ακολουθούν είναι 87, έτσι ώστε να δώσετε από 3 κάρτες σε μια εικοσαμελή τάξη και να περισσέψουν 27 για αυτούς που χάνουν. Οι κάρτες με το ΝΑΙ και το ΟΧΙ είναι 10, φωτοτυπήστε τη σελίδα τόσες φορές ώστε να έχετε διπλάσιο αριθμό καρτών από τους σπουδαστές σας.

Οι κάρτες με τους ηθικούς ενδοιασμούς

Κάποια είναι ερωτευμένη μαζί σας και σας έχει ζητήσει πολλές φορές να βγείτε μαζί, εσάς όμως δε σας αρέσει καθόλου. Σήμερα, που σας το ξαναλέει, δεν έχετε καμιά δικαιολογία. Της λέτε στα ίσια ότι δε θα βγείτε ποτέ μαζί της;

Συναντάτε μετά δέκα χρόνια την πρώτη σας αγάπη. Τώρα έχετε μια άλλη σχέση και είστε ευτυχισμένος, αλλά και την πρώτη σας αγάπη δεν την έχετε ξεχάσει όλα αυτά τα χρόνια. Θα θελήσετε να την ξαναδείτε κάπου μόνος σας;

Αν στο λεωφορείο αντιληφθείτε ότι ένας πορτοφολάς κλέβει το πορτοφόλι ενός επιβάτη, θα το αναφέρετε;

Γράφετε τεστ. Ο χρόνος σας είναι μετρημένος, εσείς όμως είστε διαβασμένος και μπορείτε να βάλετε τα δυνατά σας να πετύχετε πολύ καλό βαθμό. Ο διπλανός σας όμως κινδυνεύει να μην περάσει και σας ψιθυρίζει συνέχεια ερωτήσεις. Θα τον βοηθήσετε, όπως μπορείτε;

Αν είστε καλεσμένος και σας σερβίρουν ένα φαγητό υπερβολικά αλατισμένο, θα το φάτε από ευγένεια;

Πεθαίνετε από την κούραση και το μόνο που θέλετε είναι να κοιμηθείτε. Ο φίλος σας, σας τηλεφωνεί και σας ζητάει τη βοήθειά σας, Θα πάτε στο σπίτι του;

Αν σε ένα πάρτι η διπλανή σας τύχει να είναι ντυμένη με τα ίδια μ' εσάς ρούχα, θα προσπαθήσετε να αλλάξετε θέση;

Αν είχατε πολλά παιδιά, θα τα αγαπούσατε όλα εξίσου;

Έχετε παχύνει και τώρα διαβάζετε για τις εξετάσεις. Κοντά στο σπίτι σας υπάρχουν πολλά φαστφουντάδικα, και μπορείτε να κάνετε παραγγελίες. Ξέρετε όμως ότι αυτά τα φαγητά δεν είναι υγιεινά. Θα χάσετε την ώρα σας μαγειρεύοντας κάτι πιο υγιεινό;

Οδηγώντας μόνη σας με το αυτοκίνητό σας, βρίσκετε έναν άντρα που κάνει οτοστόπ. Είναι αρκετά βρόμικος και έχει μακριά μαλλιά. Τον παίρνετε στο αυτοκίνητο;

Δεν καπνίζετε και δε σας αρέσει καθόλου το κάπνισμα. Η κοπέλα σας καπνίζει και σας υποσχέθηκε ότι θα κόψει το κάπνισμα, αλλά ακόμα τίποτα δεν έχει γίνει, εκτός από υποσχέσεις. Θα χωρίσετε γι' αυτό το λόγο;

Κάνετε δίαιτα, αλλά βλέπετε ότι στο Mac Donald's έχει μια καταπληκτική προσφορά. Σπάζετε τη δίαιτα;

Αύριο έχετε τεστ και πρέπει να διαβάσετε. Ένας φίλος σας, που έχετε πολύ καιρό να τον δείτε, σας τηλεφωνάει και σας ζητάει να πάτε μαζί του σε μια ταβέρνα. Θα παρατήσετε το διάβασμά σας;

Ξυπνάτε ύστερα από μια τρελή νύχτα που ήσασταν πάρα πολύ μεθυσμένη και ανακαλύπτετε έναν ξένο στο κρεβάτι σας. Τον αφήνετε να συνεχίσει τον ύπνο του;

Αν κερδίσετε δέκα εκατομμύρια στο λαχείο, θα χαρίσετε τα μισά για ένα φιλανθρωπικό σκοπό;

Αν γινόταν πόλεμος στην Ελλάδα κι εσείς ήσασταν στην τελευταία χρονιά των σπουδών σας, θα γυρίζατε στην πατρίδα σας;

Αν μένει δίπλα σας ένα νεαρό ζευγάρι και αντιλαμβάνεστε ότι χτυπούν τα παιδιά τους, θα ειδοποιήσετε την Αστυνομία;

Κάνετε μια δική σας ερώτηση.

Θα χρησιμοποιούσατε οποιονδήποτε τρόπο για να πραγματοποιήσετε το στόχο σας;

Αν ανακαλύπτατε ότι το παιδί σας είναι κλέφτης, θα το καταδίδατε στην αστυνομία;

Αν είχατε μια κοπέλα, θα κάνατε ποτέ σχέση και με μια άλλη;

Χωρίσατε πριν λίγο καιρό. Ακούτε στο ραδιόφωνο το τραγούδι που αγαπούσατε και οι δυο. Σβήνετε το ραδιόφωνο;

Δεν διαβάσατε και έχετε δύσκολες εξετάσεις.
Θα αντιγράψετε, αν μπορείτε;

Είστε μαζί με το φίλο σας σ'ένα έρημο μέρος πολλές μέρες χωρίς φαγητό. Ο φίλος σας έπιασε ένα ποντίκι και το έψησε. Θα το τρώγατε μαζί του;

Αν οι γονείς σας γεράσουν πολύ, θα τους βάλετε σε γηροκομείο;

Είστε γιατρός σε μια χώρα με δικτατορία. Σας ζητούν να θεραπεύσετε κάποιον που είναι υπεύθυνος για πολλούς φόνους και βασανιστήρια. Το κάνετε;

Είστε φτωχός, και ένας πλούσιος σας δίνει πολλά λεφτά, αν τον αφήσετε ένα βράδυ με τη γυναίκα σας.
Το κάνετε;

Η ηλικιωμένη πεθερά σας τελευταία έχει γίνει πολύ φορτική. Προσπαθείτε να την πείσετε να πάει σε οίκο ευγηρίας;

Το νεαρό ζευγάρι που κάθεται δίπλα στο σινεμά ανταλλάσσει θερμά ερωτικά φιλιά.
Τους κάνετε παρατήρηση;

Ένας γείτονας στην πολυκατοικία σας δέρνει άγρια τη γυναίκα του. Τηλεφωνείτε στην Αστυνομία;

Θα θέλατε ο καλύτερός σας φίλος να σας πει ότι είδε τη γυναίκα σας σε ένα τρυφερό τετ-α-τετ;

Η 20χρονη κόρη σας είναι ανύπαντρη και έγκυος.
Σας ζητά να τη βοηθήσετε να κρατήσει το παιδί.
Το κάνετε;

Κάνετε μια δική σας ερώτηση.

Θέλετε βίντεο, αλλά δεν έχετε αρκετά λεφτά. Σας προσφέρουν στη μισή τιμή ένα που γνωρίζετε ότι είναι κλεμμένο.
Το αγοράζετε;

Παίζετε χαρτιά με μια φιλική σας παρέα. Κλέβετε;

Χαρίζετε στον ερωτικό σας σύντροφο ένα πανάκριβο δώρο. Σε λίγους μήνες χωρίζετε. Ζητάτε πίσω το δώρο;

Στο σούπερ μάρκετ ρίχνετε άθελά σας μια ντουζίνα κουτιά στο πάτωμα. Κανείς δε σας είδε. Φεύγετε αφήνοντάς τα κάτω;

Είναι σχεδόν ξημερώματα και οι δρόμοι άδειοι. Περνάτε τα φανάρια με κόκκινο;

Ένας φίλος σάς συστήνει το πρόσωπο με το οποίο είναι πολύ ερωτευμένος. Ανακαλύπτετε, όμως, ότι υπάρχει μια αμοιβαία έλξη ανάμεσά σας. Καταπνίγετε τα αισθήματά σας για χάρη του φίλου σας;

Μια καλή σας φίλη έχει σοβαρό πρόβλημα κακοσμίας στην αναπνοή της. Της το λέτε;

Βγαίνοντας από το σούπερ μάρκετ ανακαλύπτετε ότι ο μικρός γιος σας έχει «βουτήξει» μια ακριβή σοκολάτα που δεν έτυχε να τη δει η ταμίας. Γυρνάτε πίσω να την επιστρέψετε ή να την πληρώσετε;

Αγοράζετε για να διαβάσετε εφημερίδα αντίθετης πολιτικής τοποθέτησης από τη δική σας;

Ο διευθυντής σας βγαίνει από την τουαλέτα με το φερμουάρ του παντελονιού του ανοιχτό. Μόλις έχετε προσληφθεί. Του το λέτε;

Είσαστε στο αυτοκίνητό σας και μόλις φάγατε μια σοκολάτα. Πετάτε το χαρτί από το παράθυρο;

Προσπαθώντας να ξεπαρκάρετε, γρατζουνάτε άθελά σας το μπροστινό αυτοκίνητο. Αφήνετε στο παρπρίζ του τον αριθμό του τηλεφώνου σας;

Στέλνετε το παιδί σας στο περίπτερο και γυρίζει με παραπάνω ρέστα. Το στέλνετε πίσω να τα επιστρέψει;

Αγοράζετε ένα παντελόνι και η ετικέτα γράφει πως η τιμή του είναι 85 ευρώ. Η ταμίας χτυπάει κατά λάθος 80 ευρώ. Της το λέτε;

Πουλάτε το αυτοκίνητό σας με κάποιο παλιό ελάττωμα στη μηχανή που δε φαίνεται. Το λέτε στον υποψήφιο αγοραστή;

Μια φίλη σας ξεχνάει στο αυτοκίνητό σας την τσάντα της. Ανοίγετε από περιέργεια να δείτε τι περιέχει;

Είστε ενήλικος και ανακαλύπτετε ότι ο πατέρας σας απατά τη μητέρα σας. Τη συμβουλεύετε να χωρίσει;

Σας πέφτει κατά λάθος και χαλάει μια ακριβή σας συσκευή, χωρίς να φαίνεται πώς έγινε η βλάβη. Χρησιμοποιείτε την εγγύηση λέγοντας πως «φταίει» η συσκευή;

Πάτε κάμπιγκ σε μια ερημική παραλία. Όταν φεύγετε επιμένετε να μαζέψετε και το τελευταίο σκουπιδάκι;

Βρίσκετε ένα πορτοφόλι γεμάτο χρήματα και από τα στοιχεία που περιέχει, καταλαβαίνετε ότι ο ιδιοκτήτης του είναι αρκετά πλούσιος. Τον ειδοποιείτε;

Τρώτε σ' ένα πολυτελές εστιατόριο κι ο σερβιτόρος χρεώνει στο λογαριασμό σας ένα «πιάτο» λιγότερο. Του το λέτε;

Με τους γονείς σας σας συνδέει μεγάλη αγάπη και έχετε άριστες σχέσεις. Από τρίτους, όμως, μαθαίνετε ότι είστε θετό τους παιδί. Τους κατηγορείτε ότι σας έκρυψαν την αλήθεια;

Σας ζητούν να πάρετε μέρος σε μια πορεία Ειρήνης. Πηγαίνετε;

Αφού φεύγουν οι καλεσμένοι σας, βρίσκετε στον καναπέ έναν ευρώ. Προσπαθείτε την άλλη μέρα να βρείτε ποιος τα έχασε;

Σηκώνετε το ακουστικό και πέφτετε σε μπλεγμένες γραμμές. Ένα άγνωστο ζευγάρι κουβεντιάζει. Κλείνετε το τηλέφωνο;

Καπνίζετε σε μια συνεδρίαση. Κάποιος βήχει και δείχνει ότι δεν αισθάνεται άνετα. Σβήνετε το τσιγάρο σας;

Ο καλύτερός σας φίλος σάς ζητάει ένα δάνειο 3.000 ευρώ. Του χρεώνετε τόκο;

Ένας φίλος σάς καλεί σ' ένα κέντρο με τυχερά παιχνίδια και σας δανείζει να παίξετε. Κερδίζετε. Μοιράζεστε μαζί του τα κέρδη;

Βάζετε φτηνό ποτό χύμα σε ακριβό μπουκάλι για να σερβίρετε καλεσμένους;

Ένας άντρας και μια γυναίκα μαλώνουν άγρια σ' ένα έρημο πάρκο. Ο τρόπος του άντρα είναι απειλητικός. Τους ακολουθείτε διακριτικά μήπως η γυναίκα χρειαστεί βοήθεια;

Ο σύζυγός σας σας ζητάει να κάνετε χωριστές διακοπές. Δέχεστε;

Τηλεφωνείτε σ' ένα φίλο σας στη 1 μετά τα μεσάνυχτα. Κατά λάθος παίρνετε το νούμερο ενός άλλου φίλου. Όταν η νυσταγμένη φωνή απαντήσει, λέτε το όνομά σας;

Κηρύσσεται πόλεμος. Η χώρα σας κινδυνεύει, αλλά εσάς δε σας έχουν επιστρατεύσει. Πάτε εθελοντής;

Η μονοκατοικία σας, που βρίσκεται σε μια πυκνοκατοικημένη περιοχή με πολυκατοικίες, έχει ένα μεγάλο θαυμάσιο κήπο. Εσείς δεν έχετε παιδιά. Τα παιδιά της γειτονιάς ζητούν την άδειά σας να παίξουν ποδόσφαιρο στο γρασίδι. Τη δίνετε;

Είστε γοητευτική. Εκμεταλλεύεστε τη γοητεία σας για να πετύχετε επαγγελματικά;

Είστε εργάτης/-τρια χωρίς δουλειά και σας προσφέρουν μια θέση σ' ένα εργοστάσιο του οποίου οι εργάτες απεργούν. Δέχεστε;

Έχετε βοηθήσει οικονομικά (με δικά σας χρήματα) το σύζυγό σας να επεκτείνει την επιχείρησή του. Αν κάποτε χωρίσετε, θα ζητήσετε αυτά τα χρήματα πίσω;

Αν η πεθερά σας σας αγόραζε μια πολύ άσχημη μπλούζα, θα τη φορούσατε μόνο και μόνο για να την ευχαριστήσετε;

Ανιχνεύετε το βυθό της θάλασσας σ' ένα νησί. Βρίσκετε ένα αγγείο που, κατά πάσα πιθανότητα, έχει αρχαιολογική αξία. Το παραδίνετε στις αρχές;

Σ' ένα επίσημο γεύμα, αντιλαμβάνεστε έναν από τους καλεσμένους να βάζει στην τσέπη του ένα ασημένιο κουταλάκι. Το λέτε στην οικοδέσποινα;

Ένας ευγενικός αλλά επίμονος πλασιέ, βρίσκεται σπίτι σας. Αυτά που πουλάει δε σας ενδιαφέρουν. Αγοράζετε μόνο και μόνο γιατί ντρέπεστε να τον διώξετε;

Έξω από ένα χωριό στην Εθνική Οδό σάς σταματά μια κοπελίτσα 13–14 χρονών με μια βαλίτσα και σας ζητάει να την πάρετε στην Αθήνα. Καταλαβαίνετε ότι το έχει σκάσει. Την παίρνετε μαζί σας στην Αθήνα;

Παρακολουθείτε μια πρωτοποριακή θεατρική παράσταση και δεν καταλαβαίνετε τίποτα. Αν ρωτήσουν τη γνώμη σας, θα είστε ειλικρινής;

Μετά το γάμο σας η πολιτεία σάς δίνει το δικαίωμα να κρατήσετε, αν θέλετε, το πατρικό σας επίθετο. Το κρατάτε;

Ένας πρώην ερωτικός σας σύντροφος σάς στέλνει ένα ωραίο δώρο. Τώρα όμως έχετε άλλο δεσμό. Στέλνετε το δώρο πίσω;

Έχετε μια πολύ πλούσια αλλά φορτική γριά θεία, και δεν έχει αποφασίσει ποιος θα είναι ο κληρονόμος της. Της φέρεστε ιδιαίτερα ευγενικά για να κερδίσετε τη συμπάθειά της;

Αν ήσασταν πεινασμένος και αδέκαρος, θα δοκιμάζατε να κλέψετε;

Είστε ιδιοκτήτης εστιατορίου. Στην κουζίνα βλέπετε ένα σερβιτόρο να μαζεύει μια μπριζόλα, που έπεσε κάτω, και να την ξαναβάζει στο πιάτο. Τον αφήνετε να τη σερβίρει;

Ο άντρας σας αργεί πάντα τα βράδια, στο τέλος παίρνετε χαμπάρι ότι σας απατά με τη φίλη σας. Τον αφήνετε και φεύγετε;

Κάνετε έναν αστείο διαγωνισμό με τη γυναίκα σας. Αυτός που θα τελειώνει τελευταίος το φαγητό θα πλένει τα πιάτα. Προσπαθείτε να τρώτε πάντα όσο πιο γρήγορα μπορείτε;

Για να παντρευτείτε κάποιον αλλοδαπό που αγαπάτε, πρέπει να αλλάξετε θρησκεία. Το κάνετε;

Ο συνάδελφός σας, με τον οποίο εργάζεστε στο ίδιο γραφείο, έχει συνέχεια άσχημη μυρωδιά από τις μασχάλες του. Νιώθετε πολύ πιεσμένη. Θα του το πείτε;

Αγοράζετε ένα σπίτι από μια γριά κυρία και σας ζητάει πολύ λιγότερα χρήματα απ' όσο αξίζει. Της το λέτε;

Ο άνθρωπος που αγαπάτε υπερβολικά θέλει να πάτε να ζήσετε για πάντα σε μία μακρινή χώρα. Ξέρετε ότι υπάρχει πολύ μικρή περίπτωση να ξαναδείτε την οικογένειά σας. Θα το κάνετε;

ΝΑΙ

ΝΑΙ

ΝΑΙ

ΝΑΙ

ΝΑΙ

OXI

OXI

OXI

OXI

OXI

Ευχαριστίες και αποχαιρετισμοί 214

Στόχος: Δραστηριοτητα κατανόησης και παραγωγής γραπτού λόγου, με σκοπό την ανταλλαγή ευχαριστιών, κρίσεων και απόψεων, περιγραφή αισθημάτων, συναισθημάτων και χαρακτήρων, κατάλληλη για την τελευταία μέρα των μαθημάτων.

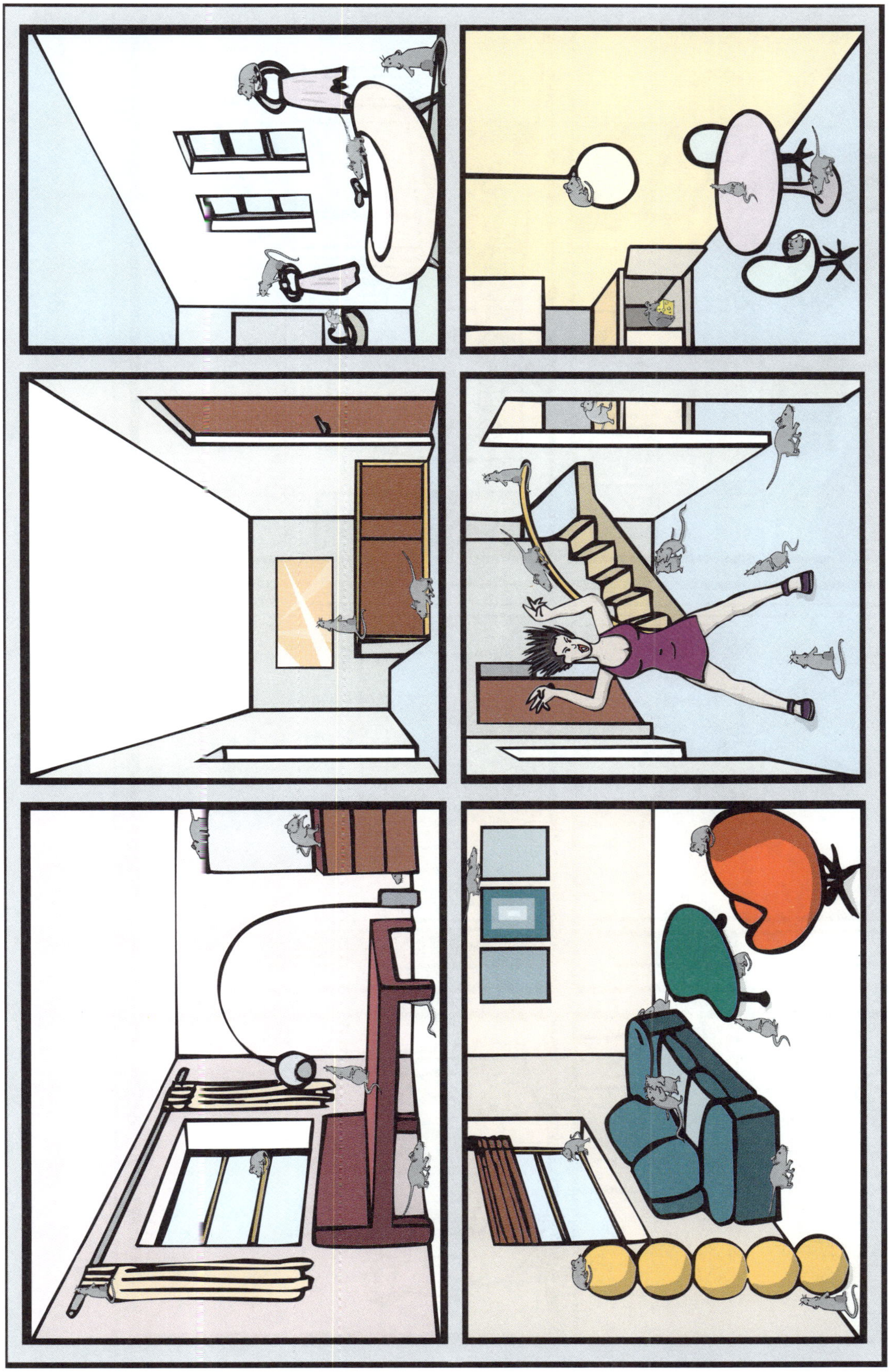

Όνομα: ____________
Ηλικία: ____________
Δουλειά: ____________
Χαρακτηριστικά: ____________
____
Της αρέσει: ____________
____
Δεν της αρέσει: ____________
____

Όνομα: ____________
Ηλικία: ____________
Δουλειά: ____________
Χαρακτηριστικά: ____________
____
Της αρέσει: ____________
____
Δεν της αρέσει: ____________
____

Όνομα: ____________
Ηλικία: ____________
Δουλειά: ____________
Χαρακτηριστικά: ____________
____
Της αρέσει: ____________
____
Δεν της αρέσει: ____________
____

Όνομα: ____________
Ηλικία: ____________
Δουλειά: ____________
Χαρακτηριστικά: ____________
____
Της αρέσει: ____________
____
Δεν της αρέσει: ____________
____

Όνομα: ____________
Ηλικία: ____________
Δουλειά: ____________
Χαρακτηριστικά: ____________
____
Της αρέσει: ____________
____
Δεν της αρέσει: ____________
____

Όνομα: ____________
Ηλικία: ____________
Δουλειά: ____________
Χαρακτηριστικά: ____________
____
Της αρέσει: ____________
____
Δεν της αρέσει: ____________
____

Όνομα: ____________
Ηλικία: ____________
Δουλειά: ____________
Χαρακτηριστικά: ____________
____
Της αρέσει: ____________
____
Δεν της αρέσει: ____________
____

Όνομα: ____________
Ηλικία: ____________
Δουλειά: ____________
Χαρακτηριστικά: ____________
____
Της αρέσει: ____________
____
Δεν της αρέσει: ____________
____

Όνομα: ____________
Ηλικία: ____________
Δουλειά: ____________
Χαρακτηριστικά: ____________
____
Της αρέσει: ____________
____
Δεν της αρέσει: ____________
____

Όνομα: ____________
Ηλικία: ____________
Δουλειά: ____________
Χαρακτηριστικά: ____________
____
Της αρέσει: ____________
____
Δεν της αρέσει: ____________
____

Όνομα: ______________
Ηλικία: ______________
Δουλειά: ______________
Χαρακτηριστικά: ______
____
Του αρέσει: ______________
____
Δεν του αρέσει: ______
____

Όνομα: ______________
Ηλικία: ______________
Δουλειά: ______________
Χαρακτηριστικά: ______
____
Του αρέσει: ______________
____
Δεν του αρέσει: ______
____

Όνομα: ______________
Ηλικία: ______________
Δουλειά: ______________
Χαρακτηριστικά: ______
____
Του αρέσει: ______________
____
Δεν του αρέσει: ______
____

Όνομα: ______________
Ηλικία: ______________
Δουλειά: ______________
Χαρακτηριστικά: ______
____
Του αρέσει: ______________
____
Δεν του αρέσει: ______
____

Όνομα: ______________
Ηλικία: ______________
Δουλειά: ______________
Χαρακτηριστικά: ______
____
Του αρέσει: ______________
____
Δεν του αρέσει: ______
____

Όνομα: ______________
Ηλικία: ______________
Δουλειά: ______________
Χαρακτηριστικά: ______
____
Του αρέσει: ______________
____
Δεν του αρέσει: ______
____

Όνομα: ______________
Ηλικία: ______________
Δουλειά: ______________
Χαρακτηριστικά: ______
____
Του αρέσει: ______________
____
Δεν του αρέσει: ______
____

Όνομα: ______________
Ηλικία: ______________
Δουλειά: ______________
Χαρακτηριστικά: ______
____
Του αρέσει: ______________
____
Δεν του αρέσει: ______
____

Όνομα: ______________
Ηλικία: ______________
Δουλειά: ______________
Χαρακτηριστικά: ______
____
Του αρέσει: ______________
____
Δεν του αρέσει: ______
____

Όνομα: ______________
Ηλικία: ______________
Δουλειά: ______________
Χαρακτηριστικά: ______
____
Του αρέσει: ______________
____
Δεν του αρέσει: ______
____

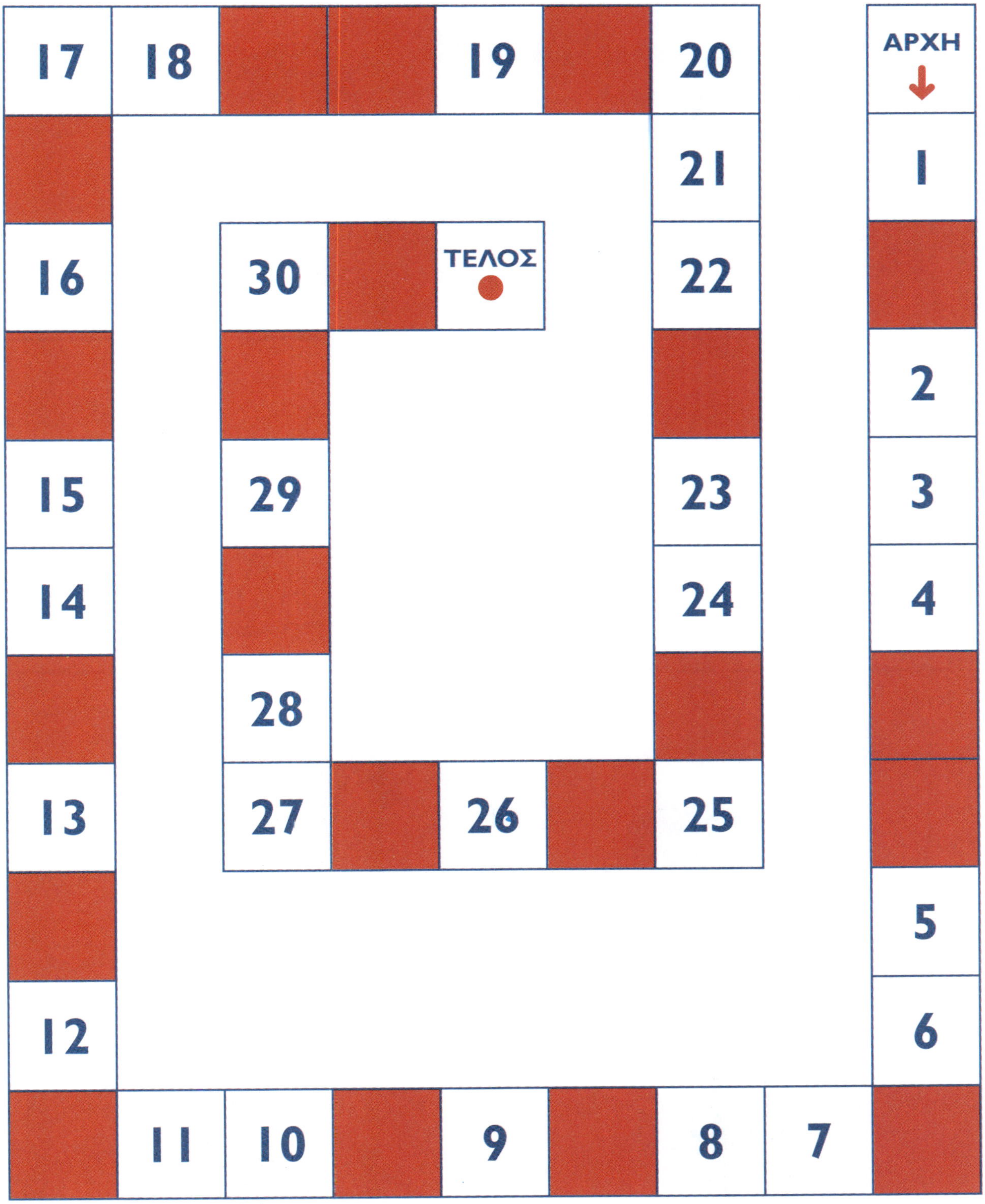
ΑΡΧΗ
1
2
3
4
5
6
7
8
9
10
11
12
13
14
15
16
17
18
19
20
21
22
23
24
25
26
27
28
29
30
ΤΕΛΟΣ

ΚΡΑΣΙ	ΔΡΟΜΟΣ	ΝΕΡΟ	ΚΑΦΕΣ
ΣΧΟΛΕΙΟ	ΚΗΠΟΣ	ΑΓΟΡΙ	ΠΑΠΟΥΤΣΙΑ
ΜΑΓΕΙΡΕΥΩ	ΠΛΕΝΩ	ΤΑΞΙΔΕΥΩ	ΧΟΡΕΥΩ
ΚΑΛΟΚΑΙΡΙΝΟΣ	ΑΝΟΙΞΙΑΤΙΚΟΣ	ΧΕΙΜΩΝΙΑΤΙΚΟΣ	ΟΡΘΙΟΣ
ΠΙΡΟΥΝΙ	ΚΟΥΤΑΛΙ	ΠΙΑΤΟ	ΜΑΧΑΙΡΙ

ΜΟΛΥΒΙ	ΠΙΝΑΚΑΣ	ΚΡΕΒΑΤΙ	ΒΙΒΛΙΟΘΗΚΗ
ΣΑΛΑΤΑ	ΑΝΑΠΤΗΡΑΣ	ΚΑΛΤΣΕΣ	ΚΑΠΕΛΟ
ΜΙΛΩ	ΚΟΒΩ	ΚΑΠΝΙΖΩ	ΦΩΝΑΖΩ
ΜΑΛΛΙΝΟΣ	ΜΕΤΑΞΩΤΟΣ	ΑΕΡΟΠΟΡΙΚΟΣ	ΑΡΧΑΙΟΣ
ΜΑΛΛΙΑ	ΜΥΤΗ	ΣΤΟΜΑ	ΧΕΙΛΙΑ

ΘΑΛΑΣΣΑ	ΒΟΥΝΟ	ΕΛΛΑΔΑ	ΠΑΡΑΛΙΑ
ΠΥΡΓΟΣ	ΘΕΑΤΡΟ	ΓΥΝΑΙΚΑ	ΚΟΠΕΛΑ
ΡΑΒΩ	ΥΠΟΓΡΑΦΩ	ΔΙΑΒΑΖΩ	ΚΟΙΤΑΖΩ
ΠΑΙΔΙΚΟΣ	ΜΑΚΡΥΣ	ΤΗΓΑΝΗΤΟΣ	ΨΗΤΟΣ
ΨΩΜΙ	ΨΑΡΙ	ΚΡΕΑΣ	ΣΟΥΒΛΑΚΙ

ΟΜΠΡΕΛΑ	ΦΟΡΕΜΑ	ΣΕΝΤΟΝΙ	ΚΟΥΒΕΡΤΑ
ΓΙΑΤΡΟΣ	ΝΟΣΟΚΟΜΑ	ΚΙΝΗΜΑΤΟΓΡΑΦΟΣ	ΚΟΥΜΠΙ
ΚΛΕΙΔΩΝΩ	ΠΕΤΩ	ΑΚΟΥΩ	ΑΓΟΡΑΖΩ
ΤΡΕΙΣ	ΕΝΑΣ	ΔΙΠΛΟΣ	ΤΡΕΛΟΣ
ΜΠΛΟΥΖΑ	ΠΑΝΤΕΛΟΝΙ	ΠΑΛΤΟ	ΜΑΝΤΙΛΙ

ΓΡΑΜΜΑ	ΑΡΙΘΜΟΣ	ΜΠΟΥΚΑΛΙ	ΤΟΝΟΣ
ΤΕΤΡΑΔΙΟ	ΚΑΘΡΕΦΤΗΣ	ΤΡΑΠΕΖΑ	ΠΟΛΥΚΑΤΟΙΚΙΑ
ΦΕΥΓΩ	ΕΡΧΟΜΑΙ	ΚΟΛΥΜΠΩ	ΧΑΙΡΕΤΩ
ΤΡΙΤΟΣ	ΠΡΩΤΟΣ	ΟΓΔΟΟΣ	ΤΕΤΑΡΤΟΣ
ΦΟΙΤΗΤΗΣ	ΜΠΑΛΚΟΝΙ	ΚΑΘΗΓΗΤΗΣ	ΝΗΣΙ

ΛΕΜΟΝΙ	ΜΠΑΝΑΝΑ	ΚΡΕΜΜΥΔΙ	ΒΡΥΣΗ
ΛΑΧΑΝΟ	ΠΙΠΕΡΙΑ	ΑΛΑΤΙ	ΤΣΑΝΤΑ
ΚΑΤΕΒΑΙΝΩ	ΜΠΑΙΝΩ	ΒΓΑΙΝΩ	ΑΝΕΒΑΙΝΩ
ΧΟΝΤΡΟΣ	ΑΔΥΝΑΤΟΣ	ΕΞΥΠΝΟΣ	ΒΡΑΔΙΝΟΣ
ΧΡΗΜΑΤΑ	ΕΥΡΩ	ΝΟΜΙΣΜΑ	ΚΑΡΤΑ

ΑΝΑΤΟΛΗ	ΑΥΤΙ	ΚΑΡΠΟΥΖΙ	ΜΑΝΤΑΡΙΝΙ
ΚΑΡΟΤΟ	ΝΤΟΜΑΤΑ	ΑΓΓΟΥΡΙ	ΦΟΥΡΝΟΣ
ΣΙΔΕΡΩΝΩ	ΒΡΕΧΕΙ	ΧΙΟΝΙΖΕΙ	ΖΩΓΡΑΦΙΖΩ
ΧΑΡΟΥΜΕΝΟΣ	ΑΣΤΕΙΟΣ	ΠΛΟΥΣΙΟΣ	ΝΕΟΣ
ΤΥΡΙ	ΞΕΝΟΔΟΧΕΙΟ	ΝΟΣΟΚΟΜΕΙΟ	ΛΙΜΑΝΙ

ΤΡΕΝΟ	ΑΕΡΟΠΛΑΝΟ	ΠΛΟΙΟ	ΑΥΤΟΚΙΝΗΤΟ
ΠΑΓΩΤΟ	ΗΛΙΟΣ	ΚΑΛΑΜΑΡΙ	ΒΑΛΙΤΣΑ
ΓΕΛΩ	ΧΑΜΟΓΕΛΩ	ΜΙΛΩ	ΣΤΕΛΝΩ
ΠΡΑΣΙΝΟΣ	ΔΥΝΑΤΟΣ	ΛΕΠΤΟΣ	ΠΑΝΤΡΕΜΕΝΟΣ
ΦΑΡΜΑΚΕΙΟ	ΜΟΥΣΙΚΗ	ΦΩΤΟΓΡΑΦΙΑ	ΜΠΡΙΖΟΛΑ

ΤΟΙΧΟΣ	ΚΟΥΤΙ	ΑΥΓΟ	ΗΠΕΙΡΟΣ
ΚΑΤΣΑΡΟΛΑ	ΑΡΑΒΙΚΑ	ΑΔΕΛΦΗ	ΦΟΥΣΤΑ
ΑΠΛΩΝΩ	ΤΡΕΧΩ	ΒΛΕΠΩ	ΚΛΑΙΩ
ΓΕΡΟΣ	ΜΕΓΑΛΟΣ	ΓΕΜΑΤΟΣ	ΚΛΕΙΣΤΟΣ
ΚΟΡΙΤΣΙ	ΡΟΔΑΚΙΝΟ	ΠΑΤΑΤΑ	ΚΟΥΤΑΛΙ

ΚΛΕΙΔΙ	ΤΗΛΕΟΡΑΣΗ	ΛΟΥΛΟΥΔΙ	ΜΠΑΝΙΕΡΑ
ΑΝΤΡΑΣ	ΕΙΣΙΤΗΡΙΟ	ΦΡΟΥΤΟ	ΡΟΛΟΪ
ΓΡΑΦΩ	ΞΥΠΝΩ	ΚΑΘΟΜΑΙ	ΧΤΕΝΙΖΩ
ΚΟΝΤΟΣ	ΑΣΧΗΜΟΣ	ΑΡΙΣΤΕΡΟΣ	ΜΙΚΡΟΣ
ΦΕΓΓΑΡΙ	ΗΛΙΟΣ	ΕΦΗΜΕΡΙΔΑ	ΤΣΙΓΑΡΟ

ΠΟΔΗΛΑΤΟ	ΛΕΩΦΟΡΕΙΟ	ΜΑΓΑΖΙ	ΤΗΛΕΦΩΝΟ
ΓΡΑΜΜΑΤΟΣΗΜΟ	ΚΑΣΕΤΑ	ΜΗΛΟ	ΠΟΡΤΟΚΑΛΙ
ΤΗΛΕΦΩΝΩ	ΑΓΑΠΩ	ΠΙΝΩ	ΚΟΙΜΑΜΑΙ
ΕΛΛΗΝΙΚΟΣ	ΑΝΟΙΧΤΟΣ	ΒΡΟΜΙΚΟΣ	ΑΔΕΙΟΣ
ΟΥΡΑΝΟΣ	ΒΡΟΧΗ	ΓΙΑΓΙΑ	ΔΑΣΚΑΛΑ

ΚΑΡΕΚΛΑ	ΠΑΝΤΕΛΟΝΙ	ΤΗΓΑΝΙ	ΣΥΡΤΑΡΙ
ΠΑΠΠΟΥΣ	ΛΑΜΠΑ	ΤΡΑΠΕΖΙ	ΚΑΡΕΚΛΑ
ΠΕΡΠΑΤΩ	ΤΡΩΩ	ΤΡΑΓΟΥΔΩ	ΕΡΧΟΜΑΙ
ΔΕΞΙΟΣ	ΨΗΛΟΣ	ΚΟΥΡΑΣΜΕΝΟΣ	ΦΤΩΧΟΣ
ΠΟΡΤΟΦΟΛΙ	ΠΟΤΗΡΙ	ΦΛΙΤΖΑΝΙ	ΡΑΔΙΟΦΩΝΟ

ΤΕΛΟΣ
ΑΡΧΗ

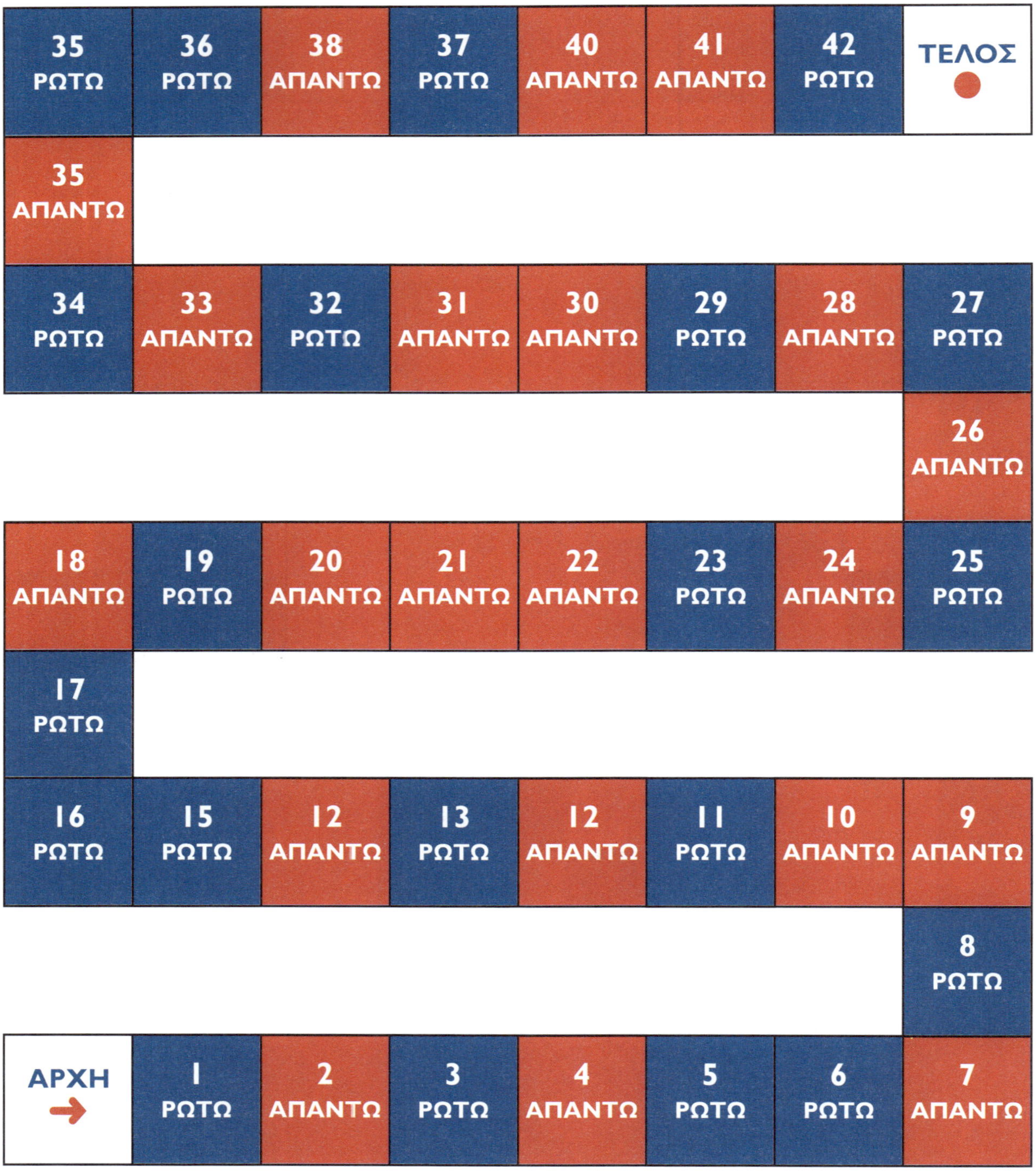
35 ΡΩΤΩ
36 ΡΩΤΩ
38 ΑΠΑΝΤΩ
37 ΡΩΤΩ
40 ΑΠΑΝΤΩ
41 ΑΠΑΝΤΩ
42 ΡΩΤΩ
ΤΕΛΟΣ
35 ΑΠΑΝΤΩ
34 ΡΩΤΩ
33 ΑΠΑΝΤΩ
32 ΡΩΤΩ
31 ΑΠΑΝΤΩ
30 ΑΠΑΝΤΩ
29 ΡΩΤΩ
28 ΑΠΑΝΤΩ
27 ΡΩΤΩ
26 ΑΠΑΝΤΩ
18 ΑΠΑΝΤΩ
19 ΡΩΤΩ
20 ΑΠΑΝΤΩ
21 ΑΠΑΝΤΩ
22 ΑΠΑΝΤΩ
23 ΡΩΤΩ
24 ΑΠΑΝΤΩ
25 ΡΩΤΩ
17 ΡΩΤΩ
16 ΡΩΤΩ
15 ΡΩΤΩ
12 ΑΠΑΝΤΩ
13 ΡΩΤΩ
12 ΑΠΑΝΤΩ
11 ΡΩΤΩ
10 ΑΠΑΝΤΩ
9 ΑΠΑΝΤΩ
8 ΡΩΤΩ
ΑΡΧΗ
1 ΡΩΤΩ
2 ΑΠΑΝΤΩ
3 ΡΩΤΩ
4 ΑΠΑΝΤΩ
5 ΡΩΤΩ
6 ΡΩΤΩ
7 ΑΠΑΝΤΩ

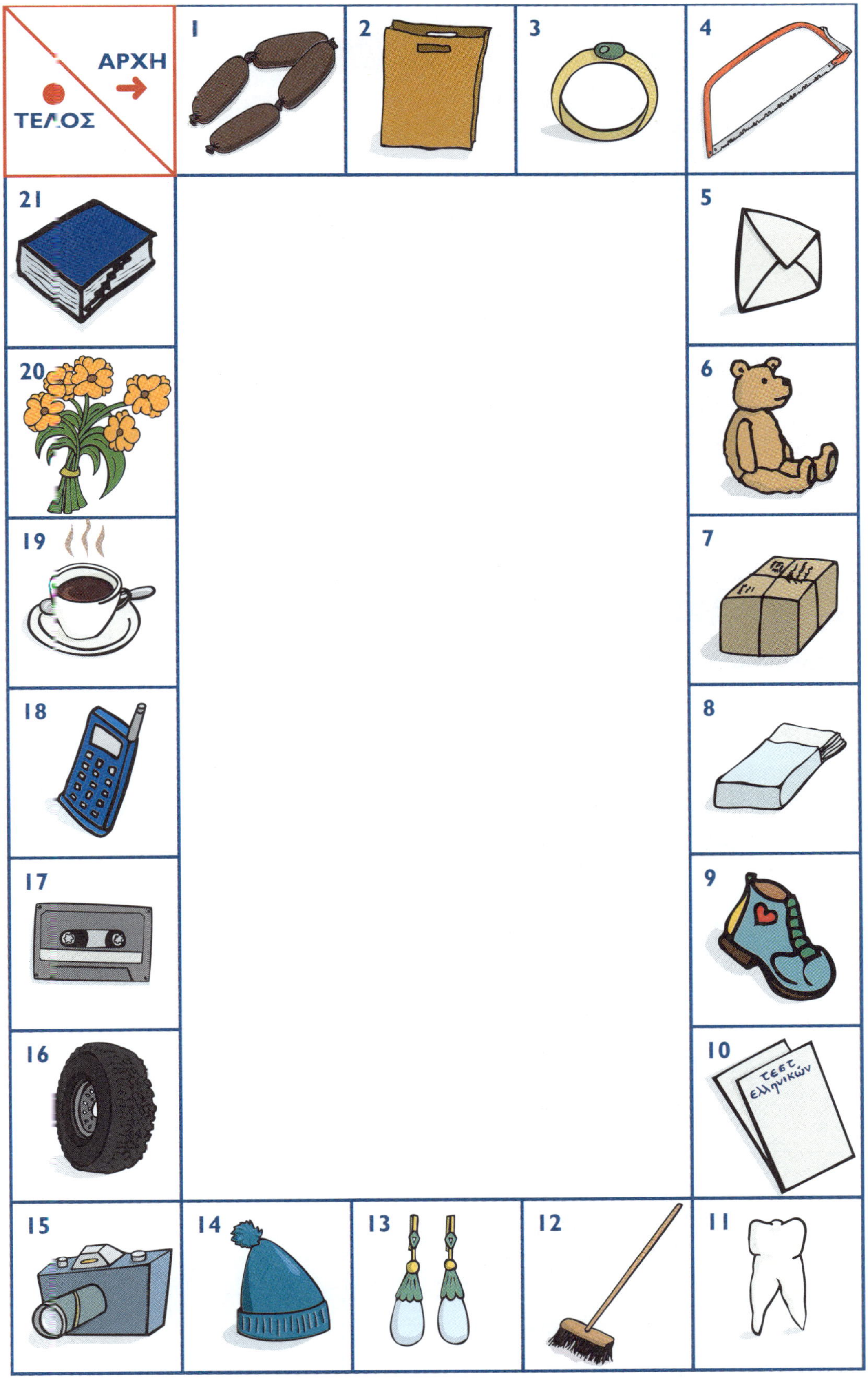
ΑΡΧΗ
ΤΕΛΟΣ
1
2
3
4
5
6
7
8
9
10
τεστ ελληνικών
11
12
13
14
15
16
17
18
19
20
21

ΚΕΡΔΙΣΑΤΕ
Κυρία
Μ. Μήτσου
Πόντου 3
34562 Πάτρα
ΚΕΡΔΙΣΑΤΕ
Κυρία Μήτσου
2 Ευρώ
ΠΩΛΕΙΤΑΙ
Χορεύουμε;
Ναι
Ωχ!

τρα λα λα
Θα ήθελα μία αύξηση
Απολύεστε!

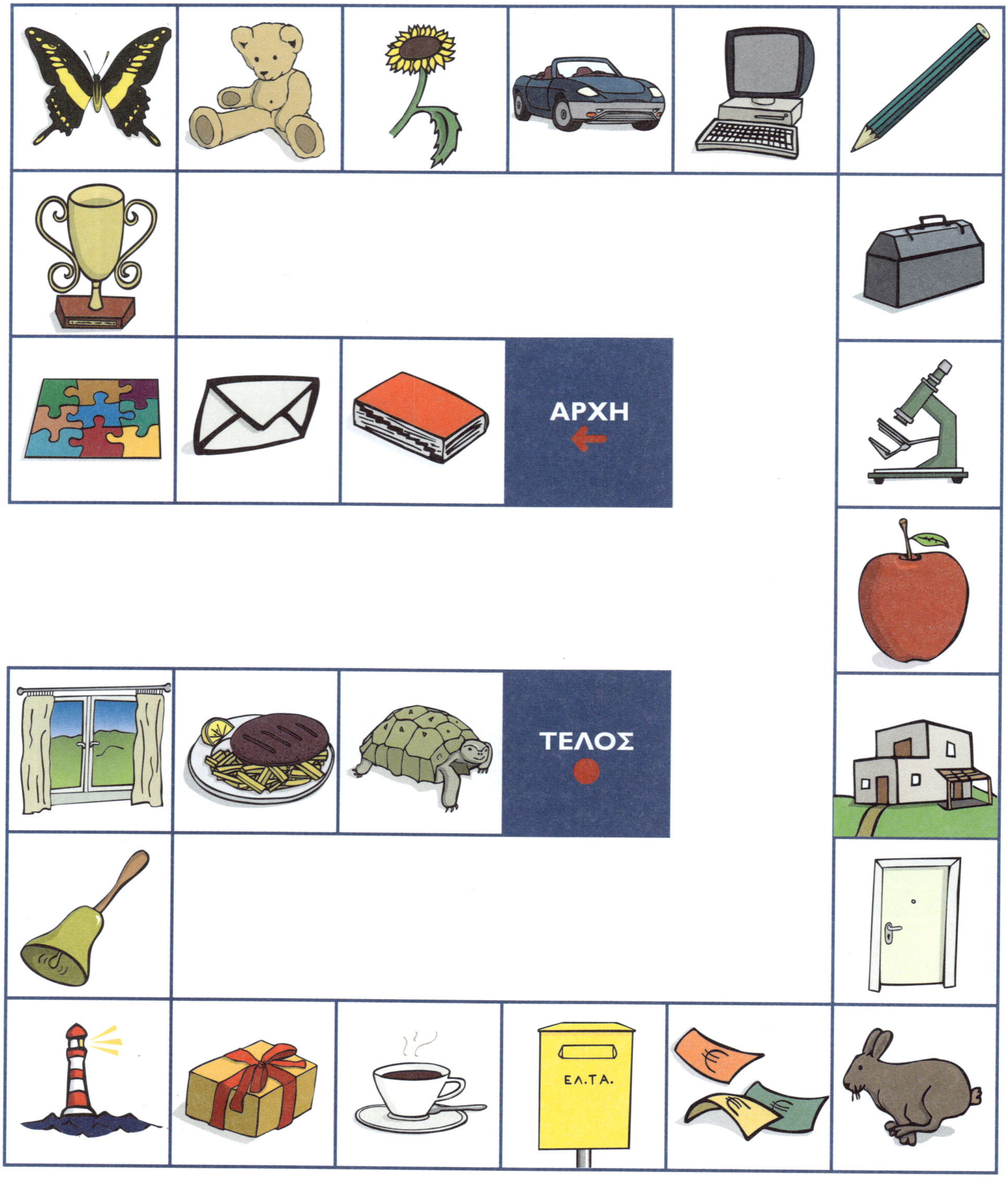
ΑΡΧΗ
ΤΕΛΟΣ
ΕΛ.ΤΑ.

ΕΥΡΕΤΗΡΙΟ

(ως προς τις επικοινωνιακές καταστάσεις και το θεματικό και νοηματικό περιεχόμενο των ασκήσεων)

οι αριθμοί παραπέμπουν στις ασκήσεις

ΕΥΡΕΤΗΡΙΟ

(ως προς τα γλωσσικά στοιχεία)

οι αριθμοί παραπέμπουν στις ασκήσεις

ΒΙΒΛΙΟΓΡΑΦΙΑ

α. Κειμένων και μελετών

Akmajan, A., ...(et al.), *Linguistics: An introduction to Language and Communication*, Massachuussets Institute of Technology, 1995.

Christison, M.A. - Bassano, Sh., *Look who's talking!*, Pergamon Press, 1981.

Corder, S.P., *Error Analysis and Interlanguage*, Oxford, O.U.P., 1981.

English Teaching "Forum" (Διάφορα Τεύχη)

Ευσταθιάδης, Στ., .. (et al.), *Πιστοποίηση επάρκειας της ελληνομάθειας*, Θεσσαλονίκη, Κέντρο Ελληνικής Γλώσσας, 1997.

Harmer, J., *The Practice of English LanguageTeaching*, New York, Longman, 1993.

Hadfield, Jill, Intermediate Communication Games, Longman.

Κλαίρης, Χ. - Μπαμπινιώτης Γ., *Γραμματική της Νέας Ελληνικής Γλώσσας*. Ι. Το Όνομα, Αθήνα, Ελληνικά Γράμματα, 1998.

Κλαίρης, Χ. - Μπαμπινιώτης Γ., *Γραμματική της Νέας Ελληνικής Γλώσσας*. ΙΙ. Το Ρήμα, Αθήνα, Ελληνικά Γράμματα, 1999.

Lee, W.R., *Language Teaching Games and Contests*, Oxford, O.U.P., 1982

Lyons, J., *Εισαγωγή στη Γλωσσολογία*, Αθήνα, Πατάκης, 1995.

Mackridge, P., *Η νεοελληνική γλώσσα*, Αθήνα, Πατάκης, 1984.

Μήτσης, Ν., *Διδακτική του γλωσσικού μαθήματος*, Αθήνα, Gutenberg, 1996.

Μήτσης, Ν., *Στοιχειώδεις αρχές και μέθοδοι εφαρμοσμένης γλωσσολογίας*, Αθήνα, Gutenberg, 1998.

Mirambel, A., *Η νέα ελληνική γλώσσα*, Θεσσαλονίκη, Ινστιτούτο Νεοελληνικών Σπουδών (Ίδρυμα Μανόλη Τριανταφυλλίδη), 1978.

Παπαζαφείρη, Ι., *Λάθη στη χρήση της γλώσσας μας*, Αθήνα, Σμίλη, 1988.

Πετρούνιας, Ε., *Νεοελληνική γραμματική και συγκριτική ανάλυση*, Θεσσαλονίκη, University Studio Press, 1984.

Sheils, J., *Communication in the Modern Languages Classroom*, Council of Europe Press, 1993.

Stevick, E.W., *Teaching and Learning Languages*, Cambridge, C.U.P., 1982.

Τζάρτζανος, Αχ., *Νεοελληνική σύνταξις* (της κοινής δημοτικής), τ. Α' και Β', Αθήνα, ΟΕΣΒ, 1946–53 (και ανατύπωση Θεσσαλονίκη, Αφοί Κυριακίδη, 1991–96).

Τοκατλίδου, Β., *Εισαγωγή στη διδακτική των ζωντανών γλωσσών*, Αθήνα, Οδυσσέας, 1986.

Τριανταφυλλίδης, Μ., *Νεοελληνική γραμματική της δημοτικής*, Θεσσαλονίκη, Ινστιτούτο Νεοελληνικών Σπουδών (Ίδρυμα Μανόλη Τριανταφυλλίδη),1993.

Τριανταφυλλίδης, Μ., *Νεοελληνική Γραμματική. Ιστορική Εισαγωγή*, στο: Μ. Τριανταφυλλίδης, Άπαντα, τ. 3, Θεσσαλονίκη, Ινστιτούτο Νεοελληνικών Σπουδών (Ίδρυμα Μανόλη Τριανταφυλλίδη), 1993.

β. Λεξικών

Ανδριώτης, Ν.Π., *Ετυμολογικό λεξικό της κοινής νεοελληνικής*, Θεσσαλονίκη, Ινστιτούτο Νεοελληνικών Σπουδών (Ίδρυμα Μανόλη Τριανταφυλλίδη), 1990.

Επίτομο εγκυκλοπαιδικό λεξικό του μαθητή, Αθήνα, Εξάντας - Duden, 1992.

Κωνσταντίνου, Η. Ι., *Λεξικό των ξένων λέξεων στην ελληνική γλώσσα*, Αθήνα, Επικαιρότητα, 1992.

Λεξικό της κοινής νεοελληνικής, Θεσσαλονίκη, Ινστιτούτο Νεοελληνικών Σπουδών (Ίδρυμα Μανόλη Τριανταφυλλίδη), 1998.

Τεγόπουλος - Φυτράκης, *Ελληνικό λεξικό*, Αθήνα, Ελευθεροτυπία, 1993.

ΕΚΤΥΠΩΣΗ
ΑΘ. ΑΛΤΙΝΤΖΗ, ΕΘΝ. ΑΜΥΝΗΣ 38
ΤΗΛ. 222.965, 221.529
ΘΕΣΣΑΛΟΝΙΚΗ